U0517328

.

国家社科基金项目（编号：13BJL036）资助

王全意 著

中国收入差距的
适度性与预警机制研究

ZHONGGUO SHOURU CHAJU DE
SHIDUXING YU YUJING JIZHI YANJIU

中国财经出版传媒集团

经济科学出版社
Economic Science Press

图书在版编目（CIP）数据

中国收入差距的适度性与预警机制研究/王全意著．
—北京：经济科学出版社，2020.5
ISBN 978 - 7 - 5218 - 1502 - 3

Ⅰ．①中…　Ⅱ．①王…　Ⅲ．①居民收入 - 收入差距 -
研究 - 中国　Ⅳ．①F126.2

中国版本图书馆 CIP 数据核字（2020）第 066590 号

责任编辑：杜　鹏　刘　悦
责任校对：王苗苗
责任印制：邱　天

中国收入差距的适度性与预警机制研究

王全意　著

经济科学出版社出版、发行　新华书店经销

社址：北京市海淀区阜成路甲 28 号　邮编：100142

编辑部电话：010 - 88191441　发行部电话：010 - 88191522

网址：www. esp. com. cn

电子邮箱：esp_bj@ 163. com

天猫网店：经济科学出版社旗舰店

网址：http：//jjkxcbs. tmall. com

固安华明印业有限公司印装

710 × 1000　16 开　19 印张　310000 字

2020 年 8 月第 1 版　2020 年 8 月第 1 次印刷

ISBN 978 - 7 - 5218 - 1502 - 3　定价：88.00 元

（图书出现印装问题，本社负责调换。电话：010 - 88191510）

（版权所有　侵权必究　打击盗版　举报热线：010 - 88191661

QQ：2242791300　营销中心电话：010 - 88191537

电子邮箱：dbts@esp. com. cn）

前　言

如何在具有竞争性需求的社会成员之间分配稀缺资源和产品始终在人类的经济行为中非常重要。早在2000多年前中国先贤孔丘就提出了"不患寡而患不均"的思想。而在西方，亚里士多德和柏拉图也对此问题进行了研究。在进行分配活动时，如何通过保持一个适度的收入分配差距来实现效率与公平的协调始终是一大难题。收入差距过小，看似公平，却无法激励社会成员的生产积极性，会抑制经济效率的提升；收入差距过大，即使提升了经济效率，但如果超过社会成员的主观心理承受力，就会危及社会公平和稳定，而唯有保持一个适度的收入分配差距，才能协调好两者之间的关系。因此，对收入差距的适度性及其监测预警展开深入研究，具有很好的理论价值。在人们收入普遍大幅增长的同时，相互之间的收入差距也在持续拉大，引发了社会的广泛关注与讨论。当前，中国收入差距究竟处于何种水平？是否适度？又该如何进行监测预警和调控？在中国跨越中等收入陷阱和全面建成小康社会的关键阶段，对这些问题展开深入探究，也具有很好的实践价值。

本书首先梳理、剖析收入分配差距适度性相关文献，在此基础上归纳、总结出收入差距适度性的内涵与判断标准。然后使用翔实的数据对改革开放以来中国收入分配差距的演变进行多角度、全方位的透视，并与欧美日等代表性国家和地区的收入分配差距的适度性做法作对比分析。基于五大发展理念的视角构建了中国收入差距的适度性评价指标体系，运用基于因子分析的Topsis方法对20世纪90年代中期以来中国收入差距的适度性进行综合评价。考虑到收入差距的适度性具有很强的主观价值判断的规范性特征，本书又使用问卷调查数据对居民的主观心理承受力进行了综合分析评价。其次从经济结构的变动、教育和人力资本投资的差异、收入分配制度的变迁、对外开放和对外贸易等多角度全方位探讨中国收入差距的形成机理，并采用基尼系数单指标、泰尔指数单指标以及基于五大发展理念的综合指数预警方法对1997～2015年的中国收入差距的适度性进行监测预警，然后使用灰色GM(1，1)模型对 2016 年、2017 年的中国收入差距的适度性警情程度进行了拟合预测。最后基于前述研究结论，提出了促进中国形成适度收入分配差距的整体思路和对策建议。

通过对这些内容的理论与实证研究，本书得出以下研究结论。第一，从不同视角和数据来源分析的结论来看，改革开放以来中国持续扩大的收入差距变动趋势大概在 21 世纪前 10 年的后半期出现了转向。第二，何为适度的收入差距，实践上尚无定论，其总是受一国经济发展阶段、社会发展理念、政治经济制度、文化传统和价值观念等多种因素的综合影响。为了缓和初次分配的收入差距，各国政府都会通过再分配措施对本国的收入分配进行适度的干预和调节。第三，适度的收入差距包括"量"和"质"两个方面的含义：从量上看，收入差距要处于一个"合适"的区间范围之内；从质上看，收入差距要是"合理"的，不能超出社会成员的主观心理承受力，不能危害社会公平和稳定。第四，五大发展理念深刻阐释了当前中国经济社会发展中的效率与公平命题，在当前阶段，适度的收入差距应该契合五大发展理念。第五，尽管当前中国收入差距仍然较大，但基于"五大发展理念"的指标体系综合评价发现，中国的收入差距整体上仍然处于较为适度的水平，但是中国不同省份的收入差距状况差异较大，表现出了较强的地区不均衡性。第六，通过调研数据分析发现，从整体上来看，当前中国的收入差距仍处于居民主观心理承受力的安全范围之内，即中国的收入差距仍然是适度的。第七，通过收入差距形成的来源分解，发现了居民之间工资收入差距的缩小、居民接受的政府转移支付收入更加的公平化，是促使中国整体收入差距在 21 世纪前 10 年的后半期出现转向的主要原因。生产率变化导致的经济结构的变动、教育和人力资本的差异、收入分配制度的变迁、对外开放和对外贸易的影响等是促使中国收入差距演变的内在根源。第八，通过收入差距适度性的预警来看，自 20 世纪 90 年代中期以来，中国收入分配差距整体上处于中警区，收入分配差距与经济社会发展的协调出现了一定程度的偏离，但整体风险仍然可控，使用灰色 GM(1, 1) 模型进行拟合预测的结论是：2016 年、2017 年中国的收入差距适度性警情程度仍将处于中警区。

基于上述研究结论，为了促进中国适度收入分配体系的形成，解决当前存在于收入分配领域的诸多问题，本书提出了相应的对策建议。一是通过完善初次分配要素市场的制度规范，以及制定科学合理的税收、财政转移支付和社会保障制度来进行适度再分配。二是通过破除城乡分割壁垒，加速城镇化，促进劳动力在城乡之间自由迁徙流动，以及通过教育和人力资本投资增强农民增收的内生能力等方式来调节城乡之间的收入差距。三是通过引导产业在东中西部地区之间梯度转移，吸引劳动力向中西部地区回流等方式来调节地区之间的收入差距。四是通过放松对垄断行业的管制，适度引入竞争，建立行业间劳动力市场公平机制，提升要素在行业之间的流动性等方式来调节行业之间的收入差距。五是通过强化不同群体之间的机会均等化，以及"调高、扩中、提低"的途径培育中等收入阶层等方式来调节不同群体之间的收入差距。同时，政府在调节收入分配时要把握好效率与公平的协调、经济发展成果由全体人民共享、收入分配必须与经济发展阶段相适应、政府对收入分配的调节不能破坏和干扰市场机制等基本原则。

本书是笔者承担的国家社科基金项目《中国收入差距的适度性与预警机制研究》的最终研究成果，历经 5 年多的艰辛努力，终于完成。感谢国家社科基金委基金的资助。

研究成果及本书形成的过程中，借鉴和吸收了国内外学术同行的大量研究成果，得到了相关专家、学者及学术同行的专业指导和智慧启迪，在此对他们表示衷心感谢！还要感谢为本成果进行鉴定审查的国家社科基金项目匿名评审的各位专家，感谢他们的辛勤劳动和宝贵建议！感谢重庆社科联和重庆理工大学的科研管理部门同仁们的帮助与支持！感谢项目组全体成员的不懈努力和贡献！感谢笔者的研究生们在数据收集、资料整理上的贡献，以及诸位同事、朋友们提供的协助与便利！

由于笔者的水平和能力有限，本书中难免存在疏漏之处，恳请读者赐教！

王全意

2019 年 2 月

目　　录

第1章 绪 论

1.1 问题的提出

人类社会自诞生以来，分配活动始终在人类的生产活动中处于非常重要的地位，是否能合理地分配收入会对人类社会产生重要的影响。因此，历史上人们对收入分配问题及其研究非常关注。早在春秋时期，中国伟大思想家孔子在《论语·季氏篇·季氏将伐颛臾》中就提出了"丘也闻有国有家者，不患寡而患不均，不患贫而患不安。盖均无贫，和无寡，安无倾"。孔子特别强调不论是治国还是管家，不是忧虑物质的匮乏而是忧虑物质财富的分配不公正，不是忧虑社会的贫穷而应忧虑社会的不安定，只要分配得公正就没有贫穷，社会和谐了就安定，安定了就不会垮台。2000多年过去了，直到今天，这一思想仍有警示现代社会积极的一面（当然其也有强调平均分配消极的一面）：即现代社会的稳定也要有赖于保持收入分配差距的适度性，如果收入分配差距过于悬殊，出现贫富两极分化，便会导致整个社会动荡、不稳定。

自1978年改革开放到2017年，中国经济发展取得了举世瞩目的成就，根据中国国家统计局的数据，中国GDP总量由1978年的3679亿元增加到1978年的827122亿元，年均名义增长率高达14.9%，按名义汇率中国经济总量稳居世界第二位；中国人均GDP也由1978年的381元增加到2017年59660元，增长了约156倍。在中国居民收入大幅增长的同时，收入差距也几乎在同步扩大，根据中国国家统计局的数据显示：中国内地基尼系数在1978年为基本合理的0.331，到1985降到比较平均的0.242，此后一路走高，在2008年达到峰值0.491，尽管此后开始下降，在2017年降为0.467，但当前仍然稳定在0.46以上，持续处于收入差距较大的范围，仍然超出国际公认的 0.4 的警戒线①；世界银行测算的中国基尼系数，超过了 0.5，处于收入分配悬殊的范畴，也远高于国际公认的 0.4 的警戒线。从城乡收入差距来看，根据中国国家统计局的数据，中国城乡居民收入比率已经由 1978 年的 2.1：1 增加到 2009 年的峰值 3.33：1，尽管此后开始逐渐下降，在 2017 年下降到 2.71：1，但仍然远超过国际上约 2：1 的平均水平。从行业收入差距来看，2017 年，中国收入最高行业的人均工资是收入最低行业的人均工资的 3.65 倍（2005 年该数据最高达 4.88 倍）。从地区收入差距来看，2016 年，中国东中西部地区城镇居民人均可支配收入比为 1.37：1：0.99，农村居民人均纯收入比为 1.31：1：0.84。使用多种来源的统计数据以及多种指标测算判断，多数研究者都认为当前中国的收入差距比较大。另外，根据国际经验，当人均 GDP 位于 3000 ~ 10000 美元时，往往也是经济社会矛盾激化的高发期。中国社会科学院在蓝皮书《2014 年中国社会形势分析与预测》发布调研的结论认为，自 2000 年以来，贫富差距和社会公平的受关注程度持续升温，2013 年关注率高达 38.6%，在城镇居民最关注的社会问题中首次荣登第一的宝座。因此，中国收入差距的扩大和收入分配公平问题已经成为当前中国经济社会发展中广受关注、广被讨论和颇具争议的话题之一。

由于收入分配、收入差距及其影响等是经济学经典选题，从亚当·斯密、马尔萨斯、大卫·李嘉图，到卡尔·马克思，再到库兹涅茨，故理论界对其研究较多，成果甚丰。尽管理论与实务界普遍认可中国收入分配差距较大的事实，但对收入差距产生的原因、影响以及收入差距是否过大等方面，分歧较大。关于中国收入差距的形成原因，理论界众说纷纭，莫衷一是。政府挤占说认为"国民收入分配过于向政府和企业集中"拉大了收入差距；劳动所得偏低说认为"劳动者报酬在初次分配中占比偏低"拉大了收入差距；垄断行业收入畸高说认为"电力、电信、金融等垄断行业的畸高收入"拉大了收入差距；税制不健全说认为"税制不健全恶化了中国收入分配差距"；

---

① 后文在未做特别声明时，基尼系数都指的是国家统计局的基尼系数。在计算基尼系数时，由于样本偏差问题、农村低收入人口的收入低估问题、估计的随意性问题等多种原因，不同机构计算的基尼系数往往会存在较大差异。譬如国家统计局根据调查的数据计算出 2007 年中国的基尼系数为 0.484。而李实、罗楚亮根据 CHIP 数据估计 2007 年中国收入差距的基尼系数为 0.48，修正以后为 0.52；国家统计局根据调查的数据计算出 2010 年中国的基尼系数为 0.481，2012 年 12 月 9 日西南财经大学中国家庭金融调查与研究中心根据其 CHFS 数据，计算出 2010 年中国的基尼系数为 0.61；国家统计局根据调查的数据计算出 2012 年中国的基尼系数为 0.474，而北京大学社会调查中心利用自己调查的数据计算 2012 年中国的基尼系数为 0.53。

城乡二元结构说认为"过大的城乡收入差距是影响中国整体收入差距最重要的因素";富人阻碍改革说认为,由于富人等既得利益集团阻碍收入分配改革,加剧了中国收入分配不公。这些问题在研究收入分配时非常重要,已有研究成果非常丰硕,结论也极富启发性,然而其并非本书的关注的重点①。

本书关注的重点在于中国收入差距的适度性,即当前中国的收入差距是否仍处于公众能够承受的适度范围之内。经过文献梳理,作者发现目前理论界对中国收入差距的适度性及预警机制较少进行研究,然而有关这方面的研究在时下的中国却有重要的理论和现实意义。维持适度的收入差距会从两个方面对中国社会经济之发展产生重大影响:一方面,适度合理的收入分配差距可以打破"大锅饭"和平均主义,激励人们的劳动积极性,可以改善资源的优化配置,有利于提高经济效率;另一方面,过大的收入差距,一旦超出了人们的心理承受能力,就会危及社会公平,影响社会稳定;而且过大的收入差距也不利于消费,导致消费需求不足②;过大的收入差距还会产生大量贫困人口,贫困人口通常缺乏应有的教育与人力资本投资,使得人力资本积累不足,因此,过大的收入差距会阻碍经济的长期增长,在这方面拉丁美洲国家,如巴西、阿根廷等国给我们提出了重要警示③。因此,一国或地区的收入差距必须维持在一个"适度"的水平上,收入差距过大或过小都不利,差距过大会危及社会稳定与公平,差距过小会危及经济效率与经济增长。

目前理论界关于中国的收入差距是否已超过警戒线或是否在"比较合理"的适度范围内,仍存在分歧和争议。例如,董建文(2001)认为当前中国的基尼系数已远超0.4这一"比较合理"的适度范围,说明中国的收入差距已经过大;赵人伟(2003)认为由于中国幅员辽阔、人口众多、社会差异

---

① 当然,关于中国收入差距的成因,作者会在后文的"中国收入差距的形成机理"部分论及。
② 根据经济学的边际消费倾向递减的基本原理,缩小收入分配差距可以扩大消费需求。
③ 据美国斯坦福大学的罗斯高(Scott Rozelle)教授、中国的李实和王小鲁等多位学者的研究,20世纪70年代,已经处于中等收入国家的一些拉美国家的基尼系数高达0.44~0.66,譬如巴西到90年代末基尼系数仍高达0.64,阿根廷在2007年基尼系数还处于0.51的高位。这些国家还由于收入差距过大,社会严重分化,引发激烈的社会动荡,导致政权更迭频繁,严重阻碍了经济发展,使经济发展停滞不前,成为"跌入中等收入陷阱"的典型国家。与拉美国家相反,东亚的韩国、日本等国家第二次世界大战后实施市场主导的经济政策,然后通过政府再分配大力缩小收入差距,将基尼系数从0.5以上降到0.3~0.4,实现了经济高速增长,成功进入了高收入国家和地区俱乐部,成为成功"跨越中等收入陷阱"的典型国家。

性大，因而可以容忍相对比较高的基尼系数，因此，超过 0.4 的基尼系数未必意味中国收入差距已超出"比较合理"的适度范围，但是中国的基尼系数究竟应该扩大到多大范围是比较合适和适度的，要结合中国的实际情况进行深入研究；冯招容（2002）则认为当前中国的收入差距在总体上是比较"适度"的，其并没有超过社会成员的心理容忍度和心理承受能力。

本书认为对收入差距适度性的内涵和判断依据的不同是理论界关于中国收入差距是否适度，无法达成一致意见的主要原因。例如，是否处于公众主观承受力范畴和能否激励经济增长是中国宏观经济研究院课题组提出的判断收入差距是否适度的两个基本原则（2002）。任红艳（2006）、刘承礼（2008）、王少国和王镇（2009）认为，公平与效率是制定分配政策和衡量分配是否适度的常用标准。为了更好地认识和理解这些分歧，为政府更合理地制定收入分配政策提供借鉴，本书将对这一重要问题展开深入研究。

目前中国正处于跨越中等收入陷阱的重要阶段，对中国收入分配差距是否适度从理论与实证角度进行深入探究，全方位考察中国收入差距的变动趋势与演进规律及其背后的形成机理，对中国收入差距的变动与资源配置效率和社会发展之间的协调度、适应性进行准确测度与客观评价，对收入差距的适度性在未来的变动趋势进行科学监测和防范，建立预警机制，针对性地提出政策建议，有助于政府合理制定收入分配政策来调控整个社会的收入差距，成功跨越中等收入陷阱，促进整个社会持续、稳定、和谐发展，因此，具有重要的理论和实践意义。故本书的研究将为解决经济发展中的收入分配和不平等问题提供理论和实证依据。

1.2　本书的学术价值和应用价值

1.2.1　本书的学术价值

本书将丰富和完善收入分配差距的适度性及预警机制理论体系。以下四个方面是本书重点探讨、丰富和完善的方向，也是本书的学术价值所在。

第一，通过对国内外相关研究的文献梳理与比较分析发现，有关收入分配与经济增长相互影响等方面的研究成果丰硕，但是对收入差距适度性的理论研究成果偏少、力度偏弱，本书将研究的重心置于此处，界定了收入差距适度性的内涵，提出了判断收入差距适度性三大标准。因此，本书的研究成果丰富了收入差距适度性的理论内涵，拓展了适度收入分配差距的研究视角。

第二，已有收入差距的适度性研究，在评价收入差距适度性时多依赖基尼系数、泰尔指数、阿特金森指数等单一指标，少数采用综合指标体系评价的研究，在评价指标体系设计上欠缺合理性，没有充分考虑收入分配差距与资源配置效率、国家发展理念、社会公众主观心理承受力和社会稳定之间的适应性与协调程度，在测度方法的操作性方面也有待改善。本书依据中国经济社会发展的实际情况，提出了基于"五大发展理念"的收入差距适度性指标评价体系①，并据此指标体系采用因子分析和 Topsis 方法对中国收入差距的适度性进行了综合实证评价分析，具有一定的新颖性。

第三，已有收入差距适度性的研究多基于客观数据评价，考虑到收入差距适度性的主观价值判断特征，与过往研究不同的是，本书为了突出这一主观价值判断特征，把基于客观数据为主的综合指标体系评价和基于居民对收入差距的主观心理承受力的调研数据评价相结合，对中国收入差距的适度性进行评价，以突出收入差距适度性的主观价值判断特征，增强了研究结论的稳健性。

第四，已有成果对中国收入差距的适度性进行监测预警研究时，以收入分配差距作为预警研究对象的成果，较少使用模型方法进行定量综合监测预警，且对收入差距预警调控机制的研究也亟待加强。在对国内相关研究批判吸收借鉴的基础上，本书在此方面进行了尝试与探索，采取了单指标和综合指标体系相结合的方法对中国收入差距进行定量监测预警，并依据预警结果提出了调控机制，拓展了研究新视角，为中国收入分配差距预警研究提供了一些新的思路与方法，具有一定的理论价值与学术价值。

1.2.2　本书的应用价值

本书的应用价值和意义在于，为政府制定科学合理的收入分配政策以及监测预防"不适度"收入差距提供参考依据。要实现党的十八大提出的在

---

① 2015 年 10 月中国共产党第十八届中央委员会第五次全体会议提出，必须牢固树立并切实贯彻创新、协调、绿色、开放、共享"五大发展理念"，强调中国要实现创新发展、协调发展、绿色发展、开放发展、共享发展。牢固树立并切实贯彻这"五大发展理念"，是关系中国发展全局的一场深刻变革，攸关"十三五"乃至更长时期我国发展思路、发展方式和发展着力点，成为全面建成小康社会的行动指南、实现"两个一百年"奋斗目标的思想指引。

2020 年全面建成小康社会且实现居民人均收入和 GDP 翻一番，成功跨越中等收入陷阱，进入高收入国家的行列，必须正确处理市场与政府、效率与公平的关系。自改革开放以来，人们的收入水平、生活水平和收入差距几乎同步扩大，既调动了人们的积极性，也对社会公平产生了影响。如果收入差距超过合理适度范围，超出了人们的心理承受力，既会影响效率提升和经济增长，也会危及社会稳定，所以收入差距须维持在"适度"的范围之内。因此，对收入差距的适度性进行研究，并对其进行预警监测和调控，为政府制定合理的预防措施和科学的收入分配政策提供参考依据，具有较好的应用价值与实践意义。具体而言，本书的实践意义有两个方面。

第一，突破基尼系数对政府收入政策制定约束的传统观点，为政府制定合理的收入分配政策提供新的视角与新的参照。促进经济社会更好地实现效率与公平统一的协调发展，一直以来既是理论界研究的重要课题，也是实务界与政府部门在政策制定时关注的焦点。自从基尼系数提出来之后，国际上普遍把基尼系数作为制定政策的参照，把基尼系数是否超过 0.4 作为收入分配贫富差距的"警戒线"。当基尼系数大于 0.4 时，政府通常会为了公平而采取措施来缩小收入差距；相反，当基尼系数小于 0.4 时，政府通常会为了效率而减少对收入分配的干预，这似乎已经成为人们的一种普遍直观的共识。这一政策假设隐含的思想就是当收入差距在达到某一个特定水平之前，适当容许收入差距的扩大能够提升资源的配置效率和促进经济增长；相反，当收入差距超过某一个特定水平之后，就会损害社会公平和稳定，进而反过来降低资源配置效果和经济效率。该政策假设的优点是简单，易于操作、识别，其缺点是静态的、粗糙的，且没有考虑一国在实际发展过程中的国情特点和地区差异。该假设逻辑上无法排除同样的某一收入差距水平在一国或地区是相对适度的，而在另一国或地区由于其处于不同的发展阶段、国土面积大、人口众多、社会差异性大却可能是较小的收入差距，是不适度的。因而就有必要针对经济发展不同阶段性以及不同区域发展的差异性进行收入差距的适度性研究，本书研究与中国总体经济发展阶段以及地区经济发展差异相适应的适度收入分配差距，可以为政府制定合理的收入分配政策提供新的视角与参照标准。由于中国具有人口多、国土面积大、地区发展极度不均衡的特征，对全国和各地区的适度收入差距进行研究和比较分析具有较高的实践价值。

第二，为处理好市场与政府在收入分配过程中的关系提供了新佐证。在中国共产党第十八届中央委员会第三次全体会议上提出了"经济体制改革是全面深化改革的重点，核心问题是处理好政府和市场的关系，使市场在资源配置中起决定性作用和更好发挥政府作用"。① 从公平与效率的视角，探讨在不同的经济发展阶段，政府与市场对收入分配各自不同的影响，尤其是对于政府如何通过初次分配与再分配来对收入分配进行合理干预，发挥好市场与政府两者在收入分配过程各自的积极作用，推进中国的实际收入分配趋向适度收入分配，为中国收入差距的演变提供了一个清晰路径，为转变政府职能、处理好市场与政府在收入分配过程中的关系，具有较好的借鉴启示意义。因此，在收入分配差距成为全国人民关注的焦点背景下，理论界除了对中国收入差距在深入调查研究的基础上做实证研究外，也应该结合实证研究对当前的收入差距进行规范研究，作出恰当的价值判断，判断当前的中国收入差距是否合理、是否合适、是否适度，是否存在与某一经济增长阶段相适应的适度收入差距？如果存在，又应如何测度这种适度收入差距？解答这些问题将有利于为当前收入分配制度的深化改革提供一个适度的参照标准。

1.3 研究思路、结构安排与数据来源

1.3.1 研究思路

在研究思路上，首先，对中国收入分配整体状况做综合评价并和欧美主要国家进行对比分析，然后对国内外学者关于收入分配适度性及预警机制的研究文献进行梳理，在此基础上吸收借鉴已有指标和方法，对其进行拓展，基于"五大发展理念"构建收入差距的适度性评价指标体系和分析框架，作为后文实证分析的理论基础；其次，通过实证分析，对中国收入差距的适度性进行实证测度与综合评价，为中国制定适度的收入分配政策提供理论依据和实证支持；再其次，从全方位、多角度探讨中国收入差距的形成机理，在此基础上对中国收入差距的适度性进行预警拟合；最后，根据理论分析和实证结论，提出相应的政策建议，为政府相关部门政策制定提供依据。

总之，本书将遵循从具体到抽象，再从抽象到具体；从现实到理论，又从理论到实证，然后从实证到指导实践的新思路、新方法的逻辑次序来展开

---

① 来源于《中国共产党第十八届中央委员会第三次全体会议公报》。

阐述。按提出问题→分析问题→解决问题的研究思路来进行研究，具体研究技术路线如图 1 - 1 所示。

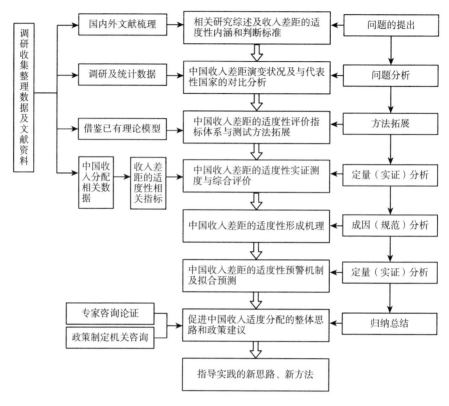

图 1 - 1　研究技术路线

1.3.2　结构安排

本书结构安排如下。

第一部分，绪论。主要说明本书写作的目的意义与研究框架，具体包括问题的提出，学术价值与应用价值、研究思路与结构安排、研究方法、数据来源及说明、创新与不足等内容。

第二部分，相关研究综述及收入差距适度性的内涵和判断标准。对国内外学者关于收入分配差距适度性、形成机理及预警机制的研究文献进行综述，在此基础上，基于经济效率、五大发展理念和人们主观心理承受力的视角，归纳总结收入差距的适度性内涵和判断标准。

第三部分，中国收入差距的演变状况及与代表性国家的比较分析。对改革开以来中国收入差距的演变状况作整体分析，并梳理欧美日等主要国家收入分配的适度性做法和经验，做比较分析，得出对中国收入分配适度性的启示。

第四部分，中国收入差距的适度性评价指标体系构建和测度方法拓展。首先对基尼系数、库兹涅茨比率、泰尔指数等传统的评价指标进行分析评价，在吸收借鉴已有指标和方法的基础上，从创新发展、协调发展、绿色发展、开放发展、共享发展五个方面构建一个科学合理的综合评价指标体系，对因子分析法和 Topsis 测度方法进行了拓展。

第五部分，中国收入差距适度性的实证测度与综合评价。使用第四部分所构建的评价指标体系和所拓展的测度方法，利用 1997～2015 年的省级面板数据对中国收入差距的适度性进行实证测度和综合评价。为了突出收入差距适度性的主观价值判断特征，本书使用课题组的调研数据对居民对收入差距的主观心理承受力（判断收入差距适度性的标准之一）进行了综合评价分析。

第六部分，中国收入差距的形成机理。从经济结构变动、教育和人力资本的差异、对外贸易、收入制度变迁等多角度探讨中国收入差距的成因，揭示中国收入分配实现适度公平的本质要求和内在规律。收入差距的形成机理分析，是研究收入差距适度性预警机制的前提。

第七部分，中国收入差距适度性的预警机制及拟合预测。借鉴相关经济预警理论，采取单指标和综合指标体系相结合的方法对中国收入差距的适度性进行定量监测预警，结合相关经济理论对中国收入差距的适度性变动进行拟合预测，为收入差距的适度性预警提供量化分析支撑，并依据预警结果提出了调控机制。

第八部分，促进中国收入适度分配的整体思路和政策建议。基于效率与公平视角，立足于全局性、长期性和操作性考虑，从多角度来探讨促进中国收入分配差距合理适度的对策建议。

第九部分，结论与研究展望。归纳总结全书的主要结论，并提出未来的进一步研究方向。

1.3.3　数据来源及说明

本书使用数据量大，来源多元化，为了读者更好了解，特作如下说明。

第一类是官方调查数据。根据研究内容的需要，本书所使用的大部分数据来自国家统计局（National Bureau of Statistics，NBS）的《中国统计年鉴》《统计公报》等相关调查资料、《中国居民收入分配年度报告（2016）》《2017 中国劳动力市场发展报告》《新中国 60 年统计资料汇编》《中国城市（镇）生活与价格年鉴》《中国农村住户调查统计年鉴》（2010 年后不再出版）、《中国住户调查年鉴》（近年来开始出版）、《中国教育经费统计年鉴》以及中国 31 个省份历年《统计年鉴》《统计公报》等资料。由于中国的二元经济结构特征，巨大的城乡差异，在 2013 年之前，在统计城乡数据时，国家统计部门将城镇和农村进行独立抽样。国外相关数据主要来 PWT 数据、世界银行数据、历年《国际统计年鉴》等。

第二类是第三方独立机构的调研数据。在本书的研究中，笔者也采用了多种由第三方独立机构采集的有关中国收入分配的调研数据。此类数据多来自家庭户调查数据，是一些民间机构采用抽样调查的方法收集，有分组数据和微观个体数据两种主要形式。目前在收入分配实证分析中广泛使用的数据有以下几种：CHIP（chinese household income project，北京师范大学、中国社会科学院调查项目）——中国家庭收入调查；CFPS（China family panel studies，北京大学社会科学调查研究院调查项目）——中国家庭追踪调查；CGSS（chinese general social survey，人大中国调查与数据中心调查项目）——中国综合社会调查；CHFS（China household finance survey，西南财经大学中国家庭金融调查与研究中心调查项目）——中国家庭金融调查；CHNS（China health and nutrition survey，中国疾病预防控制中心营养与食品安全所、美国北卡罗来纳大学人口中心调查项目）——中国健康与营养调查。微观调研数据的优点是包含信息量大，只要抽取合理、样本分布与总体的分布一致，就能通过样本指标准确估计总体情况。但也有部分学者质疑这些数据的准确性，认为其抽样不够科学、严谨。本书研究需要采纳其部分数据。

由于本书将在第三章使用 CHIP 和 CFPS 数据对中国的收入差距进行测度与分解，所以有必要在此对 CHIP 和 CFPS 数据作较为详细的说明。CHIP 是由北京师范大学经济与工商管理学院、中国社会科学院以及一些国际研究者就中国收入与不平等合作研究项目的部分成果，其得到了中国国家统计局（NBS）的支持。CHIP 调查数据有六轮截面数据，即 CHIP1988、CHIP1995、CHIP2002、CHIP2007、CHIP2008 和 CHIP2013。CFPS（中国家庭追踪调查）由北京大学社会科学调查研究院（ISSS）在 2010 年发起实施的关于中国社区、家庭和个人的全国代表性、纵向的调查，该调查每两年进行一次。该调查数据涵盖了经济活动、教育成果、家庭动态关系、流动性和健康状况。目前有三轮 CFPS 数据，即 CFPS2010、CFPS2012 和 CFPS2014。由于家庭户调查数据包含有每个家庭户不同收入构成的丰富信息，本书使用该数据分析家庭收入不平等的演进和不同收入来源特征。至于分析地区不平等演进和其分解，本书使用省级数据，即前面提到的第一类数据。后面将更详细描述每个数据集。本书使用中国家庭收入调查 CHIP 1995、CHIP 2002 和 CHIP 2007（NBS 样本）的家庭户数据，以及中国家庭追踪调查 CFPS 2010、CFPS 2012 和 CFPS 2014 的家庭户数据。本书并没有使用 CHIP1988，因为在 1988 年，中国绝大部分地区仍处于命令型计划经济，因而 1988 年调查数据的收入构成非常不同于此后所进行的调查数据的收入构成。CHIP2007 和 CHIP2008 也涉及规模更大的中国城乡人口流动调查项目（Rural-Urban Migrants in China，RUMIC）。然而中国城乡人口流动调查项目（RUMIC）部分数据和前几轮 CHIP 有不同的调查问卷，有不同的收入构成项目，CHIP 2007 遵循严格的 NBS 抽样数据，其和前几轮的 CHIP 抽样数据相一致。因此，在本书的分析中剔除了 CHIP2008，只使用 NBS 抽样的 CHIP 2007。从 CHIP 1995 到 CHIP 2007 之间的每一轮调查数据有关收入构成项目是一致的。对于 CFPS 数据，CFPS 2010、CFPS 2012 和 CFPS 2014 之间也存在一些差异。然而，本书根据 CFPS 2010 对 CFPS 2012 和 CFPS 2014 的收入项目进行了调整[1]。CHIP 和 CFPS 之间的一些收入项目也存在一些差异[2]。例如，CHIP 1995 包括住房的租金价值，但是在其他调查数据里没有包括；在 CHIP 数据里，由集体或政府支付的医疗费用包含在转移支付收入里面，但是在 CFPS 数据里并没有包括在内等。为了尽可能保证数据的一致性，本书拆分了 CHIP 不同来源的收入项目，根据包括在 CFPS 的收入项目进行重构。而且，在 CHIP 2007 里面没有"其他收入"项，但是本书根据 CFPS 的定义构建了该项目。最终，在本书收入来源分解上，作者给出两种结果，一种是来自 CHIP 和 CFPS 最初的家庭收入；另一种是根据 CFPS 的定义对 CHIP 调整的收入。

第三类数据是本书课题组自己的问卷调研数据。此类数据主要关于居民对目前中国收入差距的看法、评价及的主观心理感受方面的调研数据。因为

[1]　Xie，Y，Zhang，X，Xu，Q and Zhang C.（2015）."Short-term trends in China's income inequality and poverty：evidence from a longitudinal household survey"，China Economic Journa 8（3）：1 – 17.

[2]　Zhang，C，Xu，Q，Zhou，X，Zhang，X，and Xie，Y.（2014）"Are poverty rates underestimated in China? New evidence from four recent surveys". China Ecnomic Review 31：410 – 425.

有关收入适度性的评价必然会涉及居民的主观心理感受，本书依据研究目的，设计了调查问卷（见附录《中国收入差距的适度性与预警机制研究》调查问卷），并选择了重庆、福建、浙江、河南等省份，发放调查问卷1050份，回收有效问卷977份。此类数据以弥补前面两类数据无法反映居民主观心理感受方面的不足之处。

1.4　研 究 方 法

本书将遵循理论分析、实证检验、得出研究结论和政策建议的研究范式，运用科学的研究方法，为合理的分配政策的制定及预警机制的构建提供可靠的理论依据和实证支持。本书将综合借鉴与运用宏观经济学、计量经济学、统计学、发展经济学、国际经济学等多学科的理论知识和分析方法。具体研究方法包括以下五种。

（1）调查研究与文献研究法结合的研究方法。通过抽样调查、实地调研、实地访谈、统计资料分析等方式全面把握中国改革开放以来收入分配的现实特征和演变规律；通过大量查阅国内外收入分配差距及适度性的相关文献资料，使用文献研究法梳理相关文献脉络，全面把握该问题的研究新进展，在吸收借鉴已有的有价值的方法和思路的基础上，对其进行拓展。

（2）理论与实际相结合，实证和规范相结合，以实证分析为主的研究方法。根据经济变量之间的因果关系，通过收入差距的适度性指标体系及综合评价模型构建，利用20世纪90年代以来统计数据对中国收入差距的适度性进行综合评价，得出定量结论，为对策建议提供实证支持。

（3）定性和定量分析相结合，突出定量分析的研究方法。对中国收入差距的演变、收入差距适度性的测度、居民主观承受力的评价和收入差距预警等进行定量分析，对中国收入差距的形成机理进行定性为主的分析，增强研究论证的严密性。

（4）动态分析和归纳总结相结合的研究方法。描述中国收入分配随时间变化的动态调整过程，揭示现象规律，预测进一步的变化趋势，从多个视角归纳总结促进收入适度分配的政策建议。

（5）典型与整体分析相结合的研究方法。本书除了对中国整体收入差距从多角度进行综合分析之外，在与全球主要国家做比较分析时，限于篇幅原因，本书选取了美国、英国、拉美国家、北欧国家等代表性国家作对比分析，基于与代表性国家的对比分析，归纳总结全球整体收入差距的变化规律及对中国的启示。

1.5 可能的创新点与不足之处

1.5.1 可能的创新点

相对已有研究，本书的主要特色与可能的创新之处如下。

（1）目前理论界有关收入分配与经济增长的相互影响、收入差距的成因等方面的研究成果较为丰硕，而对收入差距的适度性和收入差距的监测预警研究较少，本书依据中国的基本国情，基于效率与公平视角，全面探索中国收入分配经济公平的相对"适度"合理区间，这是本书的新颖性所在，因此，本书的研究成果丰富了收入差距适度性理论内涵，开拓了适度收入分配差距研究视角。

（2）本书依据中国经济社会环境实际，提出了基于"五大发展理念"的收入差距适度性指标评价体系，并据此指标体系对中国收入差距的适度性进行了综合实证评价分析，具有较好的创新性。突破基尼系数对政府收入政策制定约束的传统观点，为政府制定合理的收入分配政策提供新的视角与新的参照。改革开放以来，中国区域经济呈非均衡增长，中国东中西部等不同地区处于发展的不同阶段，区域性差异显著，笼统地依据国际通用的基尼系数0.4的"警戒线"标准来判断中国收入差距的适度性，显得不够精确。本书基于"五大发展理念"构建收入差距适度性指标体系，采用因子分析和Topsis方法估算了中国30个省份（西藏除外）收入差距的适度性，并在此基础上深入对比分析不同地区收入分配特征，为政府制定收入分配改革政策和措施提供新的视角和更加直观的参照标准。

（3）如国内外研究现状所述，国内以居民收入差距适度性为研究对象的预警机制目前尚有待进行，运用计量经济模型等定量技术进行预警分析较少，本书在此方面进行了尝试与探索，采取了单指标和综合指标体系相结合的方法对中国收入差距进行定量监测预警，并依据预警结果提出了调控机制，这是本书的又一新颖之处。

1.5.2 不足之处

诚然如此，本书依然存在着诸多不足及有待改进之处，具体如下。

首先，由于本书涉及内容广泛，由于能力与精力所限，笔者也只讨论了中国收入差距中实际存在的诸多问题中的某些方面，疏漏之处在所难免；在数据方面，有关居民微观数据收集存在难以克服的困难，居民收入调查需要被访者的配合。由于人们收入来源的多样性和时间的机会成本，以及对收入隐私的看重等，使得部分居民特别是高收入群体参与调查的积极性不高，甚至是排斥的态度，因而使得部分有关收入差距的指标失真，难以准确反映实际情况，可能会影响本书分析的结论，对此目前仍缺乏公认的有效解决办法。

其次，由于很多数据获取困难，在计算评价中国收入差距现状和实证分析中国差距适度性时所依赖的各类宏观数据资料也有待进一步完善。改革开放以来，时限较长，中国很多统计数据的统计方法、统计口径等都发生了变动；另外，国家统计部门的整体数据的统计口径与各省份统计部门省级数据的统计口径不太统一；再加上许多统计数据的不连续和匮乏，这客观上削弱了对中国收入差距大小的判断和收入差距适度性评价的精度与可信度。

最后，实证分析的指标选取和计量模型的构建都值得进一步商榷。因为客观上影响收入差距的因素非常多，各种各样；而收入差距适度性的判断又具有很强的规范性特征，主观性较强，每个人的立场不同，对此就会有不同的看法。这些都导致了选取合适的描述收入差距的指标、收入差距适度性的指标以及计量模型的构建都有较大的难度，这也是笔者今后需努力改进的方向。

第2章 相关研究综述和收入差距的
适度性内涵与判断标准

收入分配和收入分配差距及其对经济增长的影响等是经济学的经典选题，理论界对其研究较多，成果甚丰，而对收入差距的适度性及预警机制等方面却较少有研究，然而有关这方面的研究在时下的中国却有重要的理论意义和现实意义。基于本书的研究需要，我们界定几个相关概念，梳理相关文献，本书将国内外学者有关此方面的主要研究成果从以下方面进行综述并进行简单评价，然后在吸收借鉴已有成果的基础上，笔者对收入差距的适度性内涵进行了凝练和界定，在此基础上，结合本书的研究需要，提出了判断收入差距适度性的三个标准。

2.1　相关概念及常用收入差距测度指标的界定

收入、收入差距、贫富差距、收入分配、收入分配制度、收入分配格局等重要概念是本书涉及的核心概念，在后文中将反复论及，而其准确含义、内涵和外延会因为其研究目的不同出现差异，所以有必要预先在此对其含义和内涵进行界定。

2.1.1　收入、收入差距与贫富差距

对各种收入差距指标相互比较的前提，在于计算和估计收入差距使用收入的定义和所包括的收入范畴，因而有必要先对此概念进行界定。通过梳理现有文献，可以发现理论和实务界在计算和估计收入差距时通常使用以下三

种收入的定义[①]：第一种收入定义是国家统计局（NBS）有关收入的定义，也是中国官方有关收入的定义，国家统计局在进行住户调查时，对农村和城镇使用不同的收入概念，对农村居民使用纯收入的概念，对城镇居民使用可支配收入的概念；第二种收入定义是卡恩（Khan）对收入的定义，具体而言，该收入定义是在国家统计局定义的收入的基础上增加了私有住房的租金、公有住房的实物性租金补贴和各种实物收入（例如，单位发放的日用品、食品等实物以及有价证券）的市场价值等三项收入；第三种收入定义是福祉意义上的收入含义，该收入定义是在卡恩的收入定义的基础上增加了社会福利以及社会保障的市场价值，其会增加城乡居民的实际福祉水平。

收入差距和贫富差距是两个密切相关但又有差异显著的不同概念。经济学中的收入差距通常是指一定时期内不同的行业、不同的地区之间的不同劳动者由于拥有的生产要素差异而产生的收益差异，以及由于国家收入分配政策差异所导致的收入多寡，是一个流量概念。收入差距与个人参与的经济活动及其效益相关，反映一定时期内个人的劳动成果与社会之间的经济利益密切关系。个人是否拥有生产要素及其质量差异、个人提供劳动质量的差异、收入分配制度的差异、经济结构的变动、经济的开放度以及历史的和政策的因素都会导致收入差异。

收入差距不同于另外一个常用概念——贫富差距。贫富差距通常是指在某一时点不同社会成员之间实际占有财富多寡的差距，其是由社会成员所处的经济、政治、社会和文化等方面的地位以及环境差异综合形成的，是一个存量概念。贫富差距通常通过社会成员所占有的现金、有价证券、存款、个人拥有的住房和土地、企业、交通工具、通信工具以及家庭贵重生活物品等物质财富和其所接受的文化教育程度、思想文化修养、科学技术水平和能力、知识产权、知识产品、社会知名度等精神财富两种形式表现出来。贫富差距包括财富差距、生活水平差距和收入差距等方面的内容。"财富"指一个人或一个家庭在一定时点上拥有的有形资产和金融资产的净存量；"生活水平"指一个人或一个家庭在一定的时期内用以满足物质和精神生活需求的产品和劳务的多寡；"收入"指一个人或一个家庭在一定的时期内所取得的货币总量。

从上面的定义可以发现，收入差距和贫富差距无论性质上还是范围上都

---

① 李实，罗楚亮. 中国收入差距究竟有多大？[J]. 经济研究，2011（4）：68 - 79.

存在很大的差异，两者所属研究领域有很大差异，前者主要属于经济领域的
问题，后者主要属于社会领域的问题。收入差距是流量，贫富差距是存量，
两者可以相互转化，随着时间的积累收入差距会转化为贫富差距，贫富差距
的增减产生当期收入的差距。本书主要分析的是居民的收入差距而不是贫富
差距。

2.1.2　收入分配、收入分配制度与收入分配格局

要准确理解收入差距，须理解收入分配的内涵。在收入分配理论发展
过程中先后出现功能性收入分配和规模收入分配。在收入分配理论早期的
发展过程中，占据着主流地位的是功能性收入分配论。根据功能性收入分
配理论的观点，各生产要素的所有者根据自己所提供的土地、资本、劳动
等要素在生产中所做的贡献大小获得相应的报酬。因此，在当时的经济活
动中，劳动、资本、土地等生产要素获得的相应报酬工资、利息、地租占
国民收入的份额多寡就直接决定了国民收入收入分配的公平程度。因此，
理论界早期对收入分配的研究，就侧重于探讨劳动、资本、土地等各种生
产要素的供求如何决定要素的价格工资、利率、地租，然后通过各种生产
要素价格决定机制来分析怎样的要素参与分配机制是较为合理和公平的。
但是第二次世界大战之后，欧美等西方国家人们的收入来源逐渐多样化，
无法继续依照人们所拥有的生产要素多寡来划分个人所处于的收入阶层，
因此，再根据早期的功能收入分配理论来研究收入分配问题就不太符合时
代形势的需要。于是，规模收入分配理论便应运而生，成为西方理论界收
入分配研究的探讨重点。规模收入分配也被称为个人收入分配或家庭收入
分配，是指家庭或个人在国民收入分配中得到的收入比例。功能收入分配
和规模收入分配两者联系密切，功能收入分配是规模收入分配的基础，其
分配状况决定收入规模分配的状况，功能收入分配差距越大，则规模收入
分配差距通常也会越大。现如今，国家的经济体制、收入分配政策、人力
资本、初始财富分配状况、经济发展水平、通货膨胀、资本市场等因素及
其交互作用会密切影响个人收入水平，因而当前理论界多是从影响个人或
家庭收入差距的经济因素及作用机制的角度来研究收入分配问题。因此，
本书研究的收入差距重于个人或群体之间的收入差距，属于规模收入分配
的研究范畴。

收入分配制度是有关国民收入在资本所有者、劳动所有者、土地所有者等生产要素所有者以及政府等不同主体之间进行分配的一整套规章和制度安排，其具体内容包括分配规则的制定、分配过程安排与分配结果的体现等方面。通常而言，一国或地区的收入分配制度可以分为初次分配制度和再分配制度两种类型。初次分配制度主要是关于收入在资本所有者、劳动所有者、土地所有者等生产要素所有者之间进行分配的制度设计，包括工资制度、财产制度等，其结果体现资本份额和工资份额在国民收入中所占的比重。西方市场经济国家在制定初次分配制度时，通常会让市场力量在收入分配过程中起主导作用，效率优先，因此，初次分配之后的收入差距通常都比较大。再分配制度是政府通过税收与转移支付等方式参与国民收入再分配的制度安排，包括社会保障制度、税收制度、转移支付制度等。主要体现政府力量对收入分配的干预，政府通常为了社会公平的目标对初次分配的结果进行调节，以确立一个更为适度的收入分配差距。后文中，本书既考察中国初次分配差距的变动，也会考察中国再分配差距的变动。

一直以来，理论界习惯于根据不同的收入主体所占收入份额或比重来分析评价一国或地区收入分配格局和收入分配差距的变动趋势和演变规律。譬如法国经济学家托马斯·皮凯蒂在《21世纪资本论》一书中主要使用资本/收入比来分析一国或地区收入分配格局和收入分配差距状况。范一飞（1994）认为，根据收入分配的两种类型，可以将收入分配格局分成要素收入分配格局（或称功能性收入分配格局）和规模收入分配格局。邓涛（2006）认为，收入分配格局是指各收入主体通过初次分配与再分配所获得的可支配收入所占国民收入的比重以及各收入主体之间的收入分配状况。我们可以从收入分配格局中得到测度相关指标来判断一国的初次分配与再分配格局情况。政府、居民和企业是参与国民收入分配的三大主体，人们通常把这三大主体在国内生产总值（GDP）中各自所分配的收入比重或份额称为收入分配格局，表明了三大主体在GDP分配中各自占有的利益状况和所处的分配地位。在这其中，人们进一步将不同收入阶层居民所分配的收入数量在居民收入分配总量中所占比重或份额称为居民收入分配格局，譬如将人口十等分，每10%或20%人口所占收入份额，或收入最高10%或最低10%人口各自所占收入份额等。从一个社会流动性来看，理论界通常认为"橄榄型"居民收入分配格局是最合理的一种分配格局，在"橄榄型"分配格局中处在最底端的最贫穷人口和处于最顶端的最富有的人口数量都比较少，处于中等收入水平的中产阶层人口数量占社会大多数。

2.1.3　测度收入差距的主要指标

研究收入差距适度性，必须有适合测度收入差距的方法和指标。在收入分配理论长期演进的过程中，学者们提出了诸多的判断标准、分析方法和评价指标，各有侧重，各有特色。通过整理已有文献，我们发现测度收入差距大小的常用方法大概有三类：第一类方法是收入集中测度方法；第二类方法是收入离散系数测度方法；第三类方法是收入份额比例测度方法。而每类测度方法又有若干种常用测度指标，以下本书对这三类测度方法中一些常用评价指标进行介绍，包括常用指标的具体计算方法、计算原则，判断收入差距大小的方法等。

2.1.3.1　收入集中测度方法

该方法最常见的测度指标有洛伦兹曲线和基尼系数、阿特金森指数、泰尔指数。其中，洛伦兹曲线和基尼系数是国际上最通用和普遍的测度方法。

（1）洛伦兹曲线和基尼系数。洛伦兹曲线是用横轴表示一国人口数量由低到高累积百分比，纵轴表示一国收入由低到高累积百分比，然后将人口累积百分比和收入累计百分比的对应关系描绘成的一条曲线。洛伦兹曲线和 45 度线之间是不平等面积，基尼系数就是不平等面积和完全不平等面积（45 度线、横轴和右边纵轴围成的三角形面积）的比值，其表示不平均分配的收入部分占总收入的比重，是衡量一国收入差距的重要标准。0≤基尼系数≤1，基尼系数值越小，分配越平均，反之亦然，0 为完全平均，1 为完全不平均；基尼系数≤0.2，收入分配绝对平均；0.2＜基尼系数≤0.3，收入分配较平均；0.3＜基尼系数≤0.4，收入分配较合理；0.4＜基尼系数≤0.5，收入差距较大；0.5＜基尼系数≤0.6，表示收入差距悬殊；基尼系数＞0.6，为"高度不平均"。国际上习惯把基尼系数大于 0.4 看作收入分配差距的"警戒线"。

（2）阿特金森指数（atkinsom index）。阿特金森指数是带有社会福利规范性质的一种测度收入分配不平等的指数。阿特金森指数计算的第一步是计算 y_ε，y_ε 被称为等价敏感平均收入，其表示社会上每个人享受该收入时的社会总福利水平，即：

$$y_\varepsilon = \left[\sum_{i=1}^{n} f(y_i) y_i^{1-\varepsilon} \right]^{\frac{1}{1-\varepsilon}}, \text{ 或者 } y_\varepsilon = \left[\int_{y_i}^{1-\varepsilon} dF(x) \right]^{\frac{1}{1-\varepsilon}} = \left[\int (x) y_i^{1-\varepsilon} dx \right]^{\frac{1}{1-\varepsilon}}$$

$$(2-1)$$

其中，y_i 表示第 i 组或第 i 人的总收入（或实际收入）；$f(y_i)$ 表示第 i 组或第 i 人占总人口比例的密度函数；参数 ε 被称为不平等厌恶，其表示整个社会对不平等的厌恶程度或对平等的偏好程度，其范围为 $0 < \varepsilon < \infty$，ε 增加，意味着收入相对较低的人群将会被赋予更大的权重。则阿特金森指数 A_ε 可以使用以下公式计算，即：

$$A_\varepsilon = 1 - \frac{y_\varepsilon}{\mu}, \text{ 或者 } A_\varepsilon = 1 - \left[\frac{1}{n} \sum_{i=1}^{n} \left[\frac{y_i^{1-\varepsilon}}{\mu} \right]^{\frac{1}{1-\varepsilon}} \right] \qquad (2-2)$$

其中，μ 表示平均收入；若 y_i 表示第 i 人的收入，则 $\frac{1}{n}$ 表示第 i 人占总人口数量的比例。从式（2-2）可以发现，整个社会收入分配越公平，则等价敏感平均收入 y_ε 越接近平均收入 μ；A_ε 取值在 0～1，数值越大，收入差距越大，0 表示完全公平，1 表示完全不公平。阿特金森指数 A_ε 符合洛伦兹准则一致原则，且具有可分解性，但其分解不等于组内与组间阿特金森指数之和，不能够进行完全分解，有剩余项。其分解公式为：$A_\varepsilon^T = A_\varepsilon^{组间} + A_\varepsilon^{组内} + Res$，$A_\varepsilon^{组间}$ 为组间阿特金森指数；$A_\varepsilon^{组内}$ 为组内阿特金森指数；Res 表示剩余项。判断收入分配不公平程度的测定指数通常须符合五条优良公理性原则，阿特金森指数 A_ε 完全满足。

（3）泰尔指数。泰尔指数①（Theil，1967）又称泰尔熵标准。若 A 表示某一特定事件，其发生的概率为 U，即：P(A) = U。E(U) 是事件 A 发生的信息量，E(U) 是事件 A 发生的概率 U 的减函数，即可以表示为：E(U) = log(1/U)。若共有 n 个（n = 1，2，…，n）可能发生的事件，这 n 个事件的概率假设分别为 U_1，U_2，…，U_n（$U_i \geq 0$），且它们的和等于 1，即：$\sum U_i$ = 1。期望信息量（也称为熵）等于每一事件的信息量和其相应概率乘积之和：E(U) = $\sum U_i h(U_i)$ = $\sum U_i log(1/U_i)$。从上式可以看出，n 个事件中的任

---

① 资料来源：林宏，陈广汉. 居民收入差距测量的方法和指标 [J]. 统计与预测，2003（6）.

一事件发生之概率 U_i 越趋近于 $1/n$，期望信息量（也称为熵）越大。那么如果将 U_i 看作第 i 人（或者第 i 组）分配的收入份额，期望信息量 E（U）就可以看成测度收入差距的指标。显然，社会收入分配越均衡，E（U）越大，若绝对平均，也就意味着每个人（或每组）分配的收入份额 $U_i = (1/n)$，熵 E（U）就等于其最大值 logn。泰尔提出了以下计算公式来测度不平等：

$$T = logn - E(U) = \sum u_i \times lognu_i \qquad (2-3)$$

式（2 - 3）计算出来的 logn - E（U）被称为泰尔指数，或泰尔熵标准。泰尔熵标准只是 C = 0 时的普通熵标准的一种特例。泰尔指数的优点之一是可以测度组间收入差距，以及组内收入差距对总收入差距的贡献度。一般而言，基尼系数对处于中间收入水平的变动比较灵敏，但是泰尔熵 L 指数、泰尔熵 V 指数对处于底层水平的收入变动比较灵敏，泰尔熵 T 指数对处于高层水平的收入的变动比较敏感，这说明基尼系数和泰尔指数两者之间具有一定程度的互补性。

2.1.3.2　收入离散系数测度方法

（1）变异系数，该指数也叫作离散系数。其用收入差距的标准差与收入差距的均值的比值表示。该系数越大说明资料的变异程度越大，收入差距越大；反之则越小。

（2）城乡收入比。其用城镇居民人均收入除以农村居民人均收入。该指标是测度城乡收入差距常用指标标，该比值越大，表明城乡居民间收入差距越大。

2.1.3.3　收入份额比例测度方法

（1）收入等分法。收入等分法把全部家户或者人口分成了最低收入组、次低收入组、中等收入组、较高收入组和最高收入组五个收入组别，考察不同收入组别之间收入差距的一种方法。当前国家统计局在公布收入差距数据时也采用这种方法。

（2）库兹涅茨比率。库兹涅茨比率以最富有的20%人口所占有的收入份额表示，这一系数的最低值是 0.2，系数越高表示收入差距越大，收入在社会成员间的分配越不均匀。

（3）收入不良指数，该指数也叫作欧希玛指数。该指数用20%最顶端收入群体所分配的收入份额除以20%最底端收入群体所分配的收入份额①，该指数最小值为1，该指数值越大，收入差距越大，通常认为，收入不良指数<9，收入差距比较合理；9＜收入不良指数＜12，收入差距偏大；12＜收入不良指数<15，收入差距过大；收入不良指数>15，收入差距极大。

（4）阿鲁瓦利亚指数。阿鲁瓦利亚指数以40%最低层人口所占有的收入份额来表示，这一指数的最高值为0.4，指数越低，收入差别越大，收入分配越不均匀。

本书在以后章节将多次用到上述相关指标来判断中国收入差距状况。

2.2 国内外研究现状及述评

2.2.1 有关中国收入差距动态演进趋势的研究

目前，国内外学者关于改革开放以来，中国收入差距变动趋势的研究成果很多，作者梳理其中有代表性的主要研究成果，将其总结如表2-1所示，以便和后文第3章本书对中国收入差距演变的分析评价结论进行对比。

通过表2-1对国内外近年来有关中国收入差距变化趋势的研究成果梳理总结可以发现，由于不同的研究者在研究过程中所使用的数据来源不同、涵盖的时间幅度不同、使用的收入概念不同、使用的收入差距的测度指标不同、以及研究的方法也不尽相同，因此，最终得出的有关中国收入差距变化趋势的结论也各不尽相同。但是整体而言，绝大部分的研究结论都支持改革开放后中国的整体收入差距在持续扩大，但进入21世纪前10年的后半期之后，中国收入差距的扩大逐渐呈现稳定、甚至下降的趋势。同时，这也启示我们，对收入分配和收入差距适度性进行研究时，研究结论与数据来源、研究方法和指标选取等因素高度相关，为了保证研究结果的可靠性，必须对这些因素严格把关、认真甄别。

---

① 资料来源：蔡昉，都阳，高文书，王美艳. 劳动经济学——理论与中国现实 [M]. 北京：北京师范大学出版社，2011.

表2－1　有关中国收入差距变动趋势的研究成果总结

作者与年份	时间跨度	数据来源	使用的收入概念	收入差距的测度指标	收入差距的变化趋势
奥瓦拉多 (Alvaredo) 等 (2017)	1978~2014年	世界财富与收入数据库	税前国民收入	1%最高收入群体与50%最低收入群体的收入份额	1978年开始大幅增加，2006年后处于稳定状态
奈特 (Knight)、李实、万广华 (2016)	2002年、2013年	CHIP数据	家庭财富与收入	基尼系数	增加
李实等 (2016)	1984~2012年	拉瓦雷 (Ravallion)、陈 (Chen) (2007) 与国家统计局 2003~2012年的数据	人均收入	基尼系数、城乡收入比	1984~1994年增加，1995~1997年下降，1998~2005年增加，之后又开始下降
门多萨 (Mendoza)、格兰杜特 (Graduate) (2016)	1988年、1995年、2002年	CHIP数据	家庭人均可支配收入	基尼系数	1988~2002年增加
谢 (Xie)、张 (Zhang)、许 (Xu) 等 (2015)	2000年、2003~2012年	CFPS, CGSS, CHFS, CHIP, NBS (2013)	家庭人均收入	基尼系数	自2003年起处于稳定状态，2010~2012年下降
张 (Zhang) (2015)	2002~2009年	国家统计局的中国城市家庭住户调查数据	家庭人均可支配收入	基尼系数	在2005年、2008年达到顶峰，在2009年轻微下降
阿普尔顿 (Appleton)、宋 (Song)、夏 (Xia) (2014)	1988年、1995年、2002年、2008年	CHIP	家庭人均收入	基尼系数、广义熵指数、阿特金森指数、收入比	由于工资结构的变动，收入差距急剧增加

续表

作者与年份	时间跨度	数据来源	使用的收入概念	收入差距的测度指标	收入差距的变化趋势
张（Cheong）、吴（Wu）(2014)	1997～2010年	1998～2011年各省省统计年鉴，2004～2008年中国区域经济统计年鉴，1994～2008年中国工业经济统计年鉴	人均地区生产总值的区域分解，人均增加值的工业分解	基尼系数	县级人均地区生产值总值基尼系数1997～2003年增加；2004～2010年下降；人均增加值的基尼系数1993～2003年上升，到2007年后缓慢下降
谢（Xie）、周（Zhou）(2014)	2010年、2011年、2012年	NBS Mini-Census 2005, CGSSS, CFPS, CHFS, CLDS, UNU-WIDER, 官方基尼系数，李（Li）等（2013）	家庭收入，家庭人均收入	基尼系数	自1985年后增加，基于官方估计2010～2012年处于稳定阶段
坎布尔（Kanbur）、庄（Zhuang）(2013)	1990年、2008年	世界银行PovcalNet		基尼系数，GE(0)	1990～2008年增加
李（Lee）(2013)	2000～2010年	中国城镇家庭物价，收入和支出调查统计年鉴	分组省级城镇家庭物价，人均可支配收入	基尼系数，GE(0)	自2000年开始增加，2005年，2008～2010年下降
李（Li）、吉布森（Gibson）(2013)	1990～2010	省级统计年鉴	省级人均GDP	基尼系数，泰尔指数T	1993年出现小高峰，2005年出现大高峰
池（Chi）(2012)	1988～2009	国家统计局城市家庭户调查数据	个人收入	基尼系数	在1998年，2005年和2008年出现高峰

续表

作者与年份	时间跨度	数据来源	使用的收入概念	收入差距的测度指标	收入差距的变化趋势
陈（Chan）、周（Zhou）、潘（Pan）（2011）	1995~2011年	中国区域经济统计年鉴	人均收入十分位分组数据	基尼系数	2002年出现大高峰，2009、2011年下降
范（Fan）、坎布尔（Kanbur）、张（Zhang）（2011）	1952~2007年	中华人民共和国成立50周年统计数据和材料汇编，中国统计年鉴	省级人均消费	基尼系数，GE(1)	在1960年、1975年、2005年出现高峰，在1952年、1967年出现低谷
沈（Shen）、姚（Yao）（2008）	1987~2002年	国家定点调查（NFS）	家庭人均收入	基尼系数	1994年前相对稳定，1996年之后稍微增加，1996年达到一个低谷，2001年达到一个高峰
拉瓦雷（Ravallion）、陈（Chen）（2007）	1980~2001年	国家统计局（NBS）农村家庭调查（RHS）和城市家庭调查（UHS）	人均收入	基尼系数	1980~1982年下降；1982~1994年增加；1994~1996年下降；1996~2001年增加
德玛格（Démurger）、福尼尔（Fournier）、李（Li）（2006）	1988年、1995年、2002年	CHIP	家庭总可支配收入	基尼系数，GE(1)，GE(0)	1988~1995年增加；1995~2002年下降
汗（Khan）、里斯金（Riskin）（2005）	1995年、2002年	CASS家庭调查	家庭人均收入	基尼系数	农村和城市内部收入差距都在下降，但全国收入差距稳定不变

资料来源：由本书作者总结相关研究得到，相关研究文献的名称、来源等详细信息请参见参考文献。

2.2.2 关于收入差距适度性的研究现状

2.2.2.1 对收入差距适度性概念的界定与判断标准的确立之争论

何谓收入差距的适度性以及该如何判断多大的收入差距是适度的，目前理论界并没有取得一致意见，根源在于大家对收入差距适度性概念的理解出现了分歧，对其判断标准也有不同的意见。收入差距是否能激励经济增长，是否在公众主观承受力范围之内，是中国宏观经济研究院课题组（2002）判断收入差距适度性的两个基本标准；樊丽淑（2005）认为，既能促进经济增长，又有利于社会稳定，并与特定经济发展阶段相适应的收入差距才是适度的收入差距；沈时伯（2005）坚持传统的观点，认为只要基尼系数处于合理的区间的收入差距，就是适度的收入差距。而任红艳（2006）、刘承礼（2008）、王少国和王镇（2017）则认为，公平与效率的权衡是判定收入差距适度性的常用标准；李炯和张鹰（2007）则认为，既能促进经济增长，又能激励生产者积极性的收入差距才是适度的收入差距；任红艳（2010）提出，要从"量"和"质"两个方面判断收入差距的适度性，适度的收入差距既要处于合理的区间范围（"量"的标准），又不能破坏社会的稳定性，不利于社会公平（"质"的标准），要坚持效率和公平的统一。冯招容（2016）则认为，基尼系数不是判断收入差距适度性的绝对标准，仅是一个参考指标，尽管目前中国的基尼系数已经远超 0.4 的"警戒线"，但由于中国当前的收入差距仍处在公众的经济和心理承受范围之内，所以是一种适度的收入差距。赵人伟（2003）则认为，由于中国幅员辽阔、人口众多、社会差异性大，因而可以容忍相对比较高的基尼系数，因此，超过 0.4 的基尼系数未必意味着中国的收入差距已超出"比较合理"的范围，但是中国的基尼系数究竟应该在什么范围是比较合适的，要结合中国的实际情况来深入研究。

通过梳理相关收入差距适度性的定义和判断标准的相关研究文献，我们发现理论界对收入差距适度性概念的理解还比较单一，多从单一或少数几个方面进行界定收入差距的适度性，收入差距适度性是一个带有很强主观性且有强烈价值判断标准的规范性概念，但是目前理论界在界定收入差距适度性的内涵与确立收入差距适度性的判断标准时，在这方面尚少有涉及。

2.2.2.2　收入差距适度性的测度方法和评价指标的研究现状

在对收入分配的研究过程中，国内外的学者们提出诸多测度收入差距和收入差距适度性的方法和测度指标。格罗斯曼（Grossman，1991）、艾杰隆（Agion，1998）、萨拉－蒂－马丁（Sala-ti-Martin，2002）等提出使用基尼系数以及人均生产总值（GDP）的差异来测度一国居民收入分配差距的大小；阿特金森（1997）则认为应该考虑社会福利对收入差距和不平等的影响，并提出了能够测度社会福利影响的阿特金森指数，目前已经成为被广泛使用的测度收入差距的方法之一；林毅夫、蔡昉、李周（1998）使用城乡人口加权的人均收入和泰尔指数分解法来测度地区收入差距；中国宏观经济研究院课题组（2002）使用基尼系数为主，再使用几个辅助指标（如贫困发生率、库兹涅茨倒"U"形拐点等）来判断中国收入差距的适度性；文魁等（2007）先计算出个人的合理收入，在此基础上再计算出收入差距指数来测度收入差距的适度性；高铁梅、王亚芬、肖晓飞（2017）综合使用收入不良指数、库兹涅茨指数、阿鲁瓦利亚指数和基尼系数来判断收入差距的适度性；夏华（2008）则使用泰尔指数来测度中国的行业收入差距；孙敬水、董立锋（2012）构建了一套指标体系，并使用模糊数学中的隶属函数协调度模型方法测度了1992~2000年中国居民收入差距的适度性。

通过相关文献梳理，我们发现当前理论界对收入差距适度性进行测度时，很少使用成套指标体系来进行综合定量评价，多使用单一指标，譬如基尼系数、泰尔指数、阿特金森指数、库兹涅茨指数等进行判断。

2.2.2.3　关于适度的收入差距对应的基尼系数值之分歧

适度的收入差距究竟是多大，学界除了在理论上观点各异，在实证研究上得出的结论也各不相同，存在分歧。洪兴建（2007）通过数理模型推导出"橄榄"形收入分配结构（中间大、两头小，以中等收入阶层为主的收入分配结构）的基尼系数的合意值介于0.3~0.4范围，最优基尼系数值为1/3。杨天宇等（2008）将最优城乡收入比定义为社会消费最大时对应的城乡收入比，他们进一步推算出中国实际的城乡收入比要比最优城乡收入比平均高出约40%，他们还推算出2003年中国理想的基尼系数应该等于0.3378。乔治（Jorge. A，2010）使用联合国世界收入不平等数据（WIID数据）实证检验发现经济增长和收入分配差距之间呈库兹涅茨倒"U"形变化规律，并计算出对应于最优增长率的基尼系数等于 0.39。田双全（2012）运用非线性门槛回归方法在新古典增长模型的基础上推算出中国西部城乡收入比最优值等于3.59，与该最优值最为接近的是 2001 年的中国西部城乡收入比。廖信林等（2012）使用 1986～2009 年 7 个转型国家（包括中国在内）的跨国面板数据证实了转型国家经济增长和收入分配差距之间也呈现出库兹涅茨倒 "U" 形变化规律，他们进一步推导出这些转型国家最优收入差距对应的基尼系数值近似地等于 0.42。王少国等（2013）使用 1994～2011 年的数据在柯布—道格拉斯生产函数的基础上估算了与中国效率相容的收入差距对应的基尼系数值等于 0.3735。李景睿等（2014）使用固定效应面板数据模型和数据包络分析方法（DEA 方法）研究 "金砖" 五国（包括中国在内）的技术进步和收入分配差距两者之间的关系，他们发现，如果从有利于技术进步的角度来看，0.487 的基尼系数对应的收入差距是最优的，当基尼系数大于该数据值，收入差距有利于推动技术创新；反之则相反。

总结上述实证研究结论，我们可以发现，不同的学者由于研究视角的差异而对适度的收入差距定义不同，以及使用的数据来源、研究方法等也不同，最终得出的适度的收入差距对应的基尼系数值的差异也比较大，大概在 0.333～0.487 的范围之内变动。

2.2.2.4　对当前中国收入差距是否适度的争论

改革开放以来，中国的收入差距逐渐拉大，2008 年之后出现轻微下降，那么当前中国的收入差距是否适度？理论界对此尚未取得一致意见，观点各异、争论很大。梳理相关研究之后，我们发现存在以下观点：（1）贫富分化论。侯远长和王增杰（2001）认为，尽管当前中国的收入差距比较大，但尚未形成两极分化，正处于贫富分化阶段；祝大平、朱国众（2003）认为，中国富人的数量占总人口的比例尚不足以构成两极分化；牛飞亮（2012）考察中国城镇居民的收入分配之后，认为中国的收入差距还没有扩大到两极分化的程度，李炯和张鹰（2017）也认为，中国目前的收入差距水平尚处于贫富分化阶段。（2）两极分化论和一级分化论。周焱（2001）在研究了中国私营企业的收入分配后发现，在部分私营企业出现了收入分配的两极分化情况；徐现祥、王海港（2007）通过对比中国收入最高和最低两个群体的收入状况后提出，中国已经出现了两极分化的趋势；金江和何立华（2015）认为，中国农村和城镇的收入分配都表现出两极分化的趋势，且在逐年持续扩大，农村居民的贫富两极分化的程度超过了城镇居民；李炯和张鹰（2007）认为，当前中国还没有出现两极分化，只是处于一极分化阶段。（3）不合理论。吴敬琏（2008）认为，政府提供的公共服务和公共产品覆盖不均等，加大了中国的实际收入差距，使得中国收入分配差距的形成具有不合理性；李实、罗楚亮（2011）、王小鲁等认为或者由于高收入群体数据失实，或者由于"灰色收入"的存在，导致中国城镇居民的收入差距被低估，中国的实际收入差距可能会更高。（4）适度论。董建文（2001）依据基尼系数作为判断标准，认为中国基尼系数尚在 0.5 以下，还未达到 0.5 以上国际公认的两极分化标准，因此，当前中国的收入差距是适度的；陈宗胜和周云波（2002）认为，尽管当前中国的收入差距比较大，但由于人们的收入水平和生活水平与过去相比得到了大幅提升，因而社会秩序稳定，表明当前的收入差距尚在人们心理承受范围之内；杨强（2015）认为，当前中国的收入差距产生于计划经济向市场经济转轨的过程中，因而具有必然性和一定的合理性；周必彧和潘明（2017）认为，现阶段中国的收入差距是适度的。

通过梳理当前中国收入差距是否适度的研究，我们发现，尽管对当前中国的收入差距是否适度尚存在诸多争论，但认为当前中国的收入差距已经处于较高水平的观点，在理论界已经基本达成共识。另外，在判断中国收入差距是否适度时，大部分学者根据基尼系数、城乡收入比等单一指标来判断，没有综合考虑经济效率、社会公众的主观承受力和社会发展理念等多种因素。

2.3　收入差距的适度性内涵和判断标准的界定

2.3.1　收入差距适度性内涵的价值判断特征

通过对已有相关文献的综述与评价，我们发现，目前理论界并没有就收入差距的适度性内涵和判断标准取得一致意见，大家对收入差距适度性的内涵与外延的理解出现了明显的分歧，对其判断标准也有不同的意见。作者认为，之所以会出现这样的分歧与争论，其根源在于收入差距适度性是一个带有明显价值判断色彩的规范性概念，其内涵具有较浓的主观价值判断特征。它不仅是一个实证经济学的问题，而且兼具有规范经济学的属性与特征。因此，在对收入差距的适度性作出分析评价时，除了对收入差距大小作出量的判断、解释收入差距的形成机制等内容之外，我们还应该从一定的价值判断标准出发，依据这些标准，对适度收入分配如何影响一个社会的正常运转与稳定进行评价，既要考虑适度收入差距量的范畴，又应该考虑适度收入差距质的内涵。

但是，通过文献研究，我们可以发现，现行的评价收入差距适度性的指标多是客观性的评价指标。单纯地用客观的指标分析评价具有很强的主观性的概念范畴，与价值判断相关的主观性因素就会被忽视，导致即使研究者所使用的研究方法比较科学，搜集和整理的数据也比较细致、客观和严谨，也会使得其研究结论一定程度地偏离其设定的研究目标。因此，我们在选取收入差距适度性评价指标和判断标准时，需要考虑收入差距适度性的主观价值判断特征。

2.3.2   已有常用判断标准和指标的分析与评价

收入差距适度性的判断标准是人们对现实的收入差距是否适度进行判断的依据。相同的收入差距，依据不同的标准进行判断，人们就会得出不同的结论，因此，确定合适的适度收入差距判断标准就显得非常重要。收入差距适度性指标是对现实的收入差距是否适度进行定量分析评价的工具。以下对几个在实践操作中常用的判断标准和指标进行简单的分析评价。

2.3.2.1   基尼系数判断收入差距适度性的优缺点分析

1943 年经济学家赫希曼[①]在洛伦兹曲线的基础上提出了基尼系数。当前基尼系数已经成为国际上判断收入公平程度最重要的指标。有关基尼系数如何测度收入分配差距的大小在前面（收入差距测度指标部分）已做介绍，此处只对基尼系数在判断收入差距适度性时所具有的优缺点进行分析评价。在使用基尼系数判断收入差距的适度性时，0.4 的值通常被国际社会当作收入差距是否过大、是否适度的"警戒线"。另外，也有学者根据黄金分割律，计算出 0.382 才是"警戒线"的准确数值。国际上公认合理、适度的基尼系

---

① 人们长期以来错误地认为基尼系数是意大利经济学家基尼提出来的。1964 年，经济学家赫希曼在美国经济评论（AER）上发表了《一项指标的父权认证》（*the Paternity of An Index*），澄清了这一错误（参见《赫希曼：在真理面前保持谦卑》，凤凰财经网，引用日期 2014 年 6 月 25 日）。因此，基尼系数既不是基尼提出来的，也不是赫芬道尔提出来的，而是赫希曼提出来的。

数的值在0.25左右，基尼系数的适度区间应该在0.2~0.3范围。基尼系数符合洛伦兹准则一致性原则，可用洛伦兹曲线直观表示，利用简单的分组数据就可以进行计算，但基尼系数不具备组群可分解性。

基尼系数作为判断收入差距适度性的指标，其优点在于给出了居民之间收入差距的数量界线，能够直观、简洁、客观地测度居民之间的收入差距大小，用于预警、预防居民之间的收入差距过大或过小，具有很强的可操作性，在其被提出来之后，迅速得到国际社会的广泛认同和普遍采纳。

但是，其缺点在于不能反映分配不公平存在何处，无法显示不同收入群体的收入差距状况，以及人口规模等非收入分配因素对其产生的影响。另外，在国际上也没有计算基尼系数的统一标准和准则，计算方法也不确定。例如，在计算收入时，是按家庭总收入计算，还是按照家庭人均收入计算；是否应该加上政府的福利，是否应该扣除税收项；在统计对象上，是否应该包括外地居民，是否应该包括接受公共援助者等，正是因为如此，采用不同方式计算的基尼系数往往差异较大，由于不具有一致性，很难直接进行比较。

现举一例来说明基尼系数在判断收入差距适度性时存在的问题。假定某一社会由甲和乙两个人构成，甲的收入为1000元，乙的收入为3000元，乙的收入是甲的3倍，由两者构成的整个社会的基尼系数为0.25，是国际上公认合理、适度的基尼系数的值。因此，如果根据基尼系数来判断，整个社会的收入差距是适度。但是，如果我们分析收入差距的形成原因，结论就不一定确定。假设甲和乙所提供的是同种强度的同质劳动，但是乙的收入是甲的3倍，那么这样的收入差距过大，是不适度的。但如果乙所提供的是经过大量人力资本投资的复杂劳动，而甲所提供的是未经过人力资本投资的简单劳动，根据马克思的观点，复杂劳动等于倍加的简单劳动，那么两人之间3倍的收入差距所产生的0.25基尼系数也许是适度的。通过这一简单的例子，我们发现在数据准确、计算无误的情况下，基尼系数只是客观地测度了居民之间收入的相对离散程度和不均等程度，却不能对收入差距是否适度作出明确的判断。阿特金森就曾经说过"基尼系数小，并不意味着该社会的收入分配是平等"。

正是因为这些原因，目前理论界在使用基尼系数来判断中国收入差距的适度性时出现了很大的分歧与争论（具体见前文），难以取得一致意见。因此，本书提出对当前中国的收入差距适度性进行分析评价时，不能仅仅依靠基尼系数作为判断的依据和标准，否则会影响判断结果的准确性、客观性与全面性，从而会误导政府决策。其原因如下。

首先，由于基尼系数只是测度了当前中国收入分配差距的相对离散程度和不均等程度，并没有综合反映当前中国的经济发展阶段、社会发展理念、经济制度、收入分配制度、政府政策和居民的主观承受能力等基本情况，而这些因素共同决定着中国收入分配的基本状况，是分析评判中国收入差距是否合理、是否适度的依据，因此，对中国收入分配差距的适度性进行分析判断时，必须综合考虑这些因素。

其次，基尼系数仅从"量"上笼统、宏观地显示了中国收入分配差距的状况，并没有从"质"上显示中国收入分配差距是否合理、是否适度。对中国收入差距的适度性进行评价，如果仅从"量"上的数值大小就得出结论：收入差距小一些就好，收入差距大一些就不好，或者收入差距小一些就不好，收入差距大一些就好，这就显得过于简短化，不够全面，不够客观，也和中国改革开放以来的收入分配差距变动的现实不太吻合。同一基尼系数下的收入差距，由于其产生的原因和形成机制不同，其合理性、适度性也会有很大的不同。具体到当前的中国收入分配，由于当前的中国经济是从过去的计划经济向市场经济转轨过来的，在转轨的过程中，逐渐形成了按劳分配和按生产要素分配相结合的分配制度，导致在中国当前存在两类不同"质"的收入差距：一类是由于部分生产要素具有较高的劳动生产率，按照市场机制的分配原则，这些要素的所有者获得了更高的收入，逐渐拉大了和其他要素所有者之间的收入差距，这种收入差距基于效率原则，体现了市场经济的运行规律，是合理的。而另一类收入差距是在社会转轨的过程中，由于制度不完善、法律不健全，部分人凭借垄断、寻租等方式获取高收入，而拉大与其他社会成员之间的收入差距。这种收入差距不符合市场经济的运行规律，是不合理的、也是不适度的。

最后，基尼系数不是各国收入差距适度性评价的唯一标准，只是各国进行收入分配宏观调控的参考指标之一。如果仅依据基尼系数对中国现阶段收入分配差距的适度性进行评价，而不考虑中国幅员辽阔、人口众多、城乡二元经济结构、社会差异性大等基本国情，不从中国的基本实际出发，判断的结果就难以准确、客观与全面，从而会影响政府决策。

综上所述，当前的中国收入差距与分配格局是伴随着中国市场经济体制改革与中国经济发展而形成的，是由改革和发展的进程决定的，并在这个过程中，对中国的改革和发展起到非常重要的推动作用。因此，要想公正、客观地评价当前阶段中国收入差距的合理性与适度性，就要全面分析收入分配差距对社会稳定、经济发展、经济改革等产生的影响效应，以及其影响的程度，而不能仅仅依据单一的基尼系数的大小来分析判断。那么收入分配差距对社会稳定、经济发展、经济改革等的影响效应及程度该如何综合评价呢？本书认为适度的收入差距必须与一个社会的发展理念相吻合，通过构建和其基本发展理念相吻合的涵盖社会稳定、经济发展、经济改革等方面因素的综合指标体系，然后，使用一定的方法根据所构建的综合指标体系中各个指标的数据，来综合分析评价当前阶段中国的收入差距适度性。因此，基于现阶段中国的基本情况，本书基于"五大发展理念"来构建中国收入差距适度性的综合指标体系，具体构建和评价情况见第 4 章与第 5 章。如果计算出来的综合指标体系的数值表明收入差距在合理区间的范围之内，可以促进社会的稳定与发展，就可以判断收入差距是合理的、适度的，政府就不需要对收入分配政策作大的变动，只需采取个别微调政策；如果计算出来的综合指标体系的数值表明收入差距已经超过了合理的区间范围，对社会的稳定与发展产生很大的负面作用，就可以判断收入差距是不合理的、不适度的，政府就需要对收入分配制度和相应的分配政策进行较为全面的调整和变动。因此，只有对社会稳定、经济协调发展、经济体制改革等合成综合指标的测度结果进行分析，才能对收入差距作出"量"与"质"相统一的适度性评价，评价的结果才具有更高的可信度，才更加客观、公正，才会给政府政策制定以更准确的启示与借鉴。

除此之外，中国当前的收入差距与中国的经济发展阶段、发展理念、人口数量与结构、经济结构、中国的对外开放度、教育水平等方面紧密相关，判断中国收入差距的适度性，必然涉及一定的主观价值判断标准，而从价值判断的角度，对于中国这样幅员辽阔、人口众多、具有城乡二元经济结构特征的大国而言，我们很难断言究竟是 0.3 的基尼系数还是 0.5 的基尼系数对中国是适度的、合理的。我们只能根据基尼系数的数字判断中国当前收入分配的整体离散程度，该数字并不能告诉我们中国的分配不公平存在何处，也无法显示出中国不同收入群体的收入分配差距状况。因此，在分析中国收入差距的适度性时，还应该将收入差距和社会公众的主观心理承受力结合起来分析，和公众对既定区间的收入差距的接纳程度综合起来进行分析。例如，当基尼系数已经超过 0.4 的"警戒线"，但是如果社会公众都认为该收入差距不是由于垄断、寻租等不公平因素导致的，而是由于个人能力的差异和努力程度不同，自由竞争所导致的①，那么 0.4 以上的基尼系数也不能说明该收入差距是不适度的、不合理的。在对收入差距进行适度性评价时，其他的单一指标也存在着类似于基尼系数的困难，难以进行价值判断，而要进行价值判断必须依赖于一定的价值判断标准，仅仅依靠不带任何价值判断色彩的客观指标是难以解决规范经济学问题的。因此，这就要求我们将规范经济学的研究方法与实证经济学的分析方法相结合来进行研究，尝试设计出包含有一定的价值判断色彩规范性指标和指标体系。为了弥补这一缺陷，本书作出了一个新的尝试，采用问卷调查的方式来获取包含有价值判断色彩的数据，所以我们的问卷设计主要围绕居民对当前中国收入差距的看法、评价及主观心理感受等方面来展开，以更好地弥补综合指标体系评价收入差距适度性时，忽视居民主观心理感受的缺陷，具体分析与评价情况请参见第 5 章。

2.3.2.2 库兹涅茨拐点及库兹涅茨比率的优缺点评价

有关效率（发展）与公平（收入分配公平）之间的关系一直以来引发了广泛的争论，其中，库兹涅茨倒"U"形曲线假设是其中影响较大的一个，根据该假设，一国的收入分配状况会随经济发展过程而自发地发生变化，收入分配差距首先会伴随着经济增长而扩大，经过一定的发展阶段，收入差距又会伴随着经济增长而逐渐缩小差距。并且根据该假设，收入分配差距的高峰期会出现在人均 GDP 处于 3000 ~ 5000 美元的阶段，对应会出现在倒"U"形曲线的顶点上，意味着人均 GDP 一旦超过 3000 ~ 5000 美元这一阶段，收入分配差距就进入下降通道的拐点。于是，许多人就将库兹涅茨倒"U"形曲线拐点对应的收入阶段 3000 ~ 5000 美元作为判断收入差距适度性的又一尺度与标准。

该假设是库兹涅茨根据美国的历史数据总结出来的经验规律，为后来部分国家或地区发展经验所验证。但其仅是一种猜想，一方面，一国或地区经济增长并不必然使得收入差距扩大，即倒"U"形曲线递增的阶段并不会必然会出现，如"亚洲四小龙"中的中国台湾地区，在经济腾飞的过程中，大力普及教育，发展中小企业，较好地处理收入分配与经济增长两者之间的关

---

① 1976 年诺贝尔经济学奖获得者美国经济学家米尔顿·弗里德曼（Milton Friedman）在其名著《价格理论》一书中写道：所有权的不平等才是根本的不平等。市场的主要功能是决定资源的收益，但不会加剧所有权的不平等。回顾历史，在所有的非自由市场经济中，其经济的不平等肯定高于市场经济。

系，并未出现明显的收入差距扩大的阶段，因此，库兹涅茨曲线也未曾明显地出现过。另一方面，库兹涅茨倒 "U" 形曲线拐点在一国或地区经济增长过程中也不必然会自动出现，当一国或地区伴随着经济增长而出现收入差距扩大后，收入差距的扩大通常也不会在没有政府的任何人为干预之下而自动缩小。例如，在西方工业化国家中，北欧诸国、德国、日本等国，居民的可支配收入差距很小，但是初次分配的收入差距却很大，可支配收入差距小，主要是由于政府使用税收、转移支付、社会保障等方式积极干预调节的结果，而不是经济自发发展的结果；而最发达的工业化国家美国，由于政府相对对收入分配干预较少，其也几乎成为发达国家中收入差距最大的国家。如第 2 章所述，自 20 世纪 70 年代以来，在发达国家收入差距又重新开始扩大，又重回曲线的上升阶段，这意味着库兹涅茨倒 "U" 形曲线在进入下降阶段之后在西方国家又重新出现上升的趋势。这些事例都证明了，库兹涅茨倒 "U" 形曲线拐点在一国或地区经济增长过程中并不必然会自动出现，因而将其作为判断收入差距适度性的一种尺度与标准显然值得商榷。另外，由于库兹涅茨曲线的横轴是人均收入的对数，而不是人均收入，因此，有学者认为，这缩小了居民之间的实际收入差距。

库兹涅茨比率用各收入阶层居民的人口份额（P_i）与其相对应的收入份额（y_i）之差绝对值 $|y_i - P_i|$ 的总和的一半来表示。其优点在于计算简单，对数据要求较低，甚至在部分数据残缺的情况下可以通过分组数据计算得出结论，比较适用于不同收入群体之间的收入差距的比较，以及不同收入群体内部的收入差距的比较。其缺点在于不满足可分解以及庇古—戴尔顿转移原则。另外，和基尼系数相比，其也可能高估收入差距，因为人们在计算库兹涅兹比率来分析规模收入分配差距时，根据方法要求会赋予中间收入阶层较小的权重，而赋予两端的最低收入阶层和最高收入阶层较高的权重。

尽管如此，中国作为一个经济社会转型国家，库兹涅茨倒 "U" 形曲线拐点及库兹涅茨比率作为判断收入差距适度性的常用指标对当前的中国还是有重要参考意义的，尤其是在中国已经步入中等收入国家之后，如何处理好收入差距（公平）与经济增长（效率）之间的关系，对于中国避免跌入 "中等收入陷阱" 还是有重要启示借鉴价值的。

2.3.2.3　对若干常用的判断收入差距适度性的辅助性指标的评价

由于不同的国家或地区有不同的具体情况，再加之其所处的发展阶段往往也有差异，因此，判断收入差距适度性的常用指标，除了基尼系数、库兹涅茨倒"U"形曲线拐点及库兹涅茨比率之外，还有若干常用辅助性指标。在使用主要指标同时，辅以一些恰当的辅助性指标，可以更全面更深入地对一国或地区的收入差距是否适度作出综合评价。我们在选取这些辅助性指标时，必须以是否有助于对一国或地区经济增长和社会稳定产生影响作为判断标准，才能更准确地对一国或地区不同阶段的收入差距的适度性作出评价。我们将常用的判断收入差距适度性的辅助性指标的异同点总结在表 2 - 2 中，具体情况如表 2 - 2 所示。

表 2 - 2　　　　　　　常用辅助性收入差距适度性测度指标的比较

类别	方法	计算原则	判断依据	评价
收入集中度测度法	广义熵指数（或泰尔指数）	将信息论用于测度收入差距，把人口份额换成收入份额所含的期望信息量来解释收入差距的测度	指数越大，表明收入差距越大	优点是避免了价值判断带来歧义的可能，且符合收入差距测度的五条原则①；缺点是数值不具备相对意义
	阿特金森指数	1 减去等价敏感平均收入与平均收入的比值	范围介于 0 ~ 1；指数越大，表明收入差距越大	优点是符合洛伦兹准则的一致性原则；缺点是需要作出价值判断，结果有可能出现歧义，包含有很强的规范特色，且不能完全分解，存在余项
普通离散系数测度方法	极值比（或倍率）	最高收入与最低收入之比	比值越大，收入差距越大	极值比和极值差的优点是对数据要求低，不需要全部的收入数据，只需要两个极端值的收入数据；缺点是结论误差大，精确度差，且不符合洛伦兹准则的一致性原则，不能被分解。标准差、变异系数和均值的优点是易于研究不同样本或总体数据的离散程度，且满足洛伦兹准则的一致性原则；缺点是对数据要求较高，需要有个人的收入数据，且不能被分解
	极值差	最高收入与最低收入之差	数值越大，收入差距越大	
	标准差	所有收入水平与平均收入水平离差平方的期望值的平方根	比值越大，收入差距越大	
	变异系数（标准差系数）	收入标准差与收入的算术平均数的比值	比值越大，收入差距越大	
	均值	所有收入水平与平均收入水平离差的期望值	比值越大，收入差距越大	

---

① 匿名性、齐次性、人口无关性、转移原则、强洛伦兹一致性等五原则。

续表

类别	方法	计算原则	判断依据	评价
份额比例测度方法	贫困发生率、平均贫困距	贫困发生率等于贫困人口占总人口的比例，平均贫困距等于贫困人口平均收入与贫困线之间的距离	指数越大，表明收入差距越大	优点是对数据要求低，可使用样本分组数据，甚至是残缺的数据计算出结果，且可对具有不同收入分布的收入差距进行静态和动态的对比分析；缺点是不满足庇古—戴尔顿转移原则和可分解性
	分位点比率测度指数	将收入从高到低排序，以某高分位点所对应的收入除以某低分位点对应的收入	指数越大，表明收入差距越大	
	绝对份额比例	把人口按照收入从低到高排序后，将人口 n 等分，以某个等分人口所占有的收入份额 x% 作为收入分配不平等程度的测量指数	如果 x% 人口所占比例低于（或高于）收入比例，就认为存在收入差距	

资料来源：（1）刘扬、纪宏等：《问题研究——以北京市为例的考察》，北京：首都经济贸易出版社，2007年，第65~66页；（2）沈萍，朱春奎：中国居民收入差距研究文献综述，中共宁波市委党校学报，2009年第1期，第56~60页.

2.3.3　适度性与收入差距的适度性内涵界定

适度性是一个带有强烈价值判断的概念，从哲学观点来看，它是一种介于过和不及之间的均衡状态。适度性强调对立物之间的相互制约和相互依存，要求各种事物的相互矛盾对立面的和谐与统一，是人类对自然界辩证关系的深刻理解与把握，是人类在从事各项活动时所应遵循的基本理念之一。例如，做事、处世时"不偏不倚，折中调和""过犹不及"的适度性原则是儒家文化所追求的一种理想境界。适度性原则要求人们在做事、做人时应把握一个"合适的尺度"，既不"过多"也不"过少"。具体到收入分配领域，适度性原则要求我们必须保持收入差距既不过大，也不过小。

综上所述，本书认为收入差距适度性是指在一定时期内社会成员之间通过经济活动而形成的可支配收入在数量上的差距在社会发展和社会稳定之间所取得的一种协调状态①，处于适度状态下的收入差距，既有利于维持社会

---

① 任红艳. 中国城镇居民收入差距适度性研究［M］. 北京：中国农业科学技术出版社，2010. 文魁，任红艳. 收入差距适度性指标设计的理论思考［J］. 首都经济贸易大学学报，2007，9（1）.

的公平与稳定，又有利于促进经济增长和效率的提升。收入差距适度性是一个多维度和带有规范性的概念，其既可以反映社会成员对收入分配差距的主观心理感受，又可以反映社会成员对收入分配差距的客观看法与评价。适度的收入差距是促进社会和谐发展和维持社会机器有效运转的重要因素和润滑剂。本质上收入差距的适度性是效率与公平这一古老原则在收入分配结果上的权衡。因此，本书认为收入差距的适度性包括"量"和"质"两个方面的含义：从量上看，收入差距要处于一个"合适"的区间范围之内；从质上看，收入差距要是"合理"的，不能超出社会成员的主观承受能力，不能危害社会公平和稳定。对收入差距的适度性进行判断，要根据一定的标准来进行，判断标准不同，结果就会大相径庭，因此，如何确定收入差距适度性的判断标准就显得尤为重要。

由于在一国或地区经济发展过程中，出现一定的收入差距是不可避免的，一个经济社会所能做的只是尽量将其控制在一个"适度"的范围之内：不能因为差距过大超出社会公众的承受能力而影响社会稳定，也不能差距过小影响资源的配置效率而损害到经济增长，因此，适度的收入差距总是在"过小"与"过大"之间的某种权衡，是对当前阶段资源配置效率、经济增长和社会稳定等方面的协调。考虑到现阶段中国中国特色社会主义新时代的基本国情，本书认为，当前这种协调性主要体现在以下五个方面，分别是收入差距与创新发展的协调、收入差距与协调发展的协调、收入差距与绿色发展的协调、收入差距与开放发展的协调、收入差距与共享发展的协调，即判断当前中国的收入差距是否适度，就必须看其是否与"五大发展理念"相协调。

2.3.4　收入差距适度性的判断标准

在对一国或地区收入差距的适度性进行分析评价时，必然绕不开效率与公平的问题。在经济学文献中，效率属于生产力的范畴，通常指资源配置更加优化；公平属于生产关系的范畴，通常指收入分配更加平等。纵观全球不同国家或地区经济发展的历史实践，以及各种收入分配的相关理论，我们发现效率与公平是考量收入差距适度性的两个重要基准，也是收入分配领域最重要的关系之一。关于两者之间的关系，理论界基于不同的视角，有不同的公平效率观。西方学者认为，效率与公平有时相互促进；有时相互矛盾，此消彼长。一个国家或地区如果忽视公平而过度追求效率可能会导致收入差距过大和社会的两极分化，就会严重挫伤公众的积极性，也会影响社会的稳定；相反，一个国家或地区如果忽视效率而过度追求公平，也不利于激励公众的积极性，无法实现各种生产要素的优化配置，不利于效率的提升，阻碍经济增长，无论在哪一种情况下都无法实现社会的持续稳定发展，两者的和谐统一是实现一个国家或地区持续稳定发展的途径。因此，经济学要解决的一个重要实践问题是寻找效率与公平在不同条件下的合理权衡和最优组合，这也是判断现阶段中国收入差距是否合理、是否适度的一个重要基准。

无论是从全球经济增长历史和增长实践来看，还是从经济与收入分配理论发展来看，收入分配的影响主要体现在经济增长效率（主要通过资源的优化配置来体现）与社会公平（主要通过收入的平等分配来体现）两个方面，而社会公平程度往往会影响一个经济社会的稳定性。因此，收入分配的影响主要表现在经济增长与社会稳定这两个相互影响又相互独立的目标上。

经济增长与社会稳定这两大目标有一致性，相互促进，但在经济社会发展的不同阶段又存在矛盾和冲突。例如，政府对低收入劳动者的培训和教育既可以提高他们的生产技能，促进效率提高和经济增长，又可以提高低收入劳动者的收入水平，缩小其与高收入者之间的收入差距，进而实现社会公平，因而实现了效率与公平的相互促进。但在两者之间存在矛盾的许多情况下，为了效率的提高人们需要接受一定程度的不公平。例如，在一国工业化发展初期，从效率相对低的贫困的农业部门转移到效率相对更高的富裕的工业部门的劳动力数量越来越多。一方面，只有少数人从工业部门财富增加中受益，因此，伴随着效率提高、经济增长，不平等也相应增加。这时候不平等的分配尚在一定范畴之内，较大部分收入集中在一部分人手中形成较高的投资需求，成为推动经济增长的动力。另一方面，为了增进公平，有时又必须牺牲更多的效率。随着经济高效的进一步增长，市场竞争的结果导致优胜劣汰，便会导致低效率者失业增加，贫困人口扩张。而当这一矛盾发展到超过大家的主观心理承受力范围时候，就会导致严重的社会矛盾和冲突，反过来会影响效率提高和经济增长。

综上所述，一定程度的收入分配差距对效率提升、经济增长的激励作用是必要的，大锅饭、平均主义只会挫伤人们的积极性，不利于效率提高、经济增长。但是过大的收入差距既使得人们的不公平感知上升，以及社会承受能力下降，不利于社会公平和稳定，也不利于消费的提升，经济增长。因此，本书将收入差距是否有利于激励经济增长和效率的提升、收入差距是否超出了人们的主观心理承受力范围、收入差距是否与"五大发展理念"相协调，作为判断收入差距适度性的基本原则。我们将这一判断原则总结为以下三个具体的判断标准。

首先，适度的收入差距有助于促进经济增长和资源配置效率的提升。由于社会公众的经济利益与收入分配密切相关，收入水平的高低会直接影响公众的积极性，会进一步影响到经济增长。根据国家统计局的统计数据，中国的人均 GDP 从 1977 年的 185 美元增长到 2017 年的 8836 美元，经过 40 年的发展，中国已从一个低收入国家变成一个中等偏上收入国家。但是中国的人均 GDP 不仅和发达国家相比还有相当大的差距，在世界排名也很落后，甚至还低于很多发展中国家的水平。因此，只有通过效率的提升促进经济增长，才能为收入的公平分配提供坚实的物质基础，才能为政府缩小收入差距的公平再分配奠定物质基础。而经济增长要靠资源配置效率的提升来实现，因此，生产力的发展、资源配置效率的提升也是收入分配的基础，是判断收入差距是否适度的依据。凡是有利于促进经济增长和资源配置效率的提升的收入差距，就是适度的；否则，就是不适度的。

其次，适度的收入差距不能超出人们的主观心理承受力范围，有利于公平和维持社会稳定。收入差距的适度性和收入分配的公平程度是相互影响的，收入差距的适度性可以反映分配的公平程度，而比较公平的收入分配有助于提升收入分配差距的适度性。适度的收入分配既能够调动劳动者的主动性、积极性与创造力，发挥整个社会的活力，由于其没有超出人们的主观心理承受力范围，也有利于社会秩序的稳定，稳定的社会秩序反过来又为经济增长和效率的提升创造了条件。相反，如果收入分配差距不适度、不公平，尤其是差距过大，超出了人们的主观心理承受力范围，就容易激起人们的不满，就会引起他们对社会的报复和破坏，会威胁到社会秩序的稳定。因此，适度的收入差距不能超出人们的主观心理承受力范围，有利于公平和维持社会稳定；否则，就是不适度的。

最后，是否与"五大发展理念"相协调。适度的收入差距必须与一定的社会发展理念相吻合。由于适度的收入差距总是在"过小"与"过大"状态之间的某种权衡，是对当前阶段资源配置效率、经济增长和社会稳定等方面的综合协调。而在当前发展阶段，考虑到中国特色社会主义新时代的基本国情，本书认为适度的收入差距必须与创新、协调、绿色、开放、共享"五大发展理念"相协调，与之相协调，就是适度的；否则就是不适度的。

第3章　中国收入分配差距的演变及同部分国家比较分析

　　1978 年改革开放以来，中国创造了引人注目的经济增长与非同寻常的减贫成效。但与之相伴的是，中国的收入分配差距也在不断扩大。根据国家统计局的数据，中国的基尼系数已从 1978 年的 0.331 上升至 2017 年的 0.467，远超过国际公认的"警戒线"水平，中国已成为同期全球基尼系数增长幅度最大的国家之一。当前，中国的收入分配无论是在城乡居民之间、地区之间、行业之间、不同阶层之间，还是在城镇内部、农村内部都表现出较大的差距。

　　这引起学者和政策制定者们强烈的关注。1952～2000 年，有关中国收入差距演进的研究多集中于研究空间收入差距的变化，拉维·坎布尔（Ravi Kanbur）和张晓波（2005）把 1978 年改革开放以来中国收入差距的演变分成两个阶段。由于家庭联产承包责任制的设施，农村收入的增加，中国的收入差距在经历了一个初期的短暂下降阶段之后，随着中国向全球开放，沿海地区爆炸式增长，中国的收入差距急剧上升。作为讨论中国发展中无法回避的议题①，有些评论者认为这是高速增长不可避免的代价，而有些人则警告收入差距的加剧将导致严重的社会问题。在 2005 年全国人民代表大会期间，建设和谐社会成为会议的中心议题，引发了政府日益增加的政策关注。随着更多的相关数据被收集，越来越多的关注转向考察 21 世纪以来，尤其是自 2008 之后的 11 年中国收入差距的演进。然而基于 2005 年之后的数据，一些研究发现中国收入差距的上升正在趋于缓和，可能不再恶

---

　　① 例如，参见阿普尔顿（Appleton）、宋（Song）和夏（Xia）（2014）；池（Chi）、李（Li）和于（Yu）（2009）；池（Chi）（2012）；郭（Goh）、罗（Luo）和朱（Zhu）（2009）；坎布尔（Kanbur）和庄（Zhuang）（2013）；奈特（Knight）（2014）；奈特（Knight）、李（Li）和万（Wan）（2016）；门多萨（Mendoza）（2016）。以上学者相关成果的研究文献的名称、来源等详细信息请参见文末所列的参考文献清单。

化，甚至开始下降①。

　　作者将在本章对改革开放以来中国收入分配差距的演变进行综合分析评价，为了使得分析结果更为稳健和可信，本书将使用多种来源渠道的数据进行分析，以便进行结果比较。后文将首先基于官方统计数来实证分析改革开放以来中国收入差距的演变；其次将使用第三方独立机构的调研数据——CHIP 和 CFPS 数据来分析中国收入差距的演变，并对比分析结果；最后与世界上主要代表性国家的收入差距变动做比较分析。

3.1　初次分配与再分配格局下中国的收入差距演变

　　国民收入的宏观分配是一国居民收入分配变化的根源。根据新古典边际生产率分配理论，在竞争的市场经济中，竞争将使得参与生产过程的每个生产要素所有者都会获得与他们边际生产率相等的报酬。在初次分配过程中，由于按各生产要素在生产过程中的贡献大小来获得报酬，因而初次分配更注重经济效率。但是由于市场竞争机制的不健全及盲目性、滞后性，某些领域竞争的缺失导致初次分配秩序紊乱，造成了收入分配差距的拉大。因此，为了保持社会公正，维持社会稳定，使得社会收入分配差距处于一个"适度"合理范围之内，政府有必要通过再分配来对初次分配的结果进行调节，所以政府对收入的调节要更注重社会公平。总之，在国民收入初次分配和再分配的过程中处理好公平与效率的问题才能维持一个适度的收入分配差距。

---

　　① 汗和里斯金（Khan and Riskin, 2005）；范（Fan），坎布尔（Kanbur）和张（Zhang）（2011）；李等人（Li et. al., 2016）；奥瓦拉多等人（Alvaredo et. al, 2017）；陈等人（Chan et. al, 2011）；李（Li）和吉布森（Gibson）（2013）；李（Lee, 2013）；张和吴（Cheong and Wu, 2014）；张（Zhang, 2015）；谢和周（Xie and Zhou, 2014）；谢等人（Xie et al., 2015）。甚至在奥瓦拉多（Alvaredo, 2017）等研究发现中国的收入差距正在接近美国，而高于法国。数据表明，在中国，收入最顶端的1%人群占有的收入份额和最底端的50%人群占有的收入份额自2006年以来一直趋于稳定。自2010年后，最顶端的1%人群占有的收入份额稍微下降，最底端的50%人群占有的收入份额轻微上升。通过早期的文献回顾，奈特（Knight, 2014）认为并不能证实中国的收入差距是否已经达到顶峰。在谢和周（Xie and Zhou, 2014）的研究中，通过多种数据来源估计的2010~2012年中国的基尼系数处于稳定趋势。

3.1.1 中国初次分配格局下的收入分配差距的演变

3.1.1.1 劳动者报酬份额整体偏低，且呈现先减后递增的趋势

国民收入初次分配是指各种生产要素的所有者根据自己所提供的土地、资本、劳动等要素在生产中所作出的贡献大小获得相应报酬的过程。在市场经济条件下，由市场供求来决定生产要素的价格，再通过生产要素价格的变动来自发地调节收入分配，政府在这一过程中，只需通过分配制度和法律来维持分配秩序，一般不直接干预初次分配。但在初次分配上也应注意公平问题，通常认为，初次分配公平要求分配的尺度是合理公平的，不因收入主体的性别、学历、知识、能力、素质等差异而在收入分配上被差别对待，都有均等的机会获得收入的权利。

在中国，居民的收入来源相对比较单一，绝大部分居民的收入主要依靠自己的工资收入，因此，劳动者报酬是中国绝大部分居民和家庭主要的收入来源渠道。1958 年，尼古拉斯·卡尔多（Nicholas Kaldor）通过观察资本主义国家的经济增长过程，在他的一篇论文中了总结了西方工业化国家在发展过程中初次收入分配格局变动的特征，提出了六条"程式化事实"，即"卡尔多典型事实"[①]，而且认为这是经济发展过程中的重要特征。根据"卡尔多典型事实""在一个稳定的经济增长过程中，各要素报酬占国民收入的份额大体上稳定不变"，意味着劳动报酬收入占 GDP 份额具有长期的相对稳定性。但是理论界对劳动要素份额和资本要素份额在收入分配中的稳定性存在争议。

中国居民在初次分配中获得的劳动报酬份额整体水平偏低，具体情况如表 3 - 1 所示。考察表 3 - 1 可以发现，中国的劳动者报酬份额在 1978 年时，为 49.64%，1979 年上升到 51.45%；此后从 1979～1998 年的 20 年中，中国的劳动者报酬份额长期稳定在 50%～54% 的水平（只有 1993 年低于 50%，为 49.49%），其中，在 1984 年达到最高峰值，为 53.68%；从 1999 年开始

---

① 典型化事实是一种具有代表性的关键性事实，其能够反映经济运行基本特征和真实性。"卡尔多典型化事实"是宏观经济领域中最著名的一组典型化事实：第一，生产率稳速增长，即在较长的时间内人均实际产出以连续不变的速度增长；第二，人均资本存量稳速增长；第三，实际利率在较长的时间内大体上稳定不变；第四，资本—产出比大体上稳定不变；第五，在国民收入分配中，各要素报酬份额大体上稳定不变；第六，不同国家人均产出增长率差别很大，有较高的收入与利润份额的国家通常资本—产出比也较高。

低于50%，此后中国的劳动者报酬份额一路下滑，到2007年时，降到最低值39.74%，远低于国际平均水平，但自2008年后开始逐步回升。由于初次分配是整个国民收入分配的前提和基础，过低的劳动者报酬份额就会加剧拉大整个国民收入分配的差距，这也反映了1998年之后的中国收入分配存在的两个急需解决的问题：一是中国的普通劳动者收入水平过低，从高速增长的国内生产总值（GDP）中分配的"蛋糕"过少；二是"按劳分配为主体、按劳分配与按要素分配相结合"的社会主义分配制度没有得到实质性的体现，劳动者的主体地位虚置。基于此，从2008年开始，党和政府连续十多年都要求（见表3-2）"逐步提高居民收入在国民收入分配中的比重，提高劳动报酬在初次分配中的比重"。劳动者的报酬份额才开始逐渐恢复增长，到2015年时，又增长到47.89%。

表3-1　　　　　　1978~2015年中国劳动者报酬份额变动情况

年份	劳动者报酬份额（%）	年份	劳动者报酬份额（%）
1978	49.64	1997	51.03
1979	51.45	1998	50.83
1980	51.18	1999	49.97
1981	52.71	2000	48.71
1982	53.58	2001	48.23
1983	53.54	2002	47.75
1984	53.68	2003	46.16
1985	52.74	2004	41.55
1986	52.82	2005	41.33
1987	52.02	2006	40.61
1988	51.69	2007	39.74
1989	51.55	2008	46.86
1990	53.31	2009	46.62
1991	52.12	2010	45.43
1992	50.04	2011	45.83
1993	49.49	2012	45.59
1994	50.35	2013	45.87
1995	51.44	2014	46.51
1996	51.21	2015	47.89

资料来源：（1）1978~2008年的数据，来源于张车伟和张士斌的论文"中国初次收入分配格局的变动与问题——以劳动报酬占GDP份额为视角"（载于《中国人口科学》2010年第5期：25~35）；（2）2009~2015年的数据，根据历年《中国统计年鉴》和中华人民共和国国家统计局网站中的相关数据计算整理所得。

表 3 - 2　　　　　　　　　2008～2018 年政府制定的初次分配调节目标

年份	政府设定居民收入增长的目标
2008	逐步提高居民收入在国民收入分配中的比重，提高劳动报酬在初次分配中的比重
2009	城乡居民收入稳定增长，调整收入分配格局，提高劳动报酬占国民收入的比重
2010	逐步提高居民收入在国民收入分配中的比重，提高劳动报酬在初次分配中的比重
2011	合理调整收入分配关系，这既是一项长期任务，也是当前的紧迫工作
2012	城乡居民收入实际增长和经济增长保持同步；提高居民收入在国民收入分配中的比重，提高劳动报酬在初次分配中的比重
2013	城乡居民人均收入与经济增长同步，劳动报酬增长和劳动生产率提高同步
2014	居民收入增长和经济发展同步
2015	居民收入增长和经济发展同步
2016	居民收入增长和经济增长基本同步
2017	居民收入和经济增长基本同步
2018	居民收入增长和经济增长基本同步

资料来源：根据党和政府相关文件整理所得。

如果我们以人均 GDP 相似阶段的数据来比较分析中、美两国的劳动者报酬份额变动可以得出相似的结论。经计算，发现在 2006～2012 年，中国的人均 GDP 处于 2000～6000 美元；美国在 1952～1972 年，人均 GDP 也恰好处于 2000～6000 美元。我们通过观察表 3 - 1、图 3 - 1 可以发现，在 2006～2012 年，中国的劳动者报酬份额在 39.74%～46.62% 变动，平均为 44.38%；在 1952～1972 年美国的劳动者报酬份额在 54.5%～58.4% 变动，平均为 55.8%，说明中国的劳动者报酬份额比相似发展阶段的美国劳动者报酬份额低约 10%。观察不同国家的统计数发现，当前在西方发达国家中，经过国民收入初次分配后，美国的劳动者报酬份额接近于 70%，在其他国家和地区，劳动者报酬份额普遍维持在 55%～70%。由此可知，中国劳动者报酬占 GDP 的比重偏低，又由于劳动者报酬是中国绝大部分居民和普通家庭最主要的收入来源，所以劳动者报酬偏低是拉大中国普通居民和资本所有者之间收入差距的主要的原因之一。

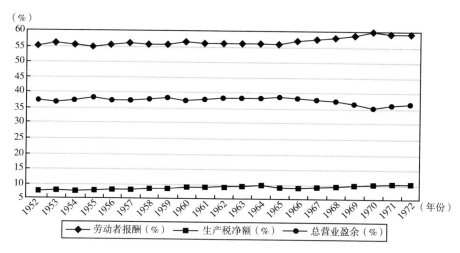

图 3 - 1 1952～1972 年美国初次收入分配格局

资料来源：美国商务部经济分析局数据库。

中国劳动者报酬份额偏低也可以通过考察职工工资在初次分配中的占比得到证实，中国职工工资总额在初次分配中的占比偏低，且在 2005 前整体上处于持续下降的趋势，具体如表 3 - 3 所示。考察表 3 - 3 可以发现，中国职工工资总额占初次分配总收入的比重从 1978 年的 15.61% 上升到 1980 年的 16.99%，然后持续降到 1991 的 15.26%，但在 20 世纪 80 年代都仍然在 15% 以上；1992～2004 年 15 年中，中国职工工资总额占初次分配总收入的比重从 14.78% 下降到 10.59%；2005～2016 年，中国职工工资总额占初次分配总收入的比重又从 10.59% 的最低点重新恢复到 13.89% 的水平。而世界银行的相关研究报告也同样证实，中国的工资报酬占 GDP 的比重自 20 世纪 90 年代中期到 2005 年呈持续下降的态势。这意味着在中国收入分配过程中，普通劳动者分配到的收入份额偏低，这在民营企业分配时表现得更为明显（例如根据国家统计局发布的 2016 年平均工资主要数据显示，2016 年全国城镇非民营单位就业人员年平均工资同比名义增长 8.9%；城镇民营单位就业人员年平均工资同比名义增长 8.2%）；与此相反，资本和政府分配到的相对份额偏高，且基本处于不断增加态势。在成熟的市场经济国家，一般而言，工资占企业成本的比值约 50%，美国这一比值约为 58%，而在中国这一比值则不足 30%。中国职工工资总额在国民收入（GDP）中的占比过低，据相关专家估算，中国职工的工资总额/GDP 大约为 12%；如果将农民收入也全都换算成工资，农民工资总额/GDP 还不足 10%，那么职工工资加上农民工资，中国普通劳动者的工资总额/GDP 还不足 22%。

表 3 – 3　　　　1978～2016 年职工工资总额/初次分配总收入的变动情况

年份	职工工资总额/初次分配总收入（％）	年份	职工工资总额/初次分配总收入（％）
1978	15.61	2002	12.66
1980	16.99	2003	12.63
1985	15.34	2004	10.59
1990	15.81	2005	10.81
1991	15.26	2006	11.03
1992	14.78	2007	13.55
1993	14.22	2008	13.18
1994	14.26	2009	12.74
1995	14.08	2010	12.85
1996	13.58	2011	12.98
1997	12.86	2012	13.12
1998	12.08	2013	13.33
1999	12.26	2014	13.47
2000	12.07	2015	13.56
2001	12.35	2016	13.89

资料来源：根据历年《中国统计年鉴》中的相关数据计算整理所得。

改革开放以来，在中国经济高速增长之时，中国劳动者的报酬份额、职工工资占 GDP 的比重为何偏低，且处于持续下降的趋势？通过观察表 3 – 4 可知，1979～2007 年，中国人均 GDP 年均增长速度为 8.6%，而同期职工平均工资年均增长速度仅为 6.9%，职工平均工资年均增长速度比人均 GDP 年均增长速度慢了 1.7%；1991～2007 年，中国人均 GDP 年均增长速度为 9.4%，而同期职工平均工资年均增长速度仅为 9.2%，两者之间的差距缩小到 0.2%；只有在 2001～2007 年这 8 年中，职工平均工资年均增长速度才反超人均 GDP 年均增长速度；但是在 2008～2016 年，人均 GDP 年均增长速度又重新反超了职工平均工资年均增长速度。1979～2016 年近 40 年的时间里，中国人均 GDP 的增长速度几乎（少数年份除外）快于职工工资的增长速度！这表明，在改革开放后近 30 年的时间里，中国普通劳动者工资收入的增长速度低于国家经济的增长速度。

表 3 - 4   1978 ~ 2016 年职工平均工资增长速度与人均 GDP 年均增长速度   单位: %

年份	职工平均工资年均增长速度	人均 GDP 年均增长速度
1978 ~ 2007	6.9	8.6
1991 ~ 2007	9.2	9.4
2001 ~ 2007	13.2	9.5
2008 ~ 2016	8.5	7.9

资料来源：（1）1978 ~ 2007 年的数据来自"1978 ~ 2007 年中国经济社会发展统计数据摘编"；（2）2008 ~ 2016 年的数据，根据历年《中国统计年鉴》和中华人民共和国国家统计局网站中的相关数据计算整理所得。

3.1.1.2 企业收入份额偏高，呈现先增后轻微递减的趋势；政府收入份额持续处于小幅上升的态势

在一个市场经济中，家庭、企业和政府三大经济主体都会参与国民收入的初次分配。我们从前面的分析中已经看到，在中国 GDP 的初次分配中，家庭部门获取得的劳动报酬份额偏低，且在 2008 年之前整体上处于持续下降的趋势。下面我们来看看企业和政府部门在初次分配中的表现。

在初次分配时，按照收入法核算 GDP，从生产要素贡献的角度可以将国民收入分成劳动者报酬（家庭部门获得的收入）、生产税净额（政府部门获得的收入）和企业总营业盈余（企业部门获得的收入，企业总营业盈余 = 固定资产折旧 + 营业盈余）三部分。观察图 3 - 2 我们可以发现，1978 ~ 2015 年家庭部门获得的劳动者报酬占国民收入的份额偏低，且呈现出先降后（2007 年之后）升的趋势；与此相反的是，企业部门获取的企业总营业盈余呈现出先升后降的趋势，从 20 世纪 80 年代开始处于上升的态势，2004 ~ 2007，连续 4 年都处于 42% 左右的高水平，从 2008 年开始处于下降的态势，到 2015 年降到 36.29%；而政府部门获得的生产税净额从 1978 年以来，期间尽管有偶有微小波动，但整体处于小幅上升的态势，已经从 1978 年的 12.75% 稳步上升到 2015 年的 15.82%。

通过对比分析图 3 - 1 和图 3 - 2 可以发现，与相同发展阶段的美国（从人均 GDP 来看）相比，中国家庭部门的劳动者报酬份额比美国家庭部门的劳动者报酬份额低约 10%；中国的生产税净额平均为 14.2% 左右，美国平均为 7.8% 左右，中国高出美国 6.4%；中国的企业总营业盈余平均约 40.5%，美国平均为 36.4%，中国高出美国 4.1%。总之，在中国的国民收入初次分配

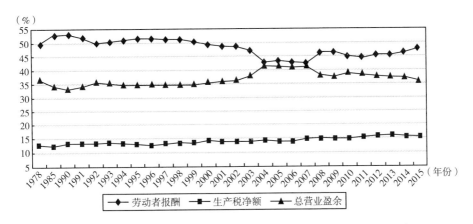

图 3 - 2　1978 ~ 2015 年中国家庭、企业和政府部门的收入分配变动

资料来源：根据《中国国内生产总值核算历史资料 1995 - 2002》《中国统计年鉴 2003 - 2016》相关数据计算绘图得到。

格局中，家庭部门获取的劳动者报酬份额偏低，政府部门获得的生产税净额偏高，企业部门获得的企业总营业盈余也偏高。

由上分析可知，2008 年之前中国家庭部门劳动者报酬的下降，主要是由于企业总营业盈余和政府生产税净额增加所导致。所谓企业"收入分配红利"，即是指资本相对于劳动在国民经济分配格局中地位的相对提升。由于政府部门在初次分配中收入占比偏高且持续上升，导致中国宏观税负水平也明显偏高。据中金公司在研究报告《降低税负不应缺席稳增长和调结构》中估算，2014 年中国的宏观税负已经高达 37%，而发达国家的平均水平为 30% ~ 35%，中国已经超过发达国家的平均水平，这与中国的发展中国家的地位很不相符，表明中国的实际税负水平偏高。

综上所述，在中国 GDP 的初次分配格局中，倾向于资本和政府，非劳动要素收入占比过高，劳动要素收入占比过低，"以按劳分配为主体"的基本分配原则没有得到真正贯彻执行，被边缘化。使得在改革开放到 2008 年近 30 年的时间，政府收入在稳步增加，资本要素所有者收入增长过快，而只有靠劳动要素作为主要收入来源的普通劳动者的收入增长缓慢，这也直接导致了改革开放以来中国收入差距的快速扩大。这有悖于社会主义"按劳分配"的基本原则，也不利于共同富裕。但从 2008 年开始，这种情况逐渐得到了扭转，中国收入初次分配的不平等开始出现转向。通过实证分析中国改革开放以来的国民收入初次分配格局可以发现，中国的劳动要素份额和资本要素份额并非像"卡尔多典型事实"所预言的那样"在国民收入中所占的分配份额大体上稳定不变"①。

3.1.1.3 规范初次分配，实现整个国民收入的适度分配

1. 合理的初次分配是实现适度收入差距的基础

初次分配是国民收入分配的基础，处于主导地位，整个收入分配的基本格局都受其支配。在初次分配过程中，最主要的是处理好劳动要素所有者和资本要素所有者之间的利益关系，再分配主要是政府面向整个社会的宏观调节，更注重社会公平。在整个国民收入分配过程中，与再分配相比，初次分配涉及金额更大，覆盖面更广。因此，初次分配是实现整个国民收入公平、适度分配的基础，起主要作用，再分配起补充和辅助作用。只有初次分配实现了公平合理，整个国民收入分配才能实现适度，一些初次分配过程存在的问题是难以在再分配过程中解决的。在当前中国居民分配过程，初次分配的比例占城镇居民可支配收入的77%左右，而初次分配的比例占农村居民纯收入的95%左右。

根据新制度学派的观点，确保初次分配公平、合理进行的交易成本要远低于确保再分配公平、合理进行的交易成本。这是因为，初次分配主要依赖市场机制自发进行调节，很少需要人为调节，具有自主性和自发性；而再分配是政府对初次分配的后果进行评估后，运用税收和转移支付等手段对初次分配已经形成的利益格局重新进行配置和调节，由于需要重新配置既得利益，必定会有部分既得利益集团阻挠再分配的进行，而使得再分配很难顺畅进行下去，或者进行下去交易成本高昂；再者，初次分配涉及金额大，涉及面广，在实施过程中存在边际成本递减。因此，无论从分配所需要的信息还是交易成本来看，再分配的难度都要大于初次分配的难度。由此可知，整个收入分配的基本格局很大程度上受初次分配的决定和制约。初次分配的利益格局一旦形成，要想从根本再来改变这种分配利益关系是非常困难且成本高昂的，政府通常只能通过税收和转移支付等手段进行再分配，对初次分配作出微调。而政府在初次分配上的主要功能是通过制度和法律法规维持初次分配尽量能

---

① 理论界对资本要素份额和劳动要素份额稳定性持不同的观点，赞成"卡尔多典型事实"的学者认为资本报酬和劳动报酬份额大体稳定不变；反对"卡尔多典型事实"的学者不认为劳动报酬和资本报酬份额会保持稳定不变。

够公平、合理、顺畅地进行下去。因此，本书认为，为了确保国民收入分配的适度性，政府在初次分配方面要制定好合理的初次分配制度，制定完善的法律法规以维护好初次分配秩序。

中国的具体国情决定了合理的初次分配是实现适度分配的基础。当前，中国人均 GDP 已经处于中等偏上收入国家的水平：根据国家统计局网站发布《2017 年国民经济和社会发展统计公报》，2017 年中国人均 GDP 约为人民币 59600 元，换算成美元约为 8836 美元。当一国经济发展处于此阶段时，根据国际上其他国家的发展经验，通常是收入分配差距拉得比较大、收入分配领域矛盾多发的阶段，中国同样也不例外，目前正处于收入差距比较大和分配矛盾多发期。因此，我们认为要解决好当前存在于中国收入分配领域的很多问题，就必须通过制度创新完善初次分配秩序，确保初次分配尽量做到公平、合理和适度。

2. 通过合理的初次分配遏止收入差距扩大的趋势

在改革开放过程中，"效率优先、兼顾公平"的分配导向打破了中华人民共和国成立以来在收入分配上的"大锅饭"和"平均主义"。中国在从计划经济向市场经济转轨的过程中，由于市场机制不健全、不完善，以及在许多领域竞争的缺失导致了初次分配秩序混乱，劳动力市场存在歧视、垄断力量及寻租等腐败行为，使得中国初次分配收入差距持续扩大。时至今日，中国不同阶层之间的收入差距、全体居民内部的收入差距、城乡之间的收入差距、农村居民内部的收入差距、城镇居民内部的收入差距、地区之间的收入差距和行业之间的收入差距，从国际公认的标准来看，全都处于比较高的水平[①]。

要想缩小中国的收入差距，使之处于适度水平，首先必须从初次分配入手，确保初次分配的公平合理，实现分配的机会均等。一般来说，低收入者的收入来源比较单一，主要依靠自己的工资收入；而高收入阶层收入来源多元化，既可以凭借自身的劳动技能和管理才能获得收入，还可以凭借自己拥有的财产获得财产性收入。因此，在当前"弱劳动、强资本"的背景下，提高劳动报酬在初次分配中的占比，才能遏止当前收入差距扩大趋势。党和政府已经意识到这个问题，从 2008 年开始连续多年都将"提高劳动报酬在初次分配中的比重"作为调节收入分配的主要目标，并且采取了诸多措施，已经取得了初步成效。

---

① 后文将详细论及中国几大收入差距。

3.1.2 再分配对初次收入分配差距的调节效果不显著

在国民收入初次分配之后，政府会为了特定目的在全社会范围内进行国民收入的再分配。根据经济学家陈志武（2016）的观点，在现代经济中，由于现代技术、规模化商业模式、全球化以及资本市场提供的财富实现手段，会导致依赖市场分配的收入差距比较大。如果政府不通过转移支付、社会保障制度和税收的方式对国民收入进行再分配的话，用基尼系数来衡量。例如，丹麦、瑞典、挪威、芬兰等收入高度均等化的高福利国家①在国民收入初次分配之后也有较大的收入差距。因此，西方发达国家的经验表明，在现代经济发展过程中，转移支付、社会保障制度和税收在矫正国民收入初次分配中的作用越来越显著，已经成为政府调节和干预收入分配的重要手段。

我们通过比较政府、企业和家庭（或居民）三大主体在初次分配和再分配前后各自所占 GDP 的份额来考察再分配的调节效果，如表 3-5 所示（在此表中居民部门初次分配收入=劳动报酬净额+财产收入+增加值，因而此表中数据和图 3-2 中的数据略有出入）。从表 3-5 可以发现，1978~2013 年（无 1991 年数据），通过收入再分配，家庭部门所占收入份额和初次分配相比，平均增加了 1.59%，效果甚微，但在很多年份中，本来在初次收入分配格局中所占份额相对偏低的家庭部门在再分配后所占份额基本持平，甚至在少数年份再分配后所占份额比初次收入分配中所占份额更低，这表明中国的收入再分配对居民收入分配的调节作用不显著，个别年份甚至出现了反向调节的作用，如 2007 年。中国收入再分配的最大作用在于增加了政府部门的收入水平，与初次分配相比，政府部门所占收入份额平均增加了 3.73%；与初次分配相比，企业部门所占收入份额平均减少了 4.3%。

由于再分配对初次分配的调节作用不显著，直接导致中国城镇居民的可支配收入占 GDP 比重明显偏低。例如，2006~2010 年，中国城镇居民可支配收入占 GDP 的比重平均值为 60.12%，日本、美国居民可支配收入在此期间平均值分别为 76.02%、79.2%，中国城镇居民的可支配收入占 GDP 的比重

---

① 根据世界银行的数据，2011 年，丹麦基尼系数为 0.247，瑞典基尼系数为 0.25，挪威基尼系数为 0.252，芬兰基尼系数为 0.256。

明显低于日本与美国居民的可支配收入占 GDP 的比重，分别比日本和美国同期水平低 15.9% 、19.08% ，具体如表 3-6 所示。

表 3-5 　　　1978~2013 年中国政府、企业和家庭三大部门再分配前后收入对比

年份	各部门再分配收入占 GDP 的比值（%）			各部门初次分配收入占 GDP 的比值（%）		
	家庭	政府	企业	家庭	政府	企业
1978	51.60	24.55	24.61	46.90	12.50	36.50
1979	53.91	20.48	23.78	47.88	13.07	37.22
1980	57.26	18.11	22.97	50.38	12.61	36.74
1981	60.41	17.03	20.14	52.44	13.10	32.03
1982	60.98	15.89	20.68	52.84	13.39	31.28
1983	61.08	16.23	20.11	53.18	12.96	31.28
1984	61.33	16.40	18.85	53.19	13.51	30.26
1985	62.46	16.94	15.53	54.41	15.02	25.49
1986	61.91	15.23	17.23	54.43	14.51	25.42
1987	61.57	13.23	18.92	54.09	13.35	26.27
1988	62.06	11.16	19.96	54.17	12.40	26.62
1989	62.15	11.10	19.24	53.75	12.68	26.05
1990	62.34	11.33	21.07	54.29	12.33	28.94
1992	68.54	20.02	11.73	66.10	16.57	17.38
1993	64.60	19.65	15.73	62.48	17.26	20.06
1994	67.00	18.52	14.53	65.03	17.05	17.74
1995	66.28	16.31	15.99	64.19	14.97	19.22
1996	67.61	17.66	13.52	65.51	16.38	16.65
1997	68.18	18.19	13.02	65.26	16.88	16.70
1998	67.59	17.91	13.29	64.99	17.45	15.93
1999	66.61	17.94	14.57	64.18	16.92	17.57
2000	67.07	14.43	17.81	66.33	12.97	19.48
2001	65.54	14.89	18.77	64.98	12.49	21.09
2002	64.34	16.21	19.31	63.82	13.80	21.35
2003	64.25	16.16	20.03	63.70	13.54	22.14
2004	61.61	16.59	22.72	60.98	13.71	25.05
2005	61.05	17.61	21.68	60.84	14.10	24.35
2006	60.76	18.36	21.72	60.61	14.50	24.69

年份	各部门再分配收入占 GDP 的比值（%）			各部门初次分配收入占 GDP 的比值（%）		
	家庭	政府	企业	家庭	政府	企业
2007	59.65	19.26	22.38	59.74	14.77	25.71
2008	59.20	19.28	23.10	59.03	14.82	26.78
2009	60.81	18.36	21.29	60.59	14.55	24.69
2010	60.55	18.46	21.24	60.24	14.93	24.40
2011	60.40	19.07	19.90	60.09	15.23	23.72
2012	60.9	19.2	20.6	59.8	15.5	24.7
2013	61.3	18.9	19.8	60.7	15.2	24.1
平均	62.37	18.16	19.47	60.78	14.43	24.79

资料来源：①1992～2013 年的比值由作者计算所得，GDP 数据来源于《中国统计年鉴 1992－2013》，三大部门再分配和初次分配的收入数据来源于中国人民银行编制的历年《资金流量表》和历年《中国统计年鉴》；②1991 年的数据缺失；③1978～1990 年，三大部门再分配和初次分配的收入数据引述石良平等《中国国民收入的分配格局》（1993，上海人民出版社，P100、P103），石良平等在计算相关指标时，再分配的数据、初次分配的数据、GDP 的数据来源于不同的渠道，因此，三大部门再分配份额和初次分配份额加总之和不等于 100%。

表 3－6　　　　2006～2010 年中、日、美三国居民可支配收入占 GDP 的比重

年份	中国（%）	日本（%）	美国（%）
2006	60.9	74.0	82.3
2007	59.5	74.1	80.3
2008	58.5	76.2	77.2
2009	60.9	78.2	77.9
2010	60.8	77.6	78.3
平均	60.12	76.02	79.2

资料来源：由各国统计年鉴计算得出。

政府转移支付不足导致了中国收入再分配对居民收入分配的调节作用不显著，个别年份甚至出现了反向调节。例如，据统计，2006～2011 年，中国的公共教育支出和公共医疗支出占 GDP 的比重分别为 3.0%、4.8%，而经济合作与发展组织（OECD）同期相应支出的平均值分别为 5.3%、11.9%，中国同期公共教育支出和公共医疗支出的水平比经济合作与发展组织分别低了 2.3%、7.1%。2015 年，中国对低保、特困人员等社会低收入群体的转移支出仅 2071.4 亿元，占整个政府财政支出的 1.2%；医疗保障支出 5657 亿元，

占整个财政支出的 3.2%，占 GDP 的比重约 0.82%。当前中国政府转移支付
占 GDP 的比重过低，2015 年中国该比值约为 9.3%，经济合作与发展组织平
均值为 21%，约为中国的 2.3 倍；在经济合作与发展组织国家中最高的法国
该比值为 31.5%，约为中国的 3.9 倍；甚至在经济合作与发展组织国家中最
低的冰岛该比值也达 15.2%，也远高于中国近 6%（见图 3-3）。根据美国
国会预算办公室的统计数据，目前美国收入最低的 20% 家庭在接受政府转移
支付前的收入大约为 7500 美元，而在接受政府转移支付之后增加到了 3 万美
元，比较起来，2016 年中国约 3000 元的贫困线确实太低了①，也说明了中国
政府对最贫穷的家庭转移支付还有待大幅提高，这样才能更有效地缩小整个
社会的收入差距。从国际经验来看，世界各国大规模的转移支付都大大地降
低了本国初次分配的基尼系数。例如，巴西转移支付占 GDP 的比重从 1990
年的 8.5% 大幅上升到 2008 年的 13.4%，使得同期的基尼系数从 0.61 降到
0.55（见图 3-4）。

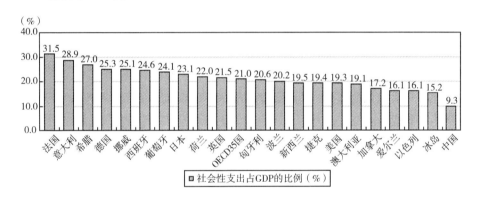

图 3-3　2015 年经济合作与发展组织与中国政府转移支付的比较

资料来源：OECD 国家数据来源于 OECD 数据库，中国数据来源于财政部 2015 年全国一般预算支
出决算表。

中国的公共教育经费支出、医疗费用支出和研发（R&D）投入不仅远低
于发达国家水平，也低于世界平均水平。例如，中国 2011 年公共教育经费支
出占 GDP 的比重为 3.97%，高收入国家达 5.2%，世界平均值为 4.9%；同
一年中国医疗费用支出占 GDP 的比重为 5.4%，高收入国家达 12.2%，世界

---

①　2011 年 11 月 29 日，在中央扶贫开发工作会议上，中央决定将农民人均纯收入 2300 元作为
新的国家扶贫标准。中国目前的贫困线以 2011 年 2300 元不变价格为基准，此基准不定期调整，2015
年贫困线约为 2800 元，2016 年约为 3000 元。

平均值为 10.2% ；同一年中国研发（R&D）投入占 GDP 的比重为 1.8% ，高收入国家达 2.3% ，世界平均值为 2.1% 。此外，与世界平均水平相比，中国人力资本投资还有不小的差距。2010 年中国 15 岁以上人口的平均受教育年限仅为 7.5 年，低于泰国、印度尼西亚等发展中国家，更是远低于发达国家。

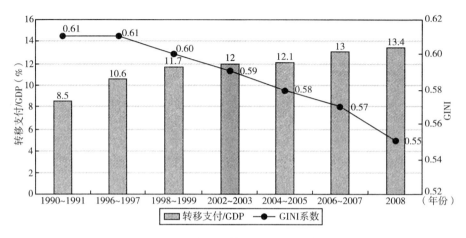

图 3 – 4　1990 ~ 2008 年巴西基尼系数和规模转移支付变动

资料来源：WIID 数据（联合国世界收入不平等数据）。

　　由于个人能力的差异、生产要素占有的不同、机会的不均等、规则的不公平等原因导致初次分配差距过大，为了促进社会公平，平衡社会收入，政府需要对初次分配进行矫正，以社会管理者的身份凭借国家权利通过转移支付、税收和社会保障的形式强制参与国民收入的再分配过程。但是，如果没有合理的制度安排对这种行为进行规制，这种由政府作出的强制性再分配措施，在收入的归集和支出上都可能会产生"逆向调节"：由于不当的制度安排，在收入归集时，政府从本应获得补贴的低收入阶层手中取得的收入多于从高收入阶层手中取得的收入；在收入支出时，本应支付更多的高收入阶层得到的政府转移性支付多于低收入阶层得到的政府转移性支付，本应为缩小收入差距的"劫富济贫"却反倒演变成了扩大收入差距的"劫贫济富"，导致了政府本应为缩小收入差距的收入再分配功能却异化为进一步扩大收入差距的"逆向调节"。

　　中国政府转移支付的不足对中低收入阶层与其他群体之间的收入差距有一定影响。不同群体享有不同的社会保障权利，中国社会保障普遍存在的"双轨制"拉大了不同群体之间的收入分配差距。众所周知，中国的城乡收入差距一直处于高水平，由表 3 – 10 可知，1978 ~ 2015 年，中国城乡居民的收入比已经由 1978 年的 2.57 倍扩大到 2009 年的峰值 3.33 倍，此后逐渐降至 2015 年的 2.95 倍，但仍然处于较高的差距水平。政府的转移支付本应该增加对农村居民的转移支出，减少对城镇居民的转移支出，以减少两者之间的收入差距。但恰恰相反，目前占总人口数量 30% 多的体制内城镇居民得到大约 60% 的社会保障支付，而占总人口数量 40% 多的农村居民和 20% 多的体制外城镇居民仅得到约 40% 的社会保障经费。再加上城镇体制内居民享有种类繁多的劳保福利、公共医疗、津贴补贴等隐性公共支付，而农民不仅难以享受政府的这些公共支付，还需要从自己的纯收入中扣除一部分用于再生产，那么政府的公共保障支出就在客观上没有起到缩小城乡居民之间收入差距的作用。另外，中国的多项社会保险缴费也具有一定的累退性，进一步扩大了中国收入差距。据北京师范大学中国收入分配研究院王亚柯和李实教授（2013）的测算，2013 年中国的几项社保缴费，只有失业保险缴费轻微地缩小了居民之间的收入差距，而医疗、养老等其他几项社保缴费进一步拉大了居民之间的收入差距。例如，医疗保险缴费使得收入差距在原来的基础上拉大了 0.24%，而养老保险缴费则拉大了 0.13%。并且，在中国如住房公积金等项目的制度设计明显有利于高收入群体，将部分无力购房而又缴纳了住房公积金的低收入群体的部分收入转移给高收入群体。

当前，再分配对中国收入差距的逆向调节除了政府转移支付之外，居民实际税负也加重了中国收入再分配的逆向调节。由于中国个人所得税以"代扣代缴为主、纳税人自行申报纳税为辅（年收入 12 万元以上）"的方式征收，工薪阶层成为缴纳的主力，很多真正的高收入阶层都在设法避税或偷逃税。例如，影视明星因巨额偷逃税，2018 年被税务部门追缴及罚款。2015 年全国仅 2800 万人缴纳个人所得税（2015 年 3 月 9 日《京华时报》）。据北京师范大学中国收入分配研究院王亚柯和李实教授测算，2013 年个人所得税使得市场收入的基尼系数仅下降不足 1%，[①] 因此，中国现行所得税政策并没有完全达到缩小收入差距的设计初衷，对收入分配调节作用不大。

因此，中国政府在再分配过程中转移支付不足反映出政府收入再分配职能有待进一步加强。因此，积极加快政府再分配制度改革成为下一步中国收入分配制度改革的侧重点。

---

① 王亚柯，李实. 我国税费和转移支付的收入分配效应，北京师范大学收入分配研究院工作论文：CHDWP No.3，2013.6.

3.2 全国、城镇和农村居民收入差距的演变

3.2.1 全国居民收入差距的演变

从新中国成立到改革开放前，中国实行严格的中央计划经济，收入分配时平均主义和"大锅饭"是主流，居民收入差距较小。改革开放 40 年来，中国实行对内改革，对外开放，逐步建立了有中国特色的社会主义市场经济，极大地解放了生产力，使中国的人均 GDP 增加了 155.59 倍，从一个贫穷的低收入国家成为一个中等偏上收入的国家，但是在此期间，中国也从一个收入分配比较平均的国家变成一个收入分配差距比较大的国家。在 1978 年时，中国居民的基尼系数仅为 0.310（主要是由城乡收入差距所到致，当年城镇居民的基尼系数只有 0.160，农村居民的基尼系数仅为 0.212），而在 1982 ~ 1984 年更是在 0.3 以下，处于收入分配比较平均的水平；此后随着人均 GDP 的增加，但中国居民的基尼系数也一路持续走高，在 2008 年达到峰值 0.491，尽管此后开始下降，在 2017 年降为 0.467，但仍然稳定在 0.46 以上，持续处于收入差距较大的范围，如表 3 - 7 所示。单从居民的基尼系数来看，中国全体居民的收入差距从 2008 年金融危机之后开始转向，出现下降的趋势（从 0.491 下降到了 0.467，降低了将 2.4 个百分点），但仍然远远超出国际公认的 0.4 的"警戒线"，仅从基尼系数角度来衡量，中国居民的收入分配差距仍然处于较高水平。我们不应该以 2008 年之后的居民收入差距的小幅下降，而忽视目前中国居民收入差距仍然较高的基本事实，中国是否已经进入库兹涅茨倒"U"形曲线[①]的下行通道尚待观察。

---

① 收入分配问题是主流经济学家最关心重要的议题之一。在经济理论发展早期，从马尔萨斯、大卫·李嘉图到卡尔·马克思都非常关心收入分配及其对社会可能带来的巨大影响。但是，到了 20 世纪后期，收入分配问题却渐渐地淡出了经济学家的视野。1954 年，诺贝尔经济学奖获得者西蒙·库兹涅茨以主席的身份在美国经济学会年会上宣读了一篇论文，在该论文中，提出了流传甚广的"库兹涅茨曲线"。库兹涅茨研究发现：美国收入最高的 10% 人口的所占收入份额从 1913 年的 45% ~ 50% 下降到了 1948 年的 30% ~ 35%，表明美国的收入不平等的程度有所下降。库兹涅茨据此提出了著名倒"U"形"库兹涅茨"曲线假说：随着经济增长，一国的收入分配一开始会恶化，收入差距会逐渐扩大，但渐渐地就会改善，收入差距又会逐渐会缩小。

表 3 - 7 　　　　　　　1978 ~ 2017 年中国人均 GDP 和居民基尼系数变动状况

年份	全国基尼系数	人均 GDP（元）	年份	全国基尼系数	人均 GDP（元）
1978	0.310	381	1998	0.403	6796
1979	0.316	419	1999	0.397	7159
1980	0.322	463	2000	0.417	7858
1981	0.308	492	2001	0.384	8622
1982	0.287	528	2002	0.454	9398
1983	0.286	583	2003	0.479	10542
1984	0.293	695	2004	0.473	12336
1985	0.315	858	2005	0.485	14185
1986	0.318	963	2006	0.487	16500
1987	0.328	1112	2007	0.484	20169
1988	0.332	1366	2008	0.491	23708
1989	0.348	1519	2009	0.490	25608
1990	0.341	1644	2010	0.481	30015
1991	0.362	1893	2011	0.477	35198
1992	0.376	2311	2012	0.474	38460
1993	0.420	2998	2013	0.473	41908
1994	0.433	4044	2014	0.469	47203
1995	0.415	5046	2015	0.462	49992
1996	0.398	5846	2016	0.465	53980
1997	0.397	6420	2017	0.467	59660

资料来源：（1）2003 ~ 2016 年全国基尼系数来源于国家统计局发布的数据；（2）1978 ~ 1990 年全国基尼系数由李伟测算；其他年份全国的基尼系数来源于赵人伟、李实、李强、陈宗胜、刘霖等国内学者的估算；及谷亚光《中国收入分配差距的状态、原因及治理对策》（马克思主义研究，2010 年第 4 期，P64 - P74）；（3）1978 ~ 2015 年人均 GDP 来源于《中国居民收入分配年度报告（2016 年）》，2016 年、2017 年人均 GDP 来源于中华人民共和国国家统计局《中华人民共和国 2016/2017 年国民经济和社会发展统计公报》。

如果仅仅考察全国居民的基尼系数变动，还难以准确了解全国不同收入阶层之间收入差距的变动情况。尽管中国持续扩大的基尼系数在 2008 年左右有轻微下降，但是中国中低收入阶层所占国民收入的份额和高收入阶层所占国民收入的份额却仍然持续在拉大，尤其是自 2001 年之后，差距更显著，如图 3 - 5 所示。中国收入最低的 50% 人口所占国民收入的份额从 1978 年的 27% 降到 15%；收入最高的 10% 人口所占国民收入的份额从 1978 年的 26%

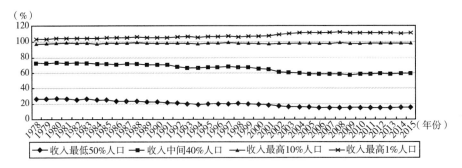

图 3 - 5　1978 ~ 2015 年中国不同收入组之间收入份额变动情况

资料来源：PYZ2016 and WID. world；Series on national income and population in China from Piketty-Yang-Zucman 2016。

上升到 40%；收入最高的 1% 人口所占国民收入的份额从 1978 年的 6% 上升到 13%，翻了一番还多；收入中间 40% 人口所占国民收入的份额出现轻微的波动，从 1978 年的 46% 上升到 1991 年的 49%，在 2004 年降到最低的 44%，在 2015 年又回复到 45% 的水平。收入最高的 10% 和 1% 的人口与其他人群之间的收入差距显著增加。

　　法国经济学家托马斯·皮凯蒂在《21 世纪资本论》所论证的那样"在美国和全球其他地方，尽管第二次世界大战之后，收入分配有了很大的改善，但是收入不平等的问题自 20 世纪 70 年代以来一直在恶化，现在又重回上升曲线，其中最引人注目的是富裕人群和其他人群之间不断扩大的差距"。库兹涅茨倒"U"形曲线在西方国家出现反转，已经成为普遍化的国际趋势[①]，在经济日益全球化的今天，中国可以独善其身吗？中国自 2008 年左右开始缩小的整体收入差距会持续下去，还是会反转呢？这些都是值得关注和探讨的，所以当前的中国的收入差距问题仍然值得引起整个社会的关注与警醒（例如，不同群体之间的收入差距仍在扩大）！

---

　　① 据诺贝尔经济学奖获得者斯蒂格利茨研究发现，在过去的 25 年时间里，被广泛采用的、衡量收入不平等的基尼系数，在德国大约增加了 22%，在加拿大增加了 13%，在英国增加了 13%，在意大利增加了 8%，在日本增加了 6.4%。曾经在经济合作与发展组织国家中最为平等的德国，现在已经位居不平等的中游之列。自 1985 年以来，在可获得观察数据的 22 个经济合作与发展组织国家中，其中 17 个国家的基尼系数都显著增加了，意味着这些国家收入差距在 20 世纪 80 年代中后期之后有重新扩大的趋势。

3.2.2　城镇居民内部收入差距的演变

尽管全国居民基尼系数在改革开放后快速增加，但是中国城镇居民的基尼系数却增长相对比较缓慢。通过观察图 3 - 6 可以发现，1978 ~ 1990 年，中国城镇居民的基尼系数一直保持在 0.2 以下的低水平，表明当时城镇居民之间的收入差距相当小，居民之间收入分配差距处于平均状况；1991 年，中国城镇居民的基尼系数首次突破 0.2，此后一直处于缓慢增加的趋势，在 2002 年首次突破 0.3，在 2008 年达到最高值 0.3298，然后处于轻微下降趋势，在 2015 降到 0.3146。如果仅从基尼系数来看，在 2008 年左右，城镇居民内部的收入差距如同全国居民的收入差距一样都轻微下降，但是城镇居民内部的收入差距的基尼系数要小于全国居民的收入差距的基尼系数，且目前仍然保持在 0.3 ~ 0.4 的相对合理区间。

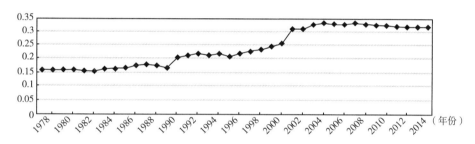

图 3 - 6　1978 ~ 2015 年中国城镇居民的基尼系数变动状况

资料来源：（1）1991 ~2015 年城镇基尼系数来源于《中国居民收入分配年度报告》；（2）1978 ~ 1990 年城镇基尼系数根据城镇住户调查资料和相关年鉴中的数据由李伟测算。

图 3 - 6 如果仅仅考察城镇居民之间的基尼系数变动，还难以了解城镇居民内部不同收入群体之间收入差距变动的趋势。将全部调查户按 20% 进行五等分，计算各组人均可支配收入，具体如表 3 - 8 所示。从表 3 - 8 可以看出，1990 ~ 2015 年，尽管城镇各收入群体的可支配收入都在增加，但是最低 20% 的收入家庭可支配收入从 761 元增加到 12231 元，年均增长率为 11.75%；而最高 20% 的收入家庭可支配收入从 2448 元增加到 65082 元，年均增长率为 14.02%，两者之间的年均增长率相差 2.27%，由于低收入家庭相对高收入家庭收入增长缓慢，导致最高与最低收入组之间的收入绝对差额持续走高，已经从 1990 年的 1687 元增加到 2015 年的 52851 元，两者之间的收入比在同期已经从 3.2 倍增加到 5.3 倍，其中在 2013 年更是达到峰值 5.8 倍。这表明

中国城镇内部不同收入阶层的收入差距在扩大，从 2002 年之后基本稳定在 5 倍以上的差距，目前仍然保持在一个比较高的水平。

表 3 - 8 　　　　1990 ~ 2015 城镇居民不同收入组之间人均可支配收入情况 　　　单位：元

年份	高收入户组（20%）	中等偏上收入户组（20%）	中等收入户组（20%）	中等偏下收入户组（20%）	低收入户组（20%）	最高与最低收入组之比	最高与最低收入组之差
1990	2448	1598	1352	1144	761	3.2	1687
1995	8231	4958	4074	3364	2178	3.8	6054
1996	9250	5599	4580	3780	2454	3.8	6797
1997	10251	6045	4895	3966	2430	4.2	7821
1998	10962	6371	5119	4107	2477	4.4	8485
1999	11084	6905	5512	4364	2618	4.6	8466
2000	11299	7487	5898	4624	3132	3.6	8167
2001	12663	8164	6366	4947	3320	3.8	9343
2002	15459	8870	6657	4932	3032	5.1	12427
2003	17472	9763	7279	5377	3295	5.3	14177
2004	20102	11051	8167	6024	3642	5.5	16460
2005	22902	12603	9190	6711	4017	5.7	18885
2006	25411	14049	10270	7554	4567	5.6	20844
2007	29479	16386	12042	8901	5364	5.5	24115
2008	34668	19254	13984	10196	6075	5.7	28593
2009	37434	21018	15400	11244	6725	5.6	30709
2010	41158	23189	17224	12702	7605	5.4	33553
2011	47021	26420	19545	14498	8789	5.3	38232
2012	51456	29814	22419	16761	10354	5.0	41102
2013	57762	32614	24173	17628	9896	5.8	47866
2014	61615	35631	26651	19651	11219	5.5	50396
2015	65082	38572	29105	21446	12231	5.3	52851
年均增长率（%）	14.02	13.58	13.06	12.44	11.75	——	——

资料来源：（1）根据历年《中国统计年鉴》整理；（2）2012 年之前，国家统计局分别在农村和城镇进行农村住户调查和城镇住户调查，农村按照纯收入统计居民收入，城镇按照可支配收入统计居民收入，这意味着中国在此之前实施的是城乡有别的收入统计制度。从 2012 年开始，国家统计局统一了城乡居民收入指标的分类、名称和统计标准，开始统一的住户收支和社会状况调查。

值得注意的是，中国城镇居民之间的收入差距除了体现在易于统计的可支配收入上，还有各种各样的货币外收入差距，如果考虑到这些福利性质的非货币形式收入，中国城镇居民之间的实际收入差距将会超过统计数据所显示出来的差距，这一问题，我们仅仅从观察城镇居民之间的基尼系数很难看得出来。众所周知，在城镇居民中，高收入阶层的 20% 人群基本是体制内的员工（如垄断国企的员工等）和民营企业主，他们享有一些其他阶层难以享受到的单位福利和社会福利。全国总工会职工收入分配专题调研组于 2009 年 10 月至 12 月在全国十个城市对不同类型企业员工的收入分配问题进行调研发现，低收入的企业员工占比过大，收入偏低，他们中的 73.3% 的人月工资低于当地月平均工资水平，在经济发达的上海、北京等城市，这一问题更为突出，月工资低于当地月平均工资水平的低收入职工比例分别达到90.8%、93.2%①，在城镇，绝大多数普通职工的实际工资水平远低于当地政府所公布的职工平均工资水平，属于被平均的对象。另外，伴随着中国收入分配制度改革，中国逐渐建立了"按劳分配和按生产要素分配相结合"的分配制度，使得城镇高收入阶层居民收入来源渠道实现了多元化，他们除了凭借劳动要素获取工资收入之外，还可以凭借资本等要素获得利息、租金等财产性收入，甚至其他的隐性福利，但是低收入阶层只能获取微薄的工资收入。

3.2.3　农村居民内部收入差距的演变

1978～2015 年，中国农村居民之间的收入差距呈现持续拉大的趋势，从基尼系数来看，中国农村居民内部的收入差距要大于城镇居民内部的收入差距，且到 2013 年已经增加到 0.41，已经突破国际公认的 0.4 的"警戒线"。通过观察图 3-7 可以发现，在 1984 年之前，中国农村居民之间的基尼系数一直低于 0.3，处于分配比较公平的阶段；1979 年之后，始于安徽凤阳小岗村的家庭联产承包责任制，开始在全国农村推广，农民的生产积极性被激发起来，收入普遍增加，但与此同时，农村内部的收入差距也开始扩大，在此之后，农村内部的收入差距一直处于持续上升的趋势，在 2000 年左右已经突

---

① 全国总工会职工收入分配专题调研组．我国企业职工收入分配存在五大问题［J］．决策与信息，2010（8）.

破 0.35, 在 2013 年突破 0.4 的"警戒线"。在 2008 年之后,尽管城镇居民内部收入差距的基尼系数和全国整体收入差距的基尼系数都处于下降趋势,但是农村居民内部收入差距的基尼系数仍然处于扩大的趋势,农村居民收入差距的基尼系数到 2013 年已经增加到 0.410,已经突破国际公认的 0.4 的"警戒线",但自 2008 年之后拉大的速度开始减缓。近年来,城镇内部和农村内部,尤其是农村居民内部,依然存在着比较严重的收入差距,这主要是由于 2000 年以来,农村内部收入分配呈现出两极分化的趋势。一方面,存在大量的贫困家庭,根据中国国际扶贫中心的数据显示,按照年人均纯收入 2300 元 (2013 年的不变价格) 以下的属于贫困人口的中国扶贫标准线,到 2013 年底中国还有 8249 万农村贫困人口,到 2017 年底中国仍然有 3046 万农村贫困人口,急需国家帮扶;另一方面,部分农村家庭除了工资性收入之外,还经商办企业,获得大量经营性收入,这些农村家庭迅速拉大了和其他农村家庭之间的收入差距。

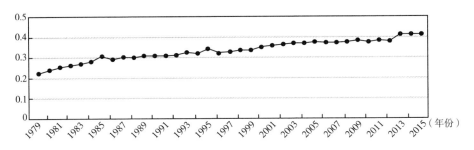

图 3 - 7 1979 ~ 2015 年中国农村居民的基尼系数变动状况

资料来源:(1) 1991 ~ 2015 年农村基尼系数来源于《中国居民收入分配年度报告》;(2) 1978 ~ 1990 年农村基尼系数根据《中国农村住户调查年鉴》由李伟测算。

如果仅仅分析基尼系数的变动,我们还不能准确了解农村居民不同收入阶层之间的收入差距变化状况。将全部被调查的农村家庭以 20% 的数量为一组进行五等分 (按家庭人均纯收入从高到低排序),计算各组人均纯收入,可以更清楚了解农村居民之间收入变动情况,具体如表 3 - 9 所示。2000 ~ 2015 年,农村各收入群体的可支配收入都在增加,最低 20% 的收入家庭纯收入从 802 元增加到 3085.6 元,年均增长率为 9.41%;而最高 20% 的收入家庭纯收入从 5190 元增加到 26013.9 元,年均增长率为 11.46%,两者之间的年均增长率相差 2.05%,由于低收入家庭相对高收入家庭收入增长缓慢,导致最高与最低收入组之间的收入绝对差额持续走高,已经从 2000 年的 4388 元增加到 2015 年的 22928.3 元,两者之间的收入比在同期已经从 6.5 倍增加到 8.4 倍,

其中在 2014 年更是达到峰值 8.7 倍。2010 年之后，中国农村最高的 20% 的
收入家庭和最低的 20% 收入的家庭收入倍率或比值基本稳定在 8 倍以上，远
超过中国城镇家庭这一相应的倍率或比值（5 倍以上），这也解释了为什么近
年来中国农村居民内部基尼系数持续走高，突破 0.4 "警戒线"的原因。这
说明，当前中国农村居民内部的收入差距的拉大已经成为一个难以忽视的问
题。工资性收入、家庭经营性收入和财产性收入是当前中国农村家庭的三大
收入来源，后两类收入目前是农村居民收入的差距主要根源。在农村，最富
有家庭的财产性收入是最贫穷家庭财产性收入的 15.9 倍，最贫穷家庭财产性
收入仅占其人均纯收入的 0.31%，最富有家庭的财产性收入占其人均纯收入
的 5.0%；而两者之间经营性收入差异更大。

表 3 - 9　　　　2000 ~ 2015 年农村居民不同收入组之间人均纯收入情况　　　单位：元

年份	高收入户组（20%）	中等偏上收入户组（20%）	中等收入户组（20%）	中等偏下收入户组（20%）	低收入户组（20%）	最高与最低收入组之比	最高与最低收入组之差
2000	5190	2767	2004	1440	802	6.5	4388
2001	5534	2891	2081	1491	818	6.8	4716
2002	5895.63	3030.45	2164.11	1547.53	857.13	6.9	5039
2003	6346.86	3206.79	2273.13	1606.53	865.80	7.3	5481
2004	6930.65	3607.67	2578.49	1841.99	1006.87	6.9	5924
2005	7747.35	4003.33	2850.95	2018.31	7067.22	7.3	6680
2006	8474.79	4446.59	3148.50	2222.03	1182.46	7.2	7292
2007	9790.68	5129.78	3658.83	2581.75	1346.89	7.3	8444
2008	11290.2	5928.6	4203.12	2934.99	1499.81	7.5	9790
2009	12319.05	6467.56	4502.08	3110.1	1549.3	8.0	10770
2010	14049.69	7440.56	5221.66	3621.23	1869.80	7.5	12180
2011	16783.06	8893.59	6207.68	4255.75	2000.51	8.4	14783
2012	19008.89	10142.08	7041.03	4807.47	2316.21	8.2	16692.68
2013	21272.7	11373.03	7942.14	5516.4	2583.23	8.2	18689.47
2014	23947.4	13449.2	9503.9	6604.4	2768.1	8.7	21179.3
2015	26013.9	14537.3	10310.6	7220.9	3085.6	8.4	22928.3
年均增长率（%）	11.46	11.49	11.17	10.88	9.41	—	—

资料来源：赖德胜，李长安，孟大虎，陈建伟等.2017 年中国劳动力市场发展报告，北京师范大
学出版社.

3.3 中国城乡之间收入差距的演变

中国居民的收入随着经济的增长日益攀升，无论是农村居民还是城镇居民，其收入都有极大的提高，1978～2017 年 40 年间，城镇居民人均可支配收入保持了年均 11.62% 的增长率，而同期农村居民人均纯收入年均增长率为 9.02%，两者之间的增长速度相差 2.6%，城乡居民之间的绝对收入差距从 1978 年的 209.8 元扩大到 2017 年的 22964 元，城乡收入差距在前 30 年间总体呈现震荡扩大趋势，后 10 年呈现缓慢下降态势，具体如表 3－10 所示。中国城乡居民收入差距的变化大致可分为以下几个阶段：第一个阶段，1978～1984 年，城乡收入比下降阶段。在此阶段，农村居民人均纯收入从 133.6 元上升至 355.3 元，城镇居民人均可支配收入从 343.4 元上升到 652.1 元，城乡居民收入比例逐年下降，从 2.57 倍降到 1.84 倍。这一时期，中国农村开始改革，实行了家庭联产承包责任制，使得农村资源得到了合理配置，大大激励了农民效率的提高，增加了农民的收入，在城镇居民收入几乎保持不变的情况下，城乡之间的收入差距缩小了。第二个阶段，1985～1994 年，城乡居民收入比例曲折上升阶段。这是因为从 1985 年开始，中国政府将改革的重点由农村转向城市，财政资金以及政策均向城市倾斜，而农村的改革则处于停滞状态，从而扩大了城乡居民收入差距。第三个阶段，1995～1998 年，城乡收入比出现短暂回落阶段。在这期间，政府提高了农副产品收购价格，粮食收购保护价制度，颁布《农民负担费用和劳务管理条例》，减轻农民负担，城乡居民收入差距短暂缩小。第四个阶段，1999～2007 年，城乡居民收入比例稳定上升阶段。进入 21 世纪以来，随着中国对外开放的不断深入，中国吸引外资不断增加，而大部分外资流向了城市，在城市建立了大量外商投资企业，为城镇居民提供了更多的就业岗位，提高了城镇居民的收入，使得城乡居民之间的收入差距进一步被拉大。到 2007 年，城乡收入比已达到了 3.33∶1，为改革开放以来的最高值（2009 年也又重新回复到这一最高值）！第五个阶段，2008～2017 年，城乡居民收入比例缓慢下降阶段。一方面，2008 年之后，由于受到国际金融危机的影响，中国的主要出口市场欧洲、美国需求下降，导致中国出口受到很大影响，城镇居民收入增长放缓；另一方面，2006 年 1 月 1 日，中国完全取消了在中国延续近千年农业税（含农业税、屠宰税、牧业税、农林特产税），农业税的取消，对于调动农民积极性，减轻农民负担，增加农民收入具有重要的作用；与此同时，政府为了解决"三农"问题，实行"工业反哺农业"，实施粮食直补，一系列惠农政策效应在2008年之后逐渐显现出来，在此阶段，城镇居民收入增长相对较慢，农村居民收入增长相对较快，城乡收入比此后开始进入下降通道，到2017年已经下降至2.71。

表3-10　　　　　　　1978~2017年中国城乡收入差距变化状况　　　　　　单位：元

年份	农村人均纯收入	城镇人均可支配收入	城乡收入比	城乡收入差
1978	133.6	343.4	2.57	209.8
1979	160.2	405.0	2.53	244.8
1980	191.3	477.6	2.50	286.3
1981	223.4	500.4	2.24	277.0
1982	270.1	535.3	2.00	265.2
1983	309.8	564.6	1.82	254.8
1984	355.3	652.1	1.84	296.8
1985	397.6	739.1	1.86	341.5
1986	423.8	899.6	2.13	475.8
1987	462.6	1002.2	2.17	539.6
1988	544.9	1181.4	2.17	636.5
1989	601.5	1375.7	2.28	774.2
1990	686.3	1510.2	2.20	823.9
1991	708.6	1700.6	2.40	992.0
1992	784.0	2026.6	2.58	1242.6
1993	921.6	2577.4	2.80	1655.8
1994	1221.0	3496.2	2.86	2275.2
1995	1577.7	4283.0	2.71	2705.3
1996	1926.1	4838.9	2.51	2912.8
1997	2090.1	5160.3	2.47	3070.2
1998	2162.0	5425.1	2.51	3263.1
1999	2210.3	5854.0	2.65	3643.7
2000	2253.4	6280.0	2.79	4026.6
2001	2366.4	6859.6	2.90	4493.2
2002	2475.6	7702.8	3.11	5227.2

年份	农村人均纯收入	城镇人均可支配收入	城乡收入比	城乡收入差
2003	2622.2	8472.2	3.23	5850.0
2004	2936.4	9421.6	3.21	6485.2
2005	3254.9	10493.0	3.22	7238.1
2006	3587.0	11759.5	3.28	8172.5
2007	4140.4	13785.8	3.33	9645.4
2008	4760.6	15780.8	3.31	11020.2
2009	5153.2	17174.7	3.33	12021.5
2010	5919.0	19109.4	3.23	13190.4
2011	6977.3	21809.8	3.13	14832.5
2012	7916.6	24564.7	3.10	16648.1
2013	8895.9	26955.1	3.03	18059.2
2014	9892	28844	2.92	18952
2015	11422	31195	2.73	19773
2016	12363	33616	2.72	21253
2017	13432	36396	2.71	22964
年均增长率（%）	9.02	11.62	—	—

资料来源：（1）农村居民人均纯收入、城镇居民人均可支配收入数据来自国家统计局《国民经济和社会发展统计公报》（中华人民共和国国家统计局网站：http：//www. stats. gov. cn/）以及历年《中国统计年鉴》（北京：中国统计出版社）；（2）城乡居民收入差、城乡居民收入比、年均增长率数据由笔者从农村居民人均纯收入、城镇居民人均可支配收入数据计算所得。

　　另外，从横向国际比较来看，根据国际劳工组织在 2005 年所发布的一项统计数据，在其所调查国家中，只有三个国家的城乡收入比超过了 2 倍，而绝大多数国家的该比值都小于 1.6 倍，但中国的城乡收入比超过了 3 倍，达 3.22 倍。根据发达国家经济发展的一般经验，当一国人均 GDP 超过 1000 美元的发展阶段时，城乡收入比通常约为 1.7 倍，并逐步下降。2017 年中国人均 GDP 已经超过了 8800 美元，但中国城乡收入比仍然高达 2.71 倍，表明尽管和 2007年、2009 年的高峰期相比，中国城乡收入差距已经在持续改善，但从国际视角来看，中国城乡居民之间的收入差距仍然处于高位，尚未得到根本性的扭转。

　　如果把全国整体收入差距分解为城乡之间的收入差距（组间差距）、城镇内部的收入差距（组内差距）和农村内部的收入差距（组内差距）来测算三种收入差距各自对整体收入差距的贡献，那么对中国整体收入差距贡献最大的是城乡之间的收入差距（组间差距），城乡之间的收入差距对整体收入差距的影响远远超过了另外两种组内收入差距的影响，据多数学者的测算，其贡献度均在 50% 以上[①]。2009 年之后中国城乡收入差距的缩小以及农村内部收入差距对于这一时期全国收入差距的下降贡献度很大。据测算 2008 ~ 2013 年全国基尼系数从 4.91 降到 4.73：这其中城乡收入差距的缩小对全国基尼系数下降的贡献度从 62% 降到 54%，农村内部收入差距的贡献度从 15% 降到 13%，农村内部收入差距在全国收入差距中的贡献度下降是由于农村人口份额的下降（城镇化所引起的农村人口向城市的迁移）所导致的。

3.4　中国地区之间收入差距的演变

区域经济发展不均衡是中国经济发展历程中长期存在的一个问题，由来已久，主要表现为东中西部地区经济发展不均衡和城乡发展不均衡。改革开放之初推行的是由东向中西部地区依次开放的"阶梯式"发展战略，东部地区在开放时间的先后、开放程度的高低、享受的优惠政策多寡等方面都优于中西部地区，加剧了中国东中西部区域发展不均衡。东部地区由于其得天独厚的地理区位，靠近海洋，便于发展对外贸易，成为我国改革开放的先行区域，同时也是我国重点投资建设的地区，因此，东部地区的经济出现了突飞猛进的增长，与此同时，中西部地区的经济发展则落后许多，部分偏远地区甚至停滞不前。进入 21 世纪后，东部地区与中西部地区经济发展差距进一步扩大，地区间的差距影响了中国经济的协调发展。为此，政府相继提出了西部大开发和中部崛起战略，虽然取得了一些效果，但依然没能改变中国东中西部之间"阶梯"型的经济发展格局。

在区域经济发展差异的基础上，产生了中国东中西部地区之间的收入差距，包括不同地区农村和城镇居民之间的收入差距。国家统计局 2016 年的数据表明，东中西部地区农村居民人均纯收入之比已经拉大到 1.31：1：0.84，城镇居民人均可支配收入之比已经拉大到 1.37：1：0.99；2016 年，全国居民人均可支配收入为 23821 元，而在全国 31 个省（区、市）中，人均可支配收入排名前八的省

---

① 如南开大学经济研究所的陈宗胜，北京大学中国经济研究中心的林毅夫和刘明兴，国家发展改革委员会宏观经济研究院课题组（2003）测算的结果都在 50% 以上。

份有上海（54305 元）、北京（52530 元）、浙江（38529 元）、天津（34074 元）、江苏（32070 元）、广东（30295 元）、福建（27608 元）、山东（24685 元），均显著高于全国居民人均可支配收入水平，八个省份无一例外的全部位于东部沿海地区；人均可支配收入排名后八的省份有西藏（13639 元）、甘肃（14670 元）、贵州（15121 元）、云南（16720 元）、青海（17302 元）、广西（18305 元）、新疆（18355 元）、河南（18443 元），无一例外的全部位于中西部地区（其中，河南为中部地区，其余七个省份全部位于西部地区）；最高的上海是最低的西藏的 3.98 倍，两者之间的绝对差额高达 40666 元。因此，中国不同地区的居民收入存在较大差距，特别是东西部地区居民之间的收入差距更大，地区间收入差距问题已不容忽视。以下我们分别来分析东中西部地区之间城镇和农村收入差距的变动趋势。

首先，我们来考察东中西部地区城镇居民之间的收入差距变动趋势。在改革开放之前，国家为了鼓励三线建设，对在西部边远地区和少数民族地区工作的职工实施补贴和津贴政策，西部地区城镇职工工资收入要略低于东部地区城镇职工工资收入，但要高于中部地区城镇职工工资收入。在 1978 年时，东中西部地区城镇居民的可支配收入依次为 476 元、397 元、468 元，三地区城镇人均可支配收入之比为 1.2：1.1：1.18，差距较小，西部只是比东部地区略低（仅相差 8 元），但是要高于中部地区，呈现出东西部高，中部"塌陷"的格局，具体如表 3-11 所示。20 世纪 80 年代之后，随着东部沿海地区经济快速发展，东部地区城镇居民迅速拉大了与中西部地区城镇居民之间的收入差距。到 1999 年时，三地区城镇居民之间的收入比已经拉大到 1.48：1：1.1，但是依然保持改革开放初期的东西部高，中部"塌陷"的格局，只是东部拉大了和中西部地区之间的收入差距。到 2005 年时，中国东中西地区城镇居民的收入差距格局出现了新的变化，中部地区城镇居民的收入水平已经超过西部地区城镇居民的收入水平，当年东部地区城镇居民人均收入为 13375.88 元、中部地区为 8809.52 元、西部地区为 8783.17 元。标志着中国在区域经济上（城镇人均收入）的东中西部依次递减格局在 2005 年正式形成，并一直持续到今天。但是在同一年，东部地区城镇居民与中西部地区城镇居民之间的收入差距达到最高值，三地区城镇居民收入比拉大到 1.52：1：0.997，东部地区城镇人均收入是中地区的约 1.518 倍，是西部地区的约 1.523 倍。尽管在 2000 年之后，为了贯彻邓小平关于中国现代化建设"两个大局"战略思想，国家先后实行西部大开发、中部崛起等区域发展战略，对中西部作出了政策倾斜，但由于政策的时滞效应，并没有立即发挥作用，其政策效应直到 2005 年之后才开始陆续显现出来。在此之后，中西部地区增长速度相对加快，减缓了与东部地区之间的收入差距，东中西部地区之间的收入差距进入持续递减的通道，到 2016 年时，东中西部地区城镇居民人均可支配收入分别为 39651 元、28879.3 元、28609.7 元，三地区之间城镇居民之间的收入比降到 1.37∶1∶0.99。尽管当前东中西部地区城镇居民收入水平依次递减的格局依然维持，但是中西部地区城镇居民已经缩小了与东部地区城镇居民之间的收入差距。

表 3-11　　　　　1978~2016 东中西三大地区城乡居民收入变动状况　　　单位：元

年份	城镇居民人均可支配收入				农村居民人均纯收入			
	东部地区	中部地区	西部地区	东中西之比	东部地区	中部地区	西部地区	东中西之比
1978	476	397	468	1.20∶1∶1.18	164.1	131.5	120.0	1.25∶1∶0.92
1985	—	—	—	—	513.0	380.3	322.6	1.35∶1∶0.85
1989	1441	1084	1200	1.33∶1∶1.11	—	—	—	—
1993	3140	2118	2287	1.48∶1∶1.08	—	—	—	—
1995	—	—	—	—	2346.1	1422.3	1051.6	1.65∶1∶0.74
1998	6574	4492	4665	1.46∶1∶1.04	3154.0	2054.3	1476.4	1.54∶1∶0.74
1999	7146	4837	5302	1.48∶1∶1.10	3236.6	2058.3	1519.7	1.57∶1∶0.74
2003	10366	7036	7096	1.47∶1∶1.01	—	—	—	—
2005	13374.88	8808.52	8783.17	1.52∶1∶0.997	4720.28	2956.60	2378.91	1.60∶1∶0.80
2006	14967.38	9902.28	9728.45	1.51∶1∶0.98	5188.23	3283.16	2588.37	1.58∶1∶0.79
2007	16974.22	11634.37	11309.45	1.46∶1∶0.97	5854.98	3844.37	3028.38	1.52∶1∶0.79
2008	19203.46	13225.88	12971.18	1.45∶1∶0.98	6598.24	4453.38	3517.75	1.48∶1∶0.79
2009	20953.21	14367.11	14213.47	1.46∶1∶0.99	7155.53	4792.75	3816.47	1.49∶1∶0.80
2010	23272.83	15962.02	15806.49	1.46∶1∶0.99	8142.81	5509.62	4417.94	1.48∶1∶0.80
2011	26406.04	18323.16	18159.40	1.44∶1∶0.99	9585.04	6529.93	5246.75	1.47∶1∶0.80
2012	29621.6	20697.2	20600.2	1.43∶1∶0.995	10817.5	7435.2	6026.6	1.45∶1∶0.81
2013	32472.0	22736.1	22710.0	1.43∶1∶0.999	12052.1	8376.5	6833.6	1.44∶1∶0.82
2014	33905.4	24733.3	24390.6	1.37∶1∶0.99	13144.6	10011.1	8295.0	1.31∶1∶0.83
2015	36691.25	26809.64	26473.12	1.37∶1∶0.99	14297.4	10919	9093.4	1.31∶1∶0.83
2016	39651	28879.3	28609.7	1.37∶1∶0.99	15498.3	11794.3	9918.4	1.31∶1∶0.84

资料来源：（1）农村居民人均纯收入、城镇居民人均可支配收入数据来自历年《中国统计年鉴》和国家统计局《国民经济和社会发展统计公报》（国家统计局网站：http://www.stats.gov.cn/）；（2）东中西①之比数据由课题组从农村居民人均纯收入、城镇居民人均可支配收入数据计算所得。

---

①　西部地区包括内蒙古、广西、重庆、四川、贵州、云南、西藏、陕西、甘肃、青海、宁夏、新疆 12 省份；中部地区包括：山西、安徽、江西、河南、湖北、湖南 6 省份；东部地区包括北京、天津、河北、上海、江苏、浙江、福建、山东、广东、海南 10 省份。

其次，我们比较东中西部地区之间农村居民人均纯收入的差异。在1978年时，三地农村居民人均纯收入依次为164.1元、131.5元、120.0元，三地区农村人均纯收入之比为1.25:1:0.92，改革开放之初已经呈现出东中西部依次递减格局，并一直维持至今未发生变化，且当时三个地区农村居民人均纯收入差距要超过城镇居民之间的收入差距。从20世纪80年代开始，中国东中西部地区之间农村居民的收入差距逐渐扩大，到90年代中期，三个地区之间的收入差距达到最高峰，1995年时，东中西三个地区农村居民收入差距已经扩大到1.65:1:0.74，达到峰值；此后的1996~2005这10年间，东中西三个地区农村居民收入差距一直在轻微波动中维持高位，三个地区农村居民收入比基本在1.65:1:074之间波动；从2005年开始，国家增加对中西部地区农村的扶助力度，再加上农业税的取消等一系列惠农政策的实施，中西部地区农村经济得到较快发展。自2005年始，东中西三个地区之间农村收入差距开始持续缩小，2008年时，降到1.48:1:0.79，2016年降到1.31:1:0.84，但仍然未改变东中西部地区农村收入水平依次递减的格局。但相对而言，中部地区农村居民相对于东部地区农村居民之间的收入差距缩减更多，西部地区农村居民相对于东中部地区农村居民之间的收入差距缩减甚微。

最后，为了把握东中西部地区内部城乡收入差距的变动趋势，我们还搜集了东中西部地区1992~2013年城乡收入比的数据，作出了分地区城乡居民收入比的变动趋势（见图3-8）以及城乡收比的描述性统计（见表3-12）。从图3-8可以看出，中国东中西部地区的城乡收入差距随时间变化趋势相近：在1994年之前处于上升的阶段，1994~1998年有所下降，1999~2009年又呈现出上升趋势，进入2010年之后，各地区城乡收入比又呈现下降趋势。从地区结构来看，三个地区的城乡收入差距的大小呈现出从东向中向西依次递增的格局：西部地区的城乡收入差距最大，高于全国整体城乡收入差距，其城乡收入比最高，处于3~3.8；在西部地区城乡收入比最高的是西藏自治区，为3.78；最低的是内蒙古自治区，为3.01；西部地区城乡收入比的均值为3.45。中部地区城乡收入差距介于西部和东部地区城乡收入差距，但略低于全国整体城乡收入差距，其城乡收入比处于2.2~3；其中城乡收入比最高的是湖南省，为2.93；最低的是江西省，为2.20；中部地区城乡收入比的均值为2.65。而东部地区城乡收入差距最小，其城乡收入比最低，处于2~2.7；在东部地区城乡收入比最高的是广东省，为2.68；最低的是上海市，为2.08；东部地区城乡收入比的均值为2.41。上述分析表明，在中国经济越发达的地区，人均收入水平越高，城乡收入差距也越小。

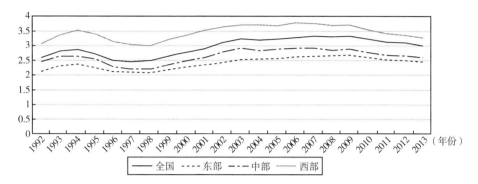

图3-8 1992～2013年东中西部地区及全国城乡收入差距对比

资料来源：根据各个省份历年《统计年鉴》数据计算绘制。

表3-12   1992～2013年东中西部地区及全国城乡收比描述性统计

地区	年数	均值	方差	最大值	最小值
全国	22	2.9682682	0.2981131	3.3328	2.4689
东部	22	2.4096773	0.1974265	2.6781	2.0823
中部	22	2.6487909	0.2355219	2.9315	2.2001
西部	22	3.450750	0.2487747	3.7767	3.0121

资料来源：根据各个省份历年《统计年鉴》数据计算。

东中西部地区城乡居民之间的收入差距的扩大是中国地区间经济发展不均衡的直接结果。从自身优良的区位优势与政府早期优惠的开放政策受益多的东部地区，人力资本积累和资本积聚程度都相对较高，推动了经济的发展；而中西部经济欠发达地区由于地理区位、比较优势等原因，经济发展相对滞后。因此，要改变这种"东高西低"的收入分配格局，必须实现中国区域经济的均衡增长。

3.5 中国行业之间收入差距的演变

3.5.1 改革开放以来中国行业收入差距的变动趋势

由于绝大部分中国居民的主要收入都是来源于其工资性收入，而工资是由其所在就业单位支付，在市场经济条件下，所在就业单位工资状况由其所在单位的盈利状况决定，盈利好的企业，职工可以获得更高的工资收入，因此，中国居民的收入水平在相当大的程度上是由其就业的行业决定的。企业的盈利情况通常受其所在行业的经济景气、政府的管制、行业的垄断性、国家产业政策的调整和产业结构的变动等多方面因素的综合影响，这些影响因素会随着经济的发展和环境的变动而发生变化，导致了中国各个行业职工的收入水平自改革开放以来在普遍增加的同时，不同行业的工资水平也随经济的发展和环境的变动而发生着变化，使得不同行业的职工工资差距也在发生变动。

考察表 3 - 13 可以发现：在 1978 ~ 2017 年的 40 年里，中国各行各业职工的工资水平都伴随着国家经济增长而逐步提高，工资最高行业的工资水平由 850 元增加到了 133150 元，40 年里增长了 155.64 倍，年均增长 13.84%；工资最低行业的工资水平由 392 元增加到了 36504 元，同期仅增长了 92.12 倍，年均增长 12.33%，行业工资极值差也在稳定增加，从 1978 年的 458 元增加到了 2017 年的 96646 元。从行业收入极值比来看，中国行业间的收入差距整体呈现先稳定增加后轻微下降的变化趋势，其变动大概可以划分为三个阶段。

第一个阶段，1978 ~ 1989 年，中国行业收入差距处于下降的阶段，行业收入极值比从 2.17 倍降到 1.61 倍。电力、燃气及水的生产和供应业、建筑业、采矿业和地质勘查业等行业是当时工资收入较高的一些行业，基本上都是属于电力、能源和矿产等资源垄断性行业；居民服务业，农、林、牧、渔业，批发和零售商业等行业是当时收入最低的一些行业，基本上都是属于农业和日常性服务行业。但是，当时尚处于计划经济体制向市场经济体制过渡初期，还深受计划经济体制的影响，大部分行业仍在实行全国统一的发放制，还没有建立市场供求决定的工资制。因此，当时各行业之间的收入差距仍然比较小。

第二个阶段，1990 ~ 2005 年，中国行业之间的收入差距处于快速上升的阶段，行业收入极值比从 1.76 倍上升到 4.88 倍。在其中 1993 ~ 2002 年的 10 年中，中国行业收入差距处于小幅上升阶段，行业收入极值比从 2.12 倍增加到 2.99 倍。当时收入最高的行业是电力、燃气及水的生产和供应业、房地产业、金融业；收入最低的行业基本上是农、林、牧、渔业，批发和零售商业，制造业等传统产业。在其中 2003 ~ 2005 年，中国行业收入差距突然大幅攀升，行业收入极值比短期内从 3 以下增加到 4.88。主要是因为随着市场经济体制的逐渐引入，城市经济体制和分配制度改革的深入，信息传输和计算机服务业，金融、保险业，科学研究和技术服务业等垄断行业与新兴行业的工资快速大幅增长；而农、林、牧、渔业，建筑业，批发和零售商业等传统行业的职工工资增长缓慢，导致行业之间相对和绝对收入差距都迅速扩大。在此期间，与国际上其他国家相比，中国行业之间的收入差距处于一个比较高的水平，行业间较大的收入差距成为中国收入分配领域又一个突出的问题，如此高的行业收入差距在国际上都很少见。

第三个阶段，2006～2017 年，中国行业收入差距处于缓慢下降阶段，但整体上仍然维持在一个很高的水平上，行业收入极值比从 4.88 倍降到 3.65 倍。其中 2005～2008 年，行业收入极值比都在 4.5 倍以上的高位；其中 2009～2017 年，行业收入极值比处于轻微波动下降趋势，但仍然维持在一个很高的水平上。在这十余年期间，信息计算业、金融业、科学研究服务业一直稳居收入最高的三个行业之列；农、林、牧、渔业，住宿和餐饮业一直稳居收入最低的两个行业之列；而居民服务和其他服务业，建筑业，水利、环境和公共设施管理业等传统劳动密集型行业也基本上处于收入比较低的行业之列。

3.5.2　行业收入差距变动的主要特征

首先，竞争性行业与垄断性行业之间的收入差距被拉大。通过考察改革开放以来中国行业收入差距变化过程可以发现，改革开放早期的高收入行业主要集中在电力、矿产等上游的资源性垄断行业，2000 年之后的高收入行业主要集中在金融业，电力、煤气及水的生产和供应业，石油、电信、烟草和航空等垄断性行业。比如金融业在 1998～2017 年的 20 年时间里，一直稳定在最高收入行业的前 2 名，有 12 年位居头名，其中，2007～2015 年更是连续 9 年高居第一位；电力、煤气及水的生产和供应业也有 15 年稳定在最高收入行业的前 3 名，其中有 6 年高居头名。通过分析可以发现，中国的垄断行业基本都属于高收入的行业，其职工的工资水平远高于其他非垄断竞争性行业职工的工资水平和全国职工的平均工资水平。另外，这些垄断性行业职工还可以享受其他非垄断竞争性行业职工难以享受到的工资之外的福利待遇。因此，当前中国的垄断性行业收入水平远高于非垄断竞争性行业的收入水平已成为全社会公认的事实。但是，垄断性行业获取的高收入水平并不是因为其生产效率高，劳动强度大，而是因为依靠政策优势。

其次，传统行业与新兴行业之间的收入差距迅速被拉大。一方面，农、林、牧、渔业，水利、环境和公共设施管理业，住宿和餐饮业，批发和零售业等传统行业的劳动生产率得不到有效提高，增长乏力，一直处于低收入水平的行业之列。从改革开放之后长达40年的时间里，农、林、牧、渔业有长达37年的时间稳定在最低收入行业的第一名，另外3年处于第二名！住宿和餐饮业从2004年开始连续14年处于最低收入行业的第二名。另一方面，期货交易、股票证券交易、计算机服务和软件业、旅游业、法律和会计中介服务业等一批新兴产业因为能够适应市场经济发展的需要，更好地适应了新时代人们的需求，改善了人们的生活水平而发展迅速，使得这些行业职工的工资增长迅速，拉开了与传统行业职工的工资收入差距。

最后，劳动密集型行业与知识密集型行业之间的收入差距被拉大。科学研究、技术服务业，信息传输、计算机服务和软件业等科技含量高的知识密集型行业，由于所在行业需要较高的人力资本投资和知识水平，对员工素质要求比较高，属于知识密集型行业，因而其职工收入水平也在2000年之后快速增长，逐渐拉大与制造业、建筑业等劳动密集型行业职工之间的收入差距。科学研究、技术服务业，信息传输、计算机服务和软件业两个知识密集型行业自2000年以来，基本上都位于最高收入行业的前3名之列，而信息传输、计算机服务和软件业在2003~2006年、2016~2017年都处于所有行业职工平均工资第一名。相反，制造业和建筑业等劳动密集型行业长期处于最低收入行业的前三名。理论界认为，行业间收入不公平通常不包括诸如受教育水平、人力资本投资差异等因素所导致的收入不平等。由于知识密集型行业的职工具有较高的人力资本投资和知识水平，因而人们通常并不反对知识密集型行业的高收入水平。这一点要和由于行业垄断所导致的收入差异区别对待，如表3-13所示。

表3-13　　　　　　1978~2017年中国行业最高工资与最低工资比较　　　单位：元

年份	行业最高平均工资前三名	行业最低平均工资前三名	极值差	极值比
1978	电（850）、建（714）、地（708）	服（392）、农（470）、教（545）	458	2.17
1980	电（1035）、地（895）、建（855）	服（475）、农（616）、商（692）	560	2.18
1985	地（1406）、建（1362）、采（1324）	服（777）、农（878）、商（1007）	629	1.81
1989	电（241）、地（2199）、采（1389）	农（1389）、商（1660）、金（1867）	852	1.61
1990	采（2718）、电（2656）、地（2465）	农（1389）、商（1660）、金（1867）	1177	1.76

续表

年份	行业最高平均工资前三名	行业最低平均工资前三名	极值差	极值比
1991	采（2942）、电（2922）、地（2707）	农（1652）、商（1981）、教（2243）	1290	1.78
1992	电（339）、地（3222）、采（3209）	农（1828）、农（2204）、采（2309）	1564	1.86
1993	房（4320）、电（4319）、交（4273）	农（2042）、商（2679）、教（3278）	2278	2.12
1994	金（6712）、房（6288）、科（6162）	农（2819）、商（3537）、制（4283）	3893	2.38
1995	电（7843）、金（7376）、房（7330）	农（3522）、商（4248）、制（5169）	4321	2.23
1996	电（8816）、金（8406）、房（8337）	农（4050）、商（4661）、制（5642）	4766	2.18
1997	房（9734）、电（9649）、房（9190）	农（4311）、商（4845）、制（5933）	5432	2.26
1998	金（10633）、电（10478）、房（10302）	农（4528）、商（5865）、制（7064）	6105	2.35
1999	金（12046）、科（11601）、电（11513）	农（4832）、商（6417）、采（7521）	7214	2.49
2000	科（13620）、金（13478）、电（12830）	农（5184）、商（7190）、采（8340）	8436	2.63
2001	科（16437）、金（16277）、电（14590）	农（5714）、商（8192）、建（9484）	10723	2.88
2002	金（19135）、科（191130）、电（16440）	农（6398）、商（9398）、建（10279）	12737	2.99
2003	信（32244）、金（22457）、科（20636）	农（6969）商（10939）、餐（11083）	25275	4.63
2004	信（34988）、金（26982）、科（23593）	农（7611）、餐（12535）、建（12770）	27377	4.60
2005	信（40558）、金（32228）、科（27434）	农（8309）、餐（13857）、建（14338）	32249	4.88
2006	信（44763）、金（39280）、科（31909）	农（9430）、餐（15206）、水（16140）	35333	4.75
2007	金（49435）、信（49225）、科（38879）	农（11086）、餐（17041）、建（18758）	38349	4.46
2008	金（61841）、信（56642）、科（46003）	农（12958）、餐（19481）、建（21527）	48883	4.77
2009	金（60398）、信（58154）、科（50143）	农（14356）、餐（20860）、水（23159）	46042	4.21
2010	金（70146）、信（64436）、科（56376）	农（16717）、餐（23382）、水（25544）	53429	4.20
2011	金（81109）、信（70918）、科（64252）	农（19469）、餐（27486）、水（28868）	61640	4.17
2012	金（89743）、信（80510）、科（69254）	农（22687）、餐（31267）、水（32343）	67056	3.96
2013	金（99653）、信（90915）、科（76602）	农（25820）、餐（34044）、水（36123）	73833	3.86
2014	金（108273）、信（100797）、科（82220）	农（28356）、餐（37264）、水（39198）	79917	3.82
2015	金（114777）、信（112042）、科（89410）	农（31947）、餐（40806）、水（43528）	82830	3.59
2016	信（122478）、金（117418）、科（96638）	农（33612）、餐（43382）、服（47577）	88866	3.64
2017	信（133150）、金（122851）、科（107815）	农（36504）、餐（45751）、服（50552）	96646	3.65

注：（1）资料来源：根据历年《中国统计年鉴》整理；（2）根据《中国统计年鉴》进行行业分类：住宿和餐饮业；农、林、牧、渔业；电力、燃气及水的生产和供应业；采矿业；制造业；建筑业；信息传输、计算机服务和软件业；公共管理和社会组织；交通运输、仓储和邮政业；批发和零售业；金融业；房地产业；文化、体育和娱乐业；科学研究、技术服务和地质勘查业；租赁和商务服务业；水利、环境和公共设施管理业；卫生、社会保障和社会福利业；教育；居民服务和其他服务业；（3）表3-13中行业缩写：商是指批发和零售业；服是指居民服务和其他服务业；餐是指住宿和餐饮业；其他行业缩写为行业的第一个汉字。

通过前面的分析我们可以总结出改革开放以来中国行业收入差距的变动存在如下基本规律：一方面，传统高危险性、高劳动强度的采掘和建筑等行业随着经济的发展，其职工工资收入虽然也在增长，但由于增长缓慢，逐渐从早期的高收入行业变成低收入行业；大多数仅需要简单的体力劳动的住宿和餐饮业、商业服务等劳动密集型行业，对从业人员的技能要求一般，其工资一直增长缓慢，长期处于最低收入行业之列。另一方面，金融、电力、石油等垄断性行业凭借行业垄断长期跻身最高收入行业之列；信息计算机相关行业、科研服务行业等知识密集型行业对劳动者素质要求高，工资增长迅速，逐渐跻身最高收入行业之列。最终，通过40年时间的演变，中国行业之间收入差距的扩大主要表现为：非垄断行业与垄断行业之间的收入差距、传统行业与新兴行业之间的收入差距以及劳动密集型行业与知识密集型行业之间的收入差距。

3.6 中国收入差距变动趋势——基于 CHIP 和 CFPS 统计数据的分析

本部分在借鉴已有研究的基础上，试图基于 CHIP 和 CFPS 统计数据给出一个中国收入差距演变的综合评价，以与本章前面部分基于国家统计部门的数据分析的结论相比较。

作者使用 CHIP 和 CFPS 数据（对 CHIP 和 CFPS 数据的详细说明，请见 1.3.3 中"资料来源及说明"）估计了 1995 ~ 2014 年 20 年里相关收入差距指标。表 3 – 14 给出了基尼系数和广义熵指数[①]计算结果，其中：

$$\mathrm{GE}(0) = \frac{1}{N}\sum_{i=1}^{N} * \ln\left(\frac{\mu}{y_i}\right), \mathrm{GE}(1) = \frac{1}{N}\sum_{i=1}^{N}\frac{y_i}{\mu} * \ln\left(\frac{y_i}{\mu}\right),$$

$$\mathrm{GE}(2) = \frac{1}{2N\mu^2}\sum_{i=1}^{N}(y_i - \mu)^2$$

其中，y_i 是观察值 i 的收入水平；μ 是收入分布函数 $F(y)$ 的均值。表 3 – 15 给出了不同群体之间的收入比例。表 3 – 14 的 A 表中 CHIP 数据的计算结果

---

① 广义熵指数是一种流行的收入差距测度指标，其源于信息理论，用于衡量数据的冗余度，具体请参见2.1.3详细介绍。

使用的是初始人均收入；为了 CFPS 数据相一致，表 3 - 14 的 B 表中 CHIP 数据的计算结果使用的是调整之后人均收入。

表 3 - 14　　　　　　　使用家庭户调查数据的收入差距测度

A 表：原始收入数据

年份	数据	基尼系数	GE(0)	GE(1)	GE(2)
1995	CHIP	0.435	0.347	0.320	0.420
2002	CHIP	0.458	0.369	0.359	0.486
2007	CHIP	0.459	0.409	0.359	0.459
2010	CFPS	0.533	0.551	0.571	1.389
2012	CFPS	0.504	0.590	0.496	1.319
2014	CFPS	0.495	0.566	0.456	0.915

B 表：调整后的收入数据

年份	数据	基尼系数	GE(0)	GE(1)	GE(2)
1995	CHIP	0.349	0.206	0.215	0.300
2002	CHIP	0.445	0.344	0.340	0.466
2007	CHIP	0.478	0.446	0.400	0.601
2010	CFPS	0.533	0.551	0.571	1.389
2012	CFPS	0.504	0.590	0.496	1.319
2014	CFPS	0.495	0.566	0.456	0.915

注：（1）A 表使用的每个调查的原始数据。B 表中 CHIP 使用调整后收入数据，剔除了那些在 CFPS 数据没有的收入组成项目；（2）CHIP2007 中使用的是 NBS 的调查数据，而没有使用 RUMIC（中国城乡人口流动调查项目）调查数据，因为后者使用的是不同的调查问卷和样本框架，而 CHIP2007 和以前年份相一致。

从表 3 - 14 中可以发现，与许多经济合作与发展组织国家相比，中国收入差距程度是相当高的，和金砖（BRICS）国家相当①。无论是调整还是未调整数据的计算结果，我们都可以看到基尼系数呈倒"U"形变化模式，在 2010 年的 0.533 出现向下拐点。广义熵指数表现出相似趋势。GE(0) 峰值出现在 2012 年，GE(1) 和 GE(2) 峰值出现在 2010 年。不同指标的拐点差

① 根据世界银行的数据，以几个主要经济合作与发展组织国家基尼系数为例，美国为 0.4106（2013），法国为 0.3310（2012），德国为 0.3013（2011），英国为 0.3257（2012）。几个金砖国家基尼系数，巴西为 0.5267（2012），俄罗斯为 0.4159（2012），印度为 0.3515（2011），南非为 0.6338（2011）。

异可能是由于不同的收入差距指标所体现差距特征不同所致。对于广义熵指数 GE(c) 而言，c 越大，该指数对高收入群体越敏感。也就是说，GE(0) 对底端收入群体更敏感，而 GE(2) 对顶端收入群体更敏感。

为了更详细地描述中国收入分配状况，在表 3 - 15 中给出了四分位数和十分位数收入份额。收入顶端群体收入份额在 2010 年达到最高点，10% 最高收入群体所占收入份额比 10% 最低收入群体所占收入份额高 0.4，25% 最高收入群体所占收入份额比 75% 最低收入群体所占收入份额高 0.6，紧接着其收入份额开始下降。2010 年也是中间群体收入份额最低的年份。由基尼系数、GE(1) 和 GE(2) 可以看出，可能是由于顶层收入群体收入份额的下降，中间收入群体收入份额的增加导致了自从 2010 年后的收入差距逐渐缩小。尽管顶层收入群体所占收入份额没有一直在增加，但是底层收入群体所占收入份额却似乎在恶化。我们注意到最底层收入群体的收入份额在过去的年份一直在下降，其可能会加剧收入差距恶化的程度。事实上，1995 ~ 2012 年，最高收入群体与最低收入群体的收入比例一直在增加，2012 年后轻微下降。如表 3 - 15 所示，p90_p10（10% 最高收入群体与 10% 最低收入群体的收入水平之比）在 2012 年达到 19.873，接着在 2014 年降到 19.122。同时，底端收入群体与中间收入群体收入比例变动呈 "U" 形，在 2010 年有一个小的跳跃，在 2012 年达到最低点，p10_p50 从 2010 年的 0.259 降到 2010 年的 0.143，p25_p50 从 2010 年的 0.516 降到 2012 年的 0.451。GE(0) 也体现了这种变化趋势，其在 2012 年达到峰值。

表 3 – 15　　　　　使用家庭户调查数据的不同群体之间收入比例

A 表：原始收入数据

年份	数据	p90_p10	p75_p25	p90_p50	p75_p50	p10_p50	p25_p50
1995	CHIP	8.719	3.489	2.876	1.880	0.330	0.539
2002	CHIP	9.109	3.450	3.265	1.954	0.358	0.566
2007	CHIP	11.968	3.980	2.815	1.805	0.235	0.453
2010	CFPS	13.361	3.660	3.466	1.888	0.259	0.516
2012	CFPS	19.873	3.895	2.846	1.755	0.143	0.451
2014	CFPS	19.122	3.854	2.920	1.765	0.153	0.458

续表

B 表：调整后的收入数据

年份	数据	p90_ p10	p75_ p25	p90_ p50	p75_ p50	p10_ p50	p25_ p50
1995	CHIP	4. 820	2. 262	2. 266	1. 532	0. 470	0. 677
2002	CHIP	8. 319	3. 296	3. 099	1. 907	0. 372	0. 579
2007	CHIP	13. 192	4. 269	2. 945	1. 849	0. 223	0. 433
2010	CFPS	13. 361	3. 660	3. 466	1. 888	0. 259	0. 516
2012	CFPS	19. 873	3. 895	2. 846	1. 755	0. 143	0. 451
2014	CFPS	19. 122	3. 854	2. 920	1. 765	0. 153	0. 458

注：（1）A 表使用的每个调查的原始数据。B 表中 CHIP 使用调整后收入数据，剔除了那些在 CFPS 数据没有的收入组成项目。（2）CHIP2007 中使用的是 NBS 的调查数据，而没有使用 RUMIC（中国城乡人口流动调查项目）调查数据，因为后者使用的是不同的调查问卷和样本框架，而 CHIP2007 和以前年份相一致。收入比例是顶端群体收入对底端群体收入的比例，例如，比值 p90_ p10 是第九十百分位数人口对第十百分位数人口收入比值，即 10% 最高收入群体与 10% 最低收入群体的收入水平之比，其他以此类推。

由于 CHIP 和 CFPS 的数据只有 1995 ~ 2014 年六个不连续的观测点，且所涵盖的时间相对较短，所以难以观察更长时期的变化趋势。为了弥补这一缺陷，考察更长期的时间变化趋势，在第 6 章作者将结合使用中国官方统计部门的省级消费数据来计算收入差距指数，并基于 CHIP 和 CFPS 的数据使用收入来源和人口分组对收入差距进行分解。这种方法由于只考虑了城乡之间和省际的收入差距，而没有考虑城乡及各省份内部的收入差距，因而会低估整体收入差距，但是我们却可以观察更长时间内的收入差距变动信息。

综上所述，在本部分作者通过对 CHIP 和 CFPS 的数据的深入评估，中国的收入差距的恶化整体上似乎体现出稳定的趋势，并在 2008 ~ 2010 年前后出现向下的拐点。

关于中国的整体收入差距变化趋势，本书在前文基于官方统计数据已有详细分析。中国整体基尼系数自改革开放以来在轻微波动中一路持续走高，在 2008 年达到峰值 0.491，此后开始下降，在 2017 年降为 0.467。诚然，作者在本部分计算泰尔指数、基尼系数等收入差距指标所使用的方法和依赖的数据来源和前文均有所不同。因此，我们不能将本部分基于 CHIP 和 CFPS 数据计算的泰尔指数、基尼系数等收入差距指标与前文的相关指标直接进行比较。但是，我们却可以观察对比它们各自所描述的变化趋势，通过对比分析，我们可以得出以下重要结论。两种不同视角（基于中国官方统计部门调查数据分析的视角和基于第三方独立机构的调查数据——CHIP 和 CFPS 数据分析的视角）分析的结论基本一致，即自改革开放以来中国持续扩大的收入差距变动趋势大概在 21 世纪前 10 年的后半期（约在 2005~2010 年，不同数据来源分析的具体年份会略有差异）出现了转向。为了解释这种变化趋势的原因，在第 6 章本书将考虑使用收入来源和人口分组对收入差距进行分解，并解释其形成机制。

3.7 中国收入差距的国际比较及启示：全球视角

世界各国在经济发展过程中都不可避免地会遇到收入分配差距的问题。其中一个有关收入分配差距的经典理论是由美国著名经济学家、1971 年诺贝尔经济学奖得主西蒙·库兹涅茨（Simon Kuznets）所提出的倒"U"形曲线理论假说。1953 年库兹涅茨出版了《高收入群体在国民收入与储蓄中所占份额研究》一书，在该书中库兹涅茨使用翔实的历史数据对美国 1913~1948 年各阶层所分配到的收入占国民总收入的比重变化进行研究，他发现在此期间由于美国收入最高的 10% 阶层所占国民收入份额从 45%~50% 降到 30%~35%，导致美国的收入差距在此期间缩小了。1954 年，作为美国经济学会主席，库兹涅茨在该年的底特律年会上，宣读了一篇论文，并在 1955 年以《经济增长与收入不平等》为题发表，正式提出了影响深远的倒"U"形曲线假说：一国的收入分配差距随着经济增长先逐渐扩大，随着经济增长到一定的阶段，收入差距又会逐渐缩小。所以不必担心收入分配问题，经济增长自己就会解决这一问题，"经济增长的大潮会使所有的船只扬帆远航"。库兹涅茨认为，如果没有任何外部冲击和经济政策的干预，经济发展本身的内在力量会产生如是结果。在经济发展和工业化的过程中，从贫困的农业部门转移到富裕的工业部门的劳动力数量越来越多。只有少数人从工业部门财富增加中受益，因而不平等也相应增加，随着劳动力转移的耗尽，工人的工资会增加，最终每个人都会受益，不平等就会相应减少。

该理论假设引发了全球理论界持久而又广泛的争论："乐观派"支持该理论假设，认可经济的发展能够自动消除收入分配的差距（不平等）；"悲观派"反对该理论假设，认为经济的发展无法自动消除收入分配的差距（不平等）。全球收入差距的演变究竟是否支持库兹涅茨倒"U"形曲线理论假说？对中国又有哪些启示呢？本部分在前面研究的基础上，考察世界上一些具有代表性的国家收入差距的变动，以全球视角对中国收入差距的演变做国际比较分析。

3.7.1 20 世纪 70 年代以来典型国家收入差距的演变趋势

近年来，随着有关收入分配数据的收集越来越完备，许多学者使用不同的数据来源和不同的收入差距测度方法来研究全球不同国家的收入分配差距的新变化，发现无论是在发达国家，还是在发展中国家，收入差距重新呈现出上升趋势，全球不同国家的收入差距都出现了不同程度的扩大。法国经济学家托马斯·皮凯蒂经过长期研究，使用翔实的历史数据和全新的理论分析框架，在《21 世纪资本论》等一系列相关成果中提出，在美国和全球其他地方，尽管在第二次世界大战之后到 20 世纪 70 年代之前，收入分配有了很大的改善，但是在西方发达国家，尤其是在美国，收入分配差距从 20 世纪 70 年代开始又出现了扩大的趋势，特别是低收入群体和最富裕群体之间的收入差距拉得越来越大，库兹涅茨倒 "U" 形曲线在西方国家出现了反转。

根据库兹涅茨和其他学者的研究，美国 1913~1948 年高收入群体年收入总额占全国年收入总额从 45%~50% 降到 30%~35%；第二次世界大战之后，20 世纪 70 年代之前，美国的收入分配持续改善，美国的基尼系数在 1969 年降到 0.34。但是 80 年代以来，美国的收入差距重新持续上升，美国的基尼系数也是一路攀升，1980 年为 0.37，1990 年为 0.40，2000 年为 0.43，2011 年增加到 0.48。1980~2013 年，美国最富有的 1% 群体平均实际收入从 461910 美元增长到 1119315 美元（扣除通货膨胀后），实际增长了 142%，在 GDP 中所占份额从 10% 增加到 20%，翻了一番；而最富有的 1‰群体同期平均实际收入从 1571590 美元增长到 5279695 美元（扣除通货膨胀后），实际增长了 236%，在 GDP 中所占份额从 3.4% 增加到 9.5%，增长了近 3 倍；在同期，美国中位数家庭收入仅增长了 9%，生产率增长了 74.5%，中位数家庭工资的增长远低于劳动生产率的增长；中等收入家庭的实际收入下降了 0.9%；而底层群体的收入没有任何增加，但是工作时间延长了[1]。20 世纪 80 年代以来，美国收入差距重新扩大的主要原因在于高管和其他人群之间不断扩大的收入差距，大量的实证研究证实了这一点。在 1975 年时，美国

---

① 斯蒂格利茨，周建军，张晔. 不平等与经济增长 [J]. 经济社会体制比较，2017（1）.

首席执行官薪酬是工人平均薪酬的 20 倍，到 2013 年时，上升到 300 倍，但是高管薪酬大幅上涨没有反映出生产率同步增长，两者之间缺少相关性。詹森、墨菲（1990）；别布丘克、弗雷德、格林施泰因（1993）；米舍里、萨巴迪斯（1995）等的研究均发现自 80 年代以来美国高管薪酬的巨幅增加无法反映出公司的业绩。这表明自 70 年代之后，由于富裕群体收入的增长率远高于中低收入群体的收入增长率，库兹涅茨倒"U"形曲线在美国出现了反转，美国收入差距出现了重新扩大的趋势。

自 20 世纪 80 年代以来，最富有的 1% 群体在 GDP 中所占份额的提升在英国已经成为一种新趋势。1978 ~ 2010 年，在英国，最富有的 1% 群体在 GDP 中所占比例已经从 5.7% 增长到 14.7%，增加了约 2.6 倍；同期，他们所占国民财富的比例也从 22.6% 增加到 28%；而最富有的 10% 群体所占国民财富的比例更是从 64.7% 激增到 70.5%[①]。表明在英国，自 80 年代之后，收入差距已经重新开始走上上升的通道。

从表 3 - 16 可以看出，在法国，1978 ~ 2015 年，全部人口的实际收入增长率为 39%，底端 50% 人口实际收入增长率也为 39%，仅与全部人口的实际收入增长率持平；中间 40% 人口实际收入增长率为 35%，与全部人口的实际收入增长率相比，下降了 4%；顶端 10% 人口实际收入增长率为 44%，比全部人口的实际收入增长率快 5%；在此期间，越富有的群体，其实际收入增长得越快，如表 3 - 16 所示，顶端 1% 人口实际收入增长率为 67%，顶端 0.1% 人口为 84%，顶端 0.01% 人口为 93%，顶端 0.001% 人口为 158%，相应为全部人口实际收入增长率的 1.7 倍、2.2 倍、2.4 倍、4.1 倍。富有人群的实际收入增长率显著快于中低层人群的实际收入增长率，迅速重新拉大了法国的收入差距。

表 3 - 16　　　　1978 ~ 2015 年中、美、法三国累计实际收入增长率　　单位：%

项目	中国	美国	法国
全部人口	811	59	39
底端 50% 人口	401	- 1	39
中间 40% 人口	779	42	35
顶端 10% 人口	1294	115	44

① 资料来源：World Top Incomes Database（http：//topincomes. parisschoolofeconomics. eu）.

续表

项目	中国	美国	法国
顶端 1% 人口	1898	198	67
顶端 0.1% 人口	2261	321	84
顶端 0.01% 人口	2685	453	93
顶端 0.001% 人口	3111	685	158

资料来源：USA：Piketty-Saez-Zucman（2016）；France：Garbinti-Goupille-Piketty（2016）；China：Piketty-Yang-Zucman（2016）. 转引自托马斯·皮凯蒂著，赵永升译. 不平等经济学 ［M］. 北京：中国人民大学出版社，2016.

　　不仅是美英法三国的收入差距重新出现了扩大的趋势，根据有关统计数据可以发现，大多数 OECD 国家的收入差距在过去 30 多年都有不同程度的增加，10% 最高收入群体的年收入为 10% 最低收入群体年收入的 9.5 倍。在可获得数据的 22 个 OECD 国家中，有 17 个国家的基尼系数都已显著增加。例如，德国的基尼系数增加了约22%，英国增加了13%，加拿大也增加了13%，意大利增加了8%，日本增加了6.4%[①]。1983～2014 年，全部经济合作与发展组织国家再分配后的可支配收入基尼系数已经从 0.278 增加达 0.394，处于持续上升的趋势，年均升幅为 1.23%，已经非常逼近 0.4 的"警戒线"。相较于撒切尔时代，英国现已成为西欧和北美发达国家中收入差距第二大的国家；在OECD 国家中曾经最为平等的德国已经成为经济合作与发展组织国家中收入差距中等程度的国家[②]。在 2016 年发布的《贫困与共享繁荣》报告中，世界银行指出，"在可获得数据的 83 个国家中，有 23 个国家的最底层 40% 人口收入实际在下降，有 34 个国家最富有的 60% 人口的实际收入增长速度远超过最底层 40% 人口的实际收入增长速度，导致在这些国家的收入差距在增加"。

　　在转型经济体通向市场经济的初始阶段，根据现有测度来看，其财富差距和收入差距都处于较低水平，但是现在，这些国家的收入差距已经赶超了美国和俄罗斯等国家。

3.7.2　中国收入差距变动的国际比较

　　在将中国的收入差距做国际比较时，考虑到数据的可得性和测度指标的

---

① 资料来源：OECD，Divided Wr Stand. Why inequality keeps rising，2011.
② 斯蒂格利茨. 模仿美国的国家，不平等都加剧了 ［J］. 世界社会主义研究，2017（2）.

直观性，本书选用国际通行的指标基尼系数作为比较指标。由于经济发展水平、社会制度、社会文化和地理区位等因素都会对一国收入分配差距产生重大影响，本书将从经济发展阶段、地理区域、收入水平、收入分配状况等角度将比较对象进行分类，然后进行比较。本书将比较的时间区段限定在 1980 ~ 2013 年，划分为三个阶段：20 世纪 80 年代，20 世纪 90 年代和 21 世纪 00 年代。作者通过不同维度的国际比较来总结中国收入差距的基本特征。

3.7.2.1　与世界主要国家的整体比较

通过与世界主要国家的整体比较（见表 3 - 17），我们可以发现：首先，20 世纪 80 年代以来，世界主要国家的收入分配差距呈现先上升，后轻微下降的趋势，样本国家的基尼系数均值从 80 年代的 0.3808 上升到 90 年代的 0.4009，然后在 21 世纪 00 年代轻微下降到 0.3981。其次，样本国家的基尼系最高值呈现出先上升后下降的趋势，基尼系数最大值从 80 年代的 0.629 上升到 90 年代的 0.743，然后在 21 世纪 00 年代下降到 0.601。表明在 2000 年之后，世界上收入分配最不平等国家的收入差距有所缩小，收入分配状况改善了；样本国家的基尼系最小值却呈现出持续上升的趋势，且越来越接近均值，但仍处于分配比较平均的范畴，基尼系数最小值从 80 年代的 0.2067 上升到 90 年代的 0.2265，然后在 2000 年之后上升到 0.25，表明收入分配最公平的国家收入差距在拉大。最后，80 年代以来，中国的基尼系数在持续增加，成为同期全球基尼系数增长最快的国家之一。根据世界银行的统计数据，在此期间只有 2 个国家的基尼系数增加得比中国要快。在 80 年代的时候，中国的基尼系数为 0.3268，明显低于世界基尼系数的均值（0.3808）和中位数（0.361），表明在 80 年代，中国的收入分配差距小于世界平均水平；但在 90 年代和 2000 年之后，中国的基尼系数已经高于世界平均水平，尤其在 21 世纪 00 年代，中国的基尼系数远高于世界平均水平，成为世界上收入分配差距比较大的国家之一。

表 3 –17　　　　　　　　与世界主要国家与中国基尼系数的比较

指标	20 世纪 80 年代	20 世纪 90 年代	21 世纪 00 年代
均值	0.3808	0.4009	0.3981
中位数	0.361	0.3913	0.378
最小值	0.2067	0.2265	0.25

续表

指标	20 世纪 80 年代	20 世纪 90 年代	21 世纪 00 年代
最大值	0.629	0.743	0.601
观测数	67	116	76
中国	0.3268	0.409	0.457

资料来源：（1）戴宁格尔，克劳斯，利恩·斯夸尔. 一个测度收入不平等的新数据集［J］. 世界银行经济评论，1996（10）：565－591①；（2）《2001 年世界发展指标》《2005 年世界发展指标》《2006 年世界发展指标》《2013 年世界发展指标》；王庆石，霍红，彭宜钟. 中国收入差距的比较分析［J］. 东北财经大学学报，2008（1）：3－8.

3.7.2.2 与经济发展水平不同国家的比较

通过与经济发展水平不同国家的比较（见表 3－18 至表 3－21），我们可以发现：首先，在所有发展水平的国家中，20 世纪 80 年代以来的各个时期，中低收入国家的基尼系数最高，收入差距最大；高收入国家基尼系数最低，收入差距最小。其次，20 世纪 80 年代以来，所有发展水平的国家的收入分配差距均呈现先上升后轻微下降的趋势，基本吻合库兹涅茨倒"U"形变化轨迹。最后，在 21 世纪 00 年代之前，中国的基尼系数仅高于高收入国家基尼系数均值，低于其他类型国家基尼系数均值；但是随着中国收入分配的差距逐渐扩大，2000 年之后，中国的基尼系数高于所有类型国家基尼系数的均值。

表 3－18　　　　　　　　与高收入国家基尼系数的比较

指标	20 世纪 80 年代	20 世纪 90 年代	21 世纪 00 年代
均值	0.3246	0.3218	0.3241
中位数	0.3257	0.323	0.3335
最小值	0.231	0.247	0.25
最大值	0.4069	0.434	0.408
观测数	26	27	14
中国	0.3268	0.409	0.457

资料来源：（1）戴宁格尔，克劳斯，利恩·斯夸尔. 一个测度收入不平等的新数据集［J］. 世界银行经济评论，1996（10）：565－591；（2）《2001 年世界发展指标》《2005 年世界发展指标》《2006 年世界发展指标》《2013 年世界发展指标》；王庆石，霍红，彭宜钟. 中国收入差距的比较分析［J］. 东北财经大学学报，2008（1）：3－8.

---

① Deininger, Klaus and Lyn Squire. A New Data Set Measuring Income Inequality［J］. World Bank Economic Review, 1996（10）：565－591.

表 3 - 19 与低收入国家基尼系数的比较

指标	20 世纪 80 年代	20 世纪 90 年代	21 世纪 00 年代
均值	0.3756	0.4173	0.3829
中位数	0.339	0.4035	0.3675
最小值	0.289	0.3095	0.268
最大值	0.629	0.5815	0.592
观测数	9	34	16
中国	0.3268	0.409	0.457

资料来源：（1）戴宁格尔，克劳斯，利恩·斯夸尔. 一个测度收入不平等的新数据集 [J]. 世界银行经济评论，1996（10）：565 - 591；（2）《2001 年世界发展指标》《2005 年世界发展指标》《2006年世界发展指标》《2013 年世界发展指标》；王庆石，霍红，彭宜钟. 中国收入差距的比较分析 [J]. 东北财经大学学报，2008（1）：3 - 8.

表 3 - 20 与中高收入国家基尼系数的比较

指标	20 世纪 80 年代	20 世纪 90 年代	21 世纪 00 年代
均值	0.406	0.4133	0.4258
中位数	0.4426	0.409	0.418
最小值	0.2067	0.2265	0.269
最大值	0.5421	0.63	0.578
观测数	12	20	17
中国	0.3268	0.409	0.457

资料来源：（1）戴宁格尔，克劳斯，利恩·斯夸尔. 一个测度收入不平等的新数据集 [J]. 世界银行经济评论，1996（10）：565 - 591；（2）《2001 年世界发展指标》《2005 年世界发展指标》《2006年世界发展指标》《2013 年世界发展指标》；王庆石，霍红，彭宜钟. 中国收入差距的比较分析 [J]. 东北财经大学学报，2008（1）：3 - 8.

表 3 - 21 与中低收入国家基尼系数的比较

指标	20 世纪 80 年代	20 世纪 90 年代	21 世纪 00 年代
均值	0.4497	0.4391	0.4259
中位数	0.431	0.4115	0.398
最小值	0.2501	0.2394	0.262
最大值	0.596	0.743	0.601
观测数	19	35	29
中国	0.3268	0.409	0.457

资料来源：（1）戴宁格尔，克劳斯，利恩·斯夸尔. 一个测度收入不平等的新数据集 [J]. 世界银行经济评论，1996（10）：565 - 591；（2）《2001 年世界发展指标》《2005 年世界发展指标》《2006年世界发展指标》《2013 年世界发展指标》；王庆石，霍红，彭宜钟. 中国收入差距的比较分析 [J]. 东北财经大学学报，2008（1）：3 - 8.

3.7.2.3　与临近的亚洲国家的比较

通过与临近的亚洲国家的比较（见表 3 - 22），我们可以发现：首先，样本中的亚洲国家的基尼系数均值一直位于 0.37 ~ 0.39，相对比较稳定；其次，样本中的亚洲国家各时期的基尼系数均值都大于中位数，表明在亚洲存在收入差距极大的国家，拉大了所有样本国家的基尼系数的均值；最后，除了 20 世纪 80 年代之外，中国的基尼系数一直都高于样本中的亚洲国家基尼系数的均值，表明 90 年代之后，中国成为亚洲收入差距比较大的国家之一。

表 3 - 22　　　　　　　　　与亚洲国家基尼系数的比较

指标	20 世纪 80 年代	20 世纪 90 年代	21 世纪 00 年代
平均	0.38	0.3746	0.3771
中位数	0.3797	0.359	0.358
最小值	0.3006	0.249	0.306
最大值	0.497	0.509	0.461
观测数	14	19	8
中国	0.3268	0.409	0.457

资料来源：（1）戴宁格尔，克劳斯，利恩·斯夸尔.一个测度收入不平等的新数据集 [J].世界银行经济评论，1996（10）：565 - 591；（2）《2001 年世界发展指标》《2005 年世界发展指标》《2006 年世界发展指标》《2013 年世界发展指标》；王庆石，霍红，彭宜钟.中国收入差距的比较分析 [J].东北财经大学学报，2008（1）：3 - 8.

3.7.2.4　与转轨国家的比较

通过与转轨国家的比较（见表 3 - 23），可以发现：首先，中国作为一个转轨国家（从计划经济体制向市场经济体制过渡的国家），基尼系数和其他转轨国家的基尼系数呈现出相同的变化趋势，从 20 世纪 80 年代到 2000 年之后一直处于递增的趋势；其次，自 80 年代以来，中国的基尼系数一直都远高于样本中其他转轨国家的基尼系数均值，表明中国一直是转轨国家中收入差距比较大的国家之一。

表 3 - 23　　　　　　　　　与转轨国家基尼系的比较

指标	20 世纪 80 年代	20 世纪 90 年代	21 世纪 00 年代
平均	0.2786	0.3194	0.3354
中位数	0.2494	0.3182	0.338

指标	20 世纪 80 年代	20 世纪 90 年代	21 世纪 00 年代
最小值	0.2067	0.2265	0.268
最大值	0.3939	0.4115	0.447
观测数	6	20	19
中国	0.3268	0.409	0.457

资料来源：(1) 戴宁格尔，克劳斯，利恩·斯夸尔. 一个测度收入不平等的新数据集 [J]. 世界银行经济评论，1996 (10)：565–591；(2)《2001 年世界发展指标》《2005 年世界发展指标》《2006 年世界发展指标》《2013 年世界发展指标》；王庆石，霍红，彭宜钟. 中国收入差距的比较分析 [J]. 东北财经大学学报，2008 (1)：3–8.

3.7.2.5　与基尼系数最高国家的比较

通过与全球基尼系数最高国家的对比，了解一下这些国家的共同特征。根据世界银行的统计数据，全球基尼系数最高的 10 个国家及其基尼系数如表 3–24 所示。塞拉利昂：0.629；巴西：0.601；危地马拉：0.596；南非：0.593；巴拉圭：0.591；哥伦比亚：0.572；巴拿马：0.571；津巴布韦：0.568；智利：0.565；几内亚比绍：0.562。通过比较，我们可以发现：首先，全球基尼系数最高的 10 个国家的基尼系数都高于 0.56，都位于非洲和拉丁美洲地区，这些国家的收入分配的不平等程度都远超中国；其次，基尼系数最高的 10 个国家除智利（其人均 GDP 也刚刚超过高收入国家门槛线水平）之外，其他 9 个国家都属于中低收入国家，要么陷入低收入陷阱，要么陷入中等收入陷阱，这说明收入差距过大不利于一国经济的长期持续增长。因此，我们认为中国作为一个中等收入国家，搞好收入的适度分配，对于推动中国经济的长期持续增长，避免跌入中等收入陷阱有重要的借鉴意义。

表 3–24　　　　　　　　基尼系数最高的国家与中国的比较

国家	基尼系数	人均 GNI (2016)	国家类型①	国家主要特点
塞拉利昂	0.629	490	低收入国家	陷入低收入陷阱
巴西	0.601	8840	中等偏上国家	陷入中等收入陷阱

---

①　世界银行根据人均国民总收入把全世界的经济体划分为四个收入组别：高收入经济体、中等偏上收入经济体、中等偏下收入经济体以及低收入经济体。从 2017 年 7 月 1 日起，用于分类的最新收入上限值如下：1. 低收入经济体：人均国民总收入（现价美元）<1005 美元；2. 中等偏下收入经济体：人均国民总收入（现价美元）1006～3955 美元；3. 中等偏上收入经济体：人均国民总收入（现价美元）介于 3956～12235 美元；4. 高收入经济体：人均国民总收入（现价美元）>12235 美元。

国家	基尼系数	人均 GNI（2016）	国家类型	国家主要特点
危地马拉	0.596	3790	中等偏下国家	陷入中等收入陷阱
南非	0.593	5480	中等偏上国家	陷入中等收入陷阱
巴拉圭	0.591	4070	中等偏上国家	陷入中等收入陷阱
哥伦比亚	0.572	6320	中等偏上国家	陷入中等收入陷阱
巴拿马	0.571	12140	中等偏上国家	
津巴布韦	0.568	940	低收入国家	陷入低收入陷阱
智利	0.565	13530	高收入国家	
几内亚比绍	0.562	620	低收入国家	陷入低收入陷阱
中国（2016）	0.465	8260	中等偏上国家	转轨国家

资料来源：世界银行网站。

3.7.2.6　与基尼系数最低国家的比较

以下我们再来看看基尼系数最低的一些国家及其共同特征。根据世界银行的统计数据，全球基尼系数最低的国家及其基尼系数如表 3 - 25 所示。德国：0.281；芬兰：0.256；挪威：0.252；瑞典：0.25；丹麦：0.247；奥地利：0.231。通过比较，我们可以发现：首先，这些国家从收入水平来看，都属于高收入国家，2016 年时，人均 GNI 都超过了 40000 美元，都位于中北欧地区；其次，这些国家初次分配的基尼系数也比较高，但是政府的再分配大幅度降低了初次分配的基尼系数，国家公共福利保障程度很高，最终整个国民收入分配差距都很小；最后，与世界上基尼系数最低的一些国家相比，中国的基尼系数远高于这些国家。表明中国要想降低初次分配的收入差距，必须增加政府转移支付力度。

表 3 - 25　　　　　　　基尼系数最低的国家与中国的比较

国家	基尼系数	人均 GNI（2016）	国家类型	国家主要特点
奥地利	0.231	45230	高收入国家	均等化的高福利覆盖
丹麦	0.247	56730	高收入国家	均等化的高福利覆盖
瑞典	0.250	54630	高收入国家	均等化的高福利覆盖
挪威	0.252	82330	高收入国家	均等化的高福利覆盖
芬兰	0.256	44730	高收入国家	均等化的高福利覆盖
德国	0.281	43660	高收入国家	均等化的高福利覆盖
中国（2016）	0.465	8260	中等偏上国家	转轨国家

资料来源：世界银行网站。

3.7.2.7 与经济合作与发展组织国家的比较

中国在 2011 年人均 GDP 约为 5633.8 美元，大约和 1971 年美国人均 GDP 相当（5623.44 美元），由表 3 - 26 可知，美国在 1971 年可支配收入最高 10% 的家庭/可支配收入最低 10% 家庭的可支配收入的比值为 5.9，在所有经济合作与发展组织国家中是最高的，而中国在 2011 年城镇家庭可支配收入最高 10% 的家庭/可支配收入最低 10% 家庭的可支配收入的比值为 8.4，远高于美国的水平，更远高于其他经济合作与发展组织国家成员。观察表 3 - 26 可知，在经济合作与发展组织国家发达经济体中，中北欧国家（德国、比利时、瑞典和挪威等国）收入差距在 2.5 ~ 3.0 倍；而同样作为发达的市场经济国家，盎格鲁—撒克逊英美文化国家（美国、加拿大、英国等国）的收入分配差距在 3.8 ~ 6.0 倍，普遍高于中北欧国家。这表明，一个国家的文化传统、价值观念、社会发展理念会对其收入分配差距的公平程度产生重要影响。

表 3 - 26　　部分经济合作与发展组织国家成员国可支配收入最高 10%
的家庭收入/最低 10% 家庭的收入与中国的比较

国家	最高 10% 家庭的收入/最低 10% 家庭的收入	国家	最高 10% 家庭的收入/最低 10% 家庭的收入
瑞典	2.7	英国	3.8
比利时	2.8	意大利	4.0
挪威	2.9	加拿大	4.0
德国	3.0	美国	5.9
法国	3.5	中国	8.4

注：1. 表中数据年份，美国为 1971 年；中国为 2011 年城镇家庭可支配收入最高 10% 家庭的可支配收入/可支配收入最低 10% 家庭的可支配收入；其他国家在 1984 ~ 1988 年。

资料来源：托马斯·皮凯蒂. 不平等经济学 [M]. 赵永升译. 北京：中国人民大学出版社，2016.

3.7.3　中国同典型国家的收入再分配效应比较

根据经济学家陈志武（2016）的观点，在现代经济中，由于现代技术、规模化商业模式、全球化以及资本市场提供的财富实现手段，会导致市场分配的收入差距扩大。因此，使用初次分配的基尼系数或市场分配的基尼系数来测度时，例如北欧的斯堪的纳维亚诸国，丹麦、瑞典、挪威、芬兰等收入分配差距高度均等化的国家①也有较大的初次分配收入差距，初次分配的基尼系数也较高。但是这些国家的政府积极通过转移支付、社会保障制度和直接税收的方式对国民收入进行再分配，其再分配后的基尼系数会大幅下降，对初次分配的收入差距改善程度非常显著。

再分配对收入差距的改善程度可以通过如下方法来计算：再分配的绝对效应 = 初次分配基尼系数 - 再分配基尼系数；再分配的相对效应 = ［（初次分配基尼系数 - 再分配基尼系数）/初次分配基尼系数］× 100%，我们通过观察和比较再分配的绝对效应和相对效应就可以看出一国的直接税收、转移支付和社会保障等再分配措施对国民收入初次分配差距的改善力度。

首先考察一下经济合作与发展组织国家的收入再分配调节效果。表3 - 27 给出了 12 个经济合作与发展组织国家在 1999 ~ 2005 年初次分配的基尼系数、再分配的基尼系数以及再分配效应的相应数据。从表 3 - 27 可以看出，具有较低的初次分配基尼系数的少数几个经济合作与发展组织国家（如丹麦、挪威和瑞士等）除外，表中其余的经济合作与发展组织国家初次分配的基尼系数和中国初次分配的基尼系数相近，甚至更高，比如以色列、澳大利亚、英国等国初次分配的基尼系数比中国同期初次分配的基尼系数更高，但这 12 个经济合作与发展组织国家的初次分配基尼系数均值和中国同期初次分配的基尼系数相近。但是，经过政府通过直接税收、转移支付和社会保障进行再分配之后，这些国家再分配的基尼系数都大幅度降低，再分配的基尼系数均值从处于"警戒线"的初次分配的基尼系数 0.4 降到处于比较公平 0.29，下降了 0.11，平均下降幅度达到 28% 左右。

表 3 - 27　　12 个经济合作与发展组织国家国民收入的再分配效应与中国的比较

国家	年份	初次分配基尼系数	再分配基尼系数	再分配的绝对效应	再分配的相对效应（%）	年份	初次分配基尼系数	再分配基尼系数	再分配的绝对效应	再分配的相对效应（%）
澳大利亚	2001	0.44	0.31	0.13	29.5	2003	0.42	0.30	0.12	28.6
加拿大	2000	0.41	0.32	0.09	22.0	2004	0.41	0.32	0.09	22.0
丹麦	2000	0.35	0.21	0.14	40.0	2004	0.36	0.22	0.14	38.9

① 根据世界银行的数据，2011 年，丹麦基尼系数为 0.247，瑞典基尼系数为 0.25，挪威基尼系数为 0.252，芬兰基尼系数为 0.256。

续表

国家	年份	初次分配基尼系数	再分配基尼系数	再分配的绝对效应	再分配的相对效应（%）	年份	初次分配基尼系数	再分配基尼系数	再分配的绝对效应	再分配的相对效应（%）
芬兰	2000	0.39	0.24	0.15	38.5	2004	0.39	0.24	0.15	38.5
德国	2000	0.38	0.26	0.12	31.6	2004	0.40	0.28	0.12	30.0
以色列	2001	0.49	0.34	0.15	30.6	2005	0.48	0.37	0.11	22.9
挪威	2000	0.35	0.25	0.10	28.6	2004	0.38	0.25	0.13	34.2
波兰	1999	0.42	0.29	0.13	31.0	2004	0.47	0.33	0.14	29.8
瑞典	2000	0.37	0.24	0.13	35.1	2005	0.37	0.22	0.15	40.5
瑞士	2000	0.32	0.28	0.04	12.5	2004	0.31	0.26	0.05	16.1
英国	1999	0.46	0.35	0.11	23.9	2004	0.45	0.35	0.10	22.2
美国	2000	0.44	0.37	0.07	15.9	2004	0.45	0.37	0.08	17.8
均值		0.40	0.29	0.11	28.2		0.41	0.29	0.11	28.4
中国	2002	0.423	0.400	0.023	5.6					

注：（1）其他国家数据来源于 OECD（OECD，"Divided We Stand：Why Inequality Keeps Rising"，OECD，Paris，2011）；（2）中国数据由王亚柯、李实计算（王亚柯，李实. 我国税费和转移支付的收入分配效应 [D]. 北京师范大学收入分配研究院工作论文，2013.6），发达国家通常将社会保险缴费纳入直接税，且只包括个人缴费，不包括单位缴费，王亚柯、李实在计算中国居民收入时，剔除了单位缴费。

而北欧的丹麦、芬兰和瑞典三国更是下降了 40% 左右，再分配措施力度最大，效果最为显著；即使是最崇尚自由市场经济而较少使用再分配措施调节收入分配的英国、美国和瑞士三国再分配的相对效应也分别达到 23%、17% 和 13% 左右，而中国 2002 年再分配效应仅为 5.6%，远远低于这些经济合作与发展组织国家的收入再分配调节效应。

我们再来考察一下欧盟国家的收入再分配调节效果。表 3 - 28 给出了 16 个欧盟国家在 2007 年初次分配的基尼系数、再分配的基尼系数以及再分配效应的相应数据。在这 16 个欧盟国家中，其初次分配基尼系数均值为 0.483，轻微低于 2007 年中国初次分配的基尼系数 0.491；但是经过直接税收、转移支付和社会保障等再分配措施调节之后的基尼系数均值为 0.29，远低于中国 2007 年再分配的基尼系数 0.43，欧盟 16 国再分配的相对效应高达 40%，而中国的再分配的相对效应仅为 12.3%，远远低于这些欧盟国家的再分配调节效应。在这 16 个欧盟国家中，其中有葡萄牙（0.537）、德国（0.524）、爱尔兰（0.514）、英国（0.513）、意大利（0.503）和芬兰（0.493）6 个国家初次分配的基尼系数都高于中国初次分配的基尼系数（0.491），但是经过政府通过直接税收、转移支付和社会保障进行再分配之后，这 6 国的再分配基尼系数除葡萄牙为 0.37 稍高之外，6 国中的另外 5 国全都低于 0.34（芬兰甚至降到 0.267），都远低于中国的再分配基尼系数 0.43；这 6 国的再分配效应降幅处于 31.1%～45.7%，都远高于中国的再分配降幅。其余 10 国的初次分配基尼系数都相近或稍低于中国初次分配的基尼系数，但经过政府再分配之后的基尼系数全都远低于中国的再分配基尼系数，除西班牙再分配基尼系数（0.314）高于 0.3 之外，10 国中的另外 9 国的再分配基尼系数全都低于 0.3，瑞典甚至降到 0.239。在欧盟 16 国，再分配效应最大的国家是瑞典，其直接税收、转移支付和社会保障的再分配效应高达 47.8%，其再分配的调节效应几乎是中国再分配调节效应的 4 倍；即使是再分配效应最小的欧盟国家冰岛（其初次分配基尼系数比较低，为 0.393），其直接税收、转移支付和社会保障的再分配效应也达 26%，也远高于中国同期再分配的调节效应，也是中国再分配调节效应的 2 倍多。

　　通过对 OECD 和欧盟部分国家的考察可以发现，在西方成熟的市场经济国家，往往初次分配后的收入差距也比较大，但是它们非常注重使用转移支付、社会保障和直接税收等措施对国民收入进行再分配，经过再分配之后，这些国家的基尼系数都大幅下降，整个国民收入也都处于一个比较公平的状态。

表 3-28　　　　　　　16 个欧盟国家 2007 年的再分配效应与中国的比较

国家	初次分配基尼系数	再分配基尼系数	再分配的绝对效应	再分配的相对效应（%）	国家	初次分配基尼系数	再分配基尼系数	再分配的绝对效应	再分配的相对效应（%）
奥地利	0.488	0.267	0.221	45.3	意大利	0.503	0.325	0.177	35.2
比利时	0.486	0.266	0.219	45.1	卢森堡	0.464	0.275	0.190	40.9
德国	0.524	0.310	0.214	40.8	荷兰	0.488	0.280	0.208	42.6
丹麦	0.472	0.262	0.210	44.5	挪威	0.450	0.250	0.200	44.4
西班牙	0.458	0.314	0.144	31.4	葡萄牙	0.537	0.370	0.168	31.1
芬兰	0.492	0.267	0.225	45.7	瑞典	0.458	0.239	0.219	47.8
法国	0.485	0.266	0.219	45.2	英国	0.513	0.332	0.181	35.3
爱尔兰	0.514	0.317	0.197	38.3	均值	0.483	0.290	0.193	40.0
冰岛	0.393	0.292	0.102	26.0	中国	0.491	0.430	0.061	12.3

　　注：（1）其他国家数据来源于 Kristjansson（Kristjansson, A. S., "Government Income Redistribution in Iceland. Development and European Comparison", paper presented at the 18th International Research Seminar of the Foundation for International Studies on Social Security, Sigtuna, Sweden, 2011.）；（2）中国数据由王亚柯、李实计算（王亚柯，李实. 我国税费和转移支付的收入分配效应 [D]. 北京师范大学收入分配研究院工作论文，2013.6），发达国家通常将社会保险缴费纳入直接税，且只包括个人缴费，不包括单位缴费，王亚柯、李实在计算中国居民收入时，剔除了单位缴费。

总之，西方发达国家已经形成了一套比较完善的收入分配运行机制，包括初次分配、再分配，甚至是第三次分配。初次分配主要是以市场为导向，政府很少直接干预，政府主要是在再分配过程中对收入分配进行调节，三次分配主要是依靠慈善组织、民间机构等进行调节。调节手段主要包括税收调节、社会保障调节、义务教育调节以及慈善公益调节。税收是一国调控经济的重要杠杆，对于调节收入分配差距意义重大。社会保障作为一种国民收入再分配形式，通过对无收入或低收入以及遭遇意外灾害的公民提供资助，以保障其最基本的生活需要，从而有力地缓解了因收入分配不公而可能引发的种种社会矛盾。社会保障通常包括社会救济、社会福利以及社会保险三种调节方式。教育公平调节。在这个知识决定命运的时代，教育程度直接影响人们收入的高低。那些高收入人群通常也是受教育程度高、拥有高学历的人群，而低收入人群通常因为读不起书、文化程度不高，只能靠出卖自己的体力劳动获得微薄的工资收入，从而陷入了"贫困→文化程度低→工资收入低→贫困→文化程度低"的恶性循环。因此，要想从根本上缩小收入差距，就需要保证低收入阶层和高收入阶层接受教育的机会均等，促进教育公平。

3.7.4　国际比较得到的启示

通过考察代表性国家收入差距的演变，将中国收入差距与不同类型国家进行国际比较，以及将中国与代表性国家的收入再分配效应进行比较之后，我们可以得出以下启示和借鉴意义。

第一，在经济发展过程中，出现收入分配差距的扩大并非中国的特有现象，收入分配差距的扩大总是与经济发展一定阶段相联系，在这一点，中国也不例外。从 1978 年改革开放之后的前 30 年来看，中国的收入分配差距确实在持续增加，但是通过考察美国、英国、法国等发达国家以及其他一些代表性的国家收入差距的演变轨迹，可以发现在其经济增长的一定时期，收入差距的扩大几乎是一个必经的阶段。

第二，很多人认为一国或一经济体收入分配差距的演变通常符合库兹涅茨的倒"U"形曲线演变轨迹。在第二次世界大战之后到 20 世纪 70 年代之前，在西方发达国家，收入分配确实有了很大的改善，但是在这些国家，尤其是在美国，收入分配差距从 20 世纪 70 年代开始又重新出现了扩大的趋势，西方发达国家库兹涅茨倒"U"形曲线再次出现了反转（向上的趋势）。

第三，收入差距的大小除了受经济发展阶段影响之外，还与一国或经济体的政治经济制度、文化传统和价值观念有关。例如，同为市场经济国家，拉丁美洲国家和其他地区的国家相比，收入差距普遍都很大；同为发达的资本主义市场经济国家，盎格鲁－撒克逊英美文化国家（如英国、美国、加拿大等）收入差距也很大，但是北欧的斯堪的纳维亚国家（如瑞典、芬兰、挪威等）和德语语系的欧洲国家（如奥地利、德国、瑞士等）收入差距都很小。

第四，政府应该通过再分配措施对收入差距的扩大积极进行干预和调节。单纯依赖市场机制分配通常会导致比较大的收入分配差距，因此，一国或一经济体必须通过转移支付、税收、社会保障等手段来对收入进行再分配，以矫正市场机制导致的过大收入差距，实现社会公平。

第五，通过上述考察发现，何为合适、适度的收入差距尚无定论。适度的收入差距可能是一个受一国政治经济制度、经济发展阶段、社会发展理念、文化传统和价值观念等多种因素综合影响的问题。

3.8 本章的主要结论

综合以上内容，从不同视角和数据来源分析的结论来看，自改革开放以来中国持续扩大的收入差距变动趋势大概在 21 世纪前 10 年的后半期（在 2005～2010 年左右，不同数据来源分析的具体年份会略有差异）出现了转向，中国的整体基尼系数以及城乡收入差距等都出现了一定程度的下降。尽管中国的整体收入差距已经发生了转向，但是通过考察世界上代表性国家收入差距的变动情况，与世界上很多国家相比，中国的收入分配差距水平仍然是相当高的。在未来一段时间，这种转向趋势究竟会如何演变，是否意味着中国收入差距从此步入库兹涅茨倒 "U" 形曲线的下降阶段，不再扩大？作者认为目前尚无定论，还有待进一步观察。

对这种转向的解释需要进一步探索，我们需要更好地理解其背后潜藏的深层次原因，以便从中吸取经验教训，为实现中国收入的适度分配提供启示。在 "二元经济结构" 背景下，由于经济增长的驱动力和政府政策的变化，加剧了中国农村劳动力市场的短缺，使得城乡之间的政府转移支付以及管理体制更加公平化，为所观察到的这种趋势提供了初步的证据，多种力量的共同作用缓和了中国收入差距的快速增长，并使其出现了一定程度的缩小。本书将在第 6 章中国收入差距的形成机理中详细探讨这些原因。当然，这提出了进一步的问题，为何在过去 20 年政府政策的改变能够缓和收入差距的增加，中国的政治经济学（Wong，2011）[①] 可能会提供一个解释，但这超出了本书目前的研究范畴。如前面所述，尽管中国的收入分配差距已经发生了转向，但是和许多国家相比，中国的收入分配差距仍然是比较大的，整体基尼系数仍然接近 0.5，要想收入差距进一步缩小，未来需要更多的努力来维持这种向下的势头。

另外，还需要引起注意的是，中国收入差距出现了转向，并不意味着中国的财富差距也出现了转向。实际情况是，当前中国的财富差距可能会远远超过中国的收入差距。根据前面对收入差距内涵的界定，财富差距和收入差距是不同的，而本书主要分析的是中国收入差距的变动。《中国民生发展报告 2014》[②] 根据 CFPS 2012 年的数据测算，发现 2011 年中国的财产基尼系数已经达到了 0.73，远远超过 2011 年中国的收入基尼系数 0.477 的水平，顶端 1% 的家庭占有全国约 1/3 的财产，底端 25% 的家庭拥有的财产总量仅在 1% 左右。根据《中国民生发展报告 2014》的研究结论，房产是中国家庭最主要的财产持有方式，占中国家庭总财富的 3/4 左右。因此，未来房价的变动，会对中国的财富差距，特别是城市家庭的财富差距产生重大影响。

---

① Wong, R. Bin. (2011). "Social Spending in Contemporary China: Historical Priorities and Contemporary Possibilities," In History, Historian, and Development Policy, edited by C. A. Bayly et al., 117–21. Manchester: Manchester University Press.

② 谢宇等著. 中国民生发展报告 2014 ［M］. 北京：北京大学出版社，2014.

第4章　中国收入差距适度性的评价指标体系和测度方法

从前面的分析可以发现，要想对中国的收入差距适度性作出恰当、合理的评价，不能仅仅依靠基尼系数、库兹涅茨倒"U"形曲线拐点、库兹涅茨比率、阿特金森指数和泰尔指数等单一指标，而是要构建符合经济社会发展理念并涵盖社会稳定和经济发展等多重因素的综合指标体系，考虑到现阶段中国特色社会主义新时代的基本国情，本书提出，基于"五大发展理念"来构建中国收入差距适度性的综合指标体系，通过遴选合适的二级指标，使用1997~2015年中国30个省份（西藏自治区除外）面板数据对中国收入差距的适度性进行综合评价。

4.1　中国收入差距的适度性评价指标体系构建

2015年10月，中国共产党第十八届中央委员会第五次全体会议首次提出"五大发展理念"，并指出"中国要实现创新发展、协调发展、绿色发展、开放发展、共享发展"，"五大发展理念"成为习近平总书记新时代中国特色社会主义思想体系的重要构成部分。由于发展理念是党指导我们全社会行动的指南与先导，会对一定阶段的经济社会发展成效产生重大影响。"五大发展理念"指明了当前阶段中国经济社会的"发展思路、发展方向和发展着力点"[1]，提出了破解制约中国经济社会发展瓶颈的对策[2]。"五大发展理念"是实现"两个一百年"奋斗目标的思想指引和全面建成小康社会的行动指

---

① 习近平. 关于《中共中央关于制定国民经济和社会发展第十三个五年规划的建议》的说明 [N]. 人民日报，2015 – 11 – 04（002）.

② 王淑芹. 正确理解五大发展理念的内涵和要求 [J]. 思想理论教育导刊，2016（1）：75 – 78.

南。"五大发展理念"是一个内在联系紧密的整体，张建（2016）认为，"创新发展是先导，协调发展是前提，绿色发展是基础，开放发展是关键，共享发展是目的。"[①]

因此，我们要将"五大发展理念"融入当前阶段中国经济社会发展的全过程，使其成为引领中国经济社会发展的先导。对中国收入差距的适度性进行综合分析评价，以便构建合理、适度、有序的新时代中国特色社会主义分配格局，就要符合"五大发展理念"的内涵，共享发展和协调发展是社会主义的本质要求，开放发展、绿色发展和创新发展是新时代持续健康发展的要求，与构建合理、适度、有序的新时代中国特色社会主义分配格局既有理论内涵的一致性，也有实践意义上的统一性。因此，在建设中国特色社会主义新时代，必须贯彻和落实"五大发展理念"对收入分配的引领。

基于"五大发展理念"构建收入差距适度性评价体系，才能以创新、协调、绿色、开放、共享引领收入分配。通过构建基于"五大发展理念"的收入差距适度性评价体系，才可以恰当评价中国不同省（区、市）在新发展理念引领下收入差距的适度性和合理性，是新时代将"五大发展理念"贯穿于经济社会发展过程的重要体现，可以引导政府相关部门根据"五大发展理念"来解决收入分配领域存在的问题，因而具有较强的实践意义和价值。

4.1.1 基于五大发展理念的收入差距适度性指标体系的构建依据

在新发展理念被提出来之后，学者们从不同的角度对"五大发展理念"进行了深入而广泛的探究。李旭辉、朱启贵、胡加媛（2018）基于协调发展的视角构建了"五位一体"的长江经济带城市经济社会发展评价指标体系；胡健、张维群、邢方（2018）从开放发展的视角构建了"一带一路"沿线64国经济社会发展评价指标体系；李旭辉、朱启贵（2017）从绿色发展的视角对生态主体功能区的经济社会发展绩效进行了动态综合评价；王静（2018）从绿色发展的视角构建了区域循环经济评价指标体系，并对陕西省区域循环经济绩效进行了评价；张馨、吴文恒从绿色发展的角度（2017）对陕西省的城市低碳经济发展综合水平及协调度进行深入探究；王维平、张娜娜（2016）研究了共享发展理念下的社会分配；郭正模（2018）基于共享发展理念探讨

[①] 张建."五大发展理念"：全面建成小康社会的科学指南［J］. 理论导刊, 2016（2）：59-62.

了企业层面的分配与三方利益分享机制；任瑞姣（2017）研究了如何从协调发展的角度来构建合理有序的收入分配格局。这些研究都是从某一发展理念来探究新时代国家的相关发展战略，但目前还缺乏从"五大发展理念"来探讨收入分配差距适度性的相关研究，《中共中央关于制定国民经济和社会发展第十三个五年规划的建议》明确指出"五大发展理念必须贯穿于'十三五'经济社会发展的各领域各环节"。因此，基于"五大发展理念"的视角对中国各省份的收入分配差距适度性进行综合评价就具有很大的必要性。

刘伟（2018）认为，"五大发展理念"深刻阐释了当前中国经济社会发展中的效率与公平命题，尤其是其中的"共享发展"新理念是马克思主义收入分配理论在当代中国的新进展、新突破，把新阶段的中国特色社会主义收入分配理论推进到新高度。[①] 因此，在当前建设中国特色社会主义新时代，本书认为适度的收入差距契合"五大发展理念"，尤其是与其中的共享发展和协调发展具有内在的逻辑一致性。

4.1.1.1　保持适度的收入差距有利于创新发展

创新发展是先导。熊彼特认为"创新是指把一种新的生产要素和生产条件的新结合引入生产体系"。创新是现代社会进步的主要推动力和源泉，包括制度创新、管理创新、科技创新等。科学技术是第一生产力，是推动经济社会进步的主要力量，创新又是推动科学技术进步的最主要途径。因此，创新发展是建设创新型国家的主要源动力。实现创新发展，就意味中国要转变原有的粗放型增长方式，实现集约型增长，通过产品创新、制度创新、生产方式创新、技术创新、管理创新和商业模式创新等方式来推动经济发展，而不是像过去那样单纯地通过增加资本、劳动、土地等生产要素投入数量来推动经济增长。由于创新是指以现有的思维模式提出有别于常人的思路或常规的见解，通常需要充分利用现有的知识基础，因此，创新必须依赖于人才，依赖于教育和人力资本投资。而要鼓励创新，必须激励创新人才的积极性，在收入分配时，容许创新者获得更高的收入水平，合理地拉开与其他人的收入差距，将收入差距保持在一个适度的水平，才有利于激发创新者进行创新的活力和热情，才能够激励他们进行人力资本投资，作出创新，必须完善和

---

① 刘伟. 中国特色社会主义收入分配问题的政治经济学探索——改革开放以来的收入分配理论与实践进展 [J]. 北京大学学报：哲学社会科学版, 2018（3）：28 - 39.

健全知识、技术、管理等要素的报酬决定机制。因此，保持居民之间适度的收入差距是实现创新发展的基本要求，能否促进创新发展也就成为判断收入差距是否适度的检验标准之一。

4.1.1.2　保持适度的收入差距是体现协调发展的要求

协调发展是前提，协调是维持社会经济稳定发展的重要保障，是经济社会持续健康发展的内在要求。协调发展要注重发展的系统性和整体性，要保持经济发展同政治建设、文化建设、生态建设之间的协调发展。但是，改革开放以来，在中国经济实现高速增长的过程中，也产生了很多不协调的问题，如东中西部区域失调、城乡增长失调、消费投资的总量失调、不同产业之间的结构失调等。如第2章所论述，这些发展失调也逐渐体现在收入分配领域，导致收入分配领域出现了一些失调问题：例如在初次分配时，家庭、企业和政府之间的收入差距失调，劳动者报酬占国民收入的份额偏低；城乡居民之间的收入差距出现了城乡失调，城镇居民可支配收入水平远高于农村居民的纯收入；东中西部居民之间的收入差距出现了区域失调，特别是东西部地区居民之间的收入差距非常显著；金融、石油、电信等垄断性行业与农林牧渔业、餐饮酒店服务业等非垄断性行业之间的收入差距出现行业失调，如金融行业凭借垄断地位可以获得农林牧渔业4.8倍以上的收入差距。这些存在于收入分配领域的分配秩序混乱和收入差距失调问题如果继续恶化，就会影响到产业之间、区域之间、城乡之间的协调发展，会影响到居民之间的和谐相处。因此，必须保持经济社会的协调发展才能解决这些发展过程中和分配领域的失调问题。保持居民收入增长和经济增长的同步是实现协调发展的基础，只有两者之间实现了协调，才能推进经济建设同政治建设、文化建设和生态建设之间的协调同步，进而实现国民经济持续、稳定、协调发展。在新时代背景下，党中央为了解决经济社会发展过程中的失衡问题，提出了协调发展理念。协调发展理念强调经济、社会、生态之间，以及区域之间、城乡之间、产业之间、人与人之间等保持和谐有序的发展状态，收入分配涉及每个人的切身利益，适度的收入分配是保持以上多种关系和谐有序的"润滑剂"。因此，保持居民之间适度的收入差距，构建合理有序的分配格局是实现协调发展的必然要求，协调发展将成为适度收入分配的理念支撑、方法论依据和理论指导，成为判断收入差距是否适度的检验标准之一。

4.1.1.3　适度的收入差距契合共享发展的内涵

共享是社会主义发展的最终目标和归宿，也是马克思主义所追求的价值目标。"归根到底，创新发展、协调发展、绿色发展和开放发展是服务于共享发展这一终极目标的"[①]（雷云，2016），共享发展是坚持其他四大发展理念的出发点和落脚点[②]，是当前阶段推动中国全面建成小康社会的根本动力。共享发展就是要增强全体人民"在共建共享发展中的获得感，就是要坚持发展依靠人民、发展为了人民、发展成果由全体人民共享"[③]（李旭辉等，2018），以增加全体人民的凝聚力，成为推动社会发展的强大动力。居民收入占比（劳动报酬占 GDP 的比重）是反映居民从经济增长成果中分配到的份额，是表明居民分享到的经济增长成果的重要指标，也是最能反映居民福利状况和获得感的重要评价指标。因此，许多学者认为 GDP 指标（包括人均 GDP）仅能够反映一国或地区经济增长状况，却不能反映居民真实收入状况的变动。要准确地反映居民在国民收入分配中的真实获得状况，就要使用居民收入/GDP 指标（或居民人均收入/人均 GDP 指标）来补充 GDP 指标在此方面的缺陷，以体现社会主义国家经济增长"以人为本"和"以民为本"的内在要求，将人们紧密地与国家经济增长的效益联系在一起，体现社会主义的优越性。但是改革开放以来的 40 年，中国经济保持了年均 9.6% 的高速增长，而同期，居民人均收入年增长仅 7.4%（李实，2018）[④]。劳动报酬的增长速度长期落后于经济增长的速度，居民收入占比增长就会慢于企业和政府收入占比的增长，导致相对于政府和企业收入占比，中国居民收入占 GDP 的份额持续偏低，长期得不到有效提高，导致很多劳动者难以充分共享经济增长的成果。因此，要确保全国人民能充分共享经济发展的福利，提高经济发展的全民获得感，就要保持适度的收入差距。在共享发展的理念之下，经济发展的效率与社会分配的公平两者之间存在着高度的共融性。共享发展的核心[⑤]就

---

① 雷云. 五大发展理念：科学发展观的新境界 [J]. 中共杭州市委党校学报，2016（1）：9 - 15.

② 张广昭，陈振凯. 五大理念的内涵和联系 [N]. 人民日报海外版，2015 - 11 - 12（1）.

③ 李旭辉，朱启贵，夏万军，李认认. 基于五大发展理念的经济社会发展评价体系研究——基于二次加权因子分析法 [J/OL]. 数理统计与管理. https://doi.org/10.13860/j.cnki.sltj.20180929 - 003.

④ 李实. 当前中国的收入分配状况，学术界 [J]. 2018（3）：5 - 19.

⑤ 郭正模. "共享发展"理念下企业层面的分配与三方利益分享机制探讨 [J]. 战略与决策，2018（2）：1 - 5.

是保持收入分配差距的公平、合理、适度。共享发展的理念也同时成为适度、合理分配的价值尺度①和判断依据。因此，适度的收入差距与共享发展之间"既具有理论内涵上的一致性，又具有现实意义上的统一性"②。

4.1.1.4 适度的收入差距有助于落实绿色发展理念

绿色发展是基础。改革开放以来，中国长期维持高增长的粗放型增长模式，导致环境污染严重，对水、空气质量以及人类赖以生存的土地造成了严重破坏，极大地影响了人们生活质量。中国不能再走先污染，后治理的老路，因而必须坚决贯彻实施绿色发展模式。在"五大发展理念"中，绿色发展是维持经济社会长期健康高质量发展的根本要求，是应该坚守的底线，坚持绿色发展，才能实现人与自然的和谐共处，才能变共享发展成为高质量的发展。绿色发展要求在社会生活各个环节推行绿色生活方式，保护改善环境，促进资源利用效率的提升，建设环境友好型、资源节约型社会，才能推进经济社会的可持续发展。理论界对收入差距对环境质量的影响进行了收入研究。格罗斯曼和克鲁格（Grossman and Krueger，1991）、博伊斯（Boyce，1994）、图拉斯和博伊斯（Torras and Boyce，1998）等深入研究了收入差距影响环境质量的作用机制，他们的研究发现收入差距通过以下两条渠道恶化环境质量：一是居民对环境利用的时间偏好容易受到收入分配差距的影响，当收入差距增加时，低收入阶层通常喜欢通过过度开发资源的方式来增加收入，却破坏了环境；高收入阶层易于将财产转移到环境和政治风险低的国家，而不是增加投资来改善环境。二是收入分配的不平等导致权力更多地分配给高收入阶层，尽管环境质量中的收益更多地被高收入阶层攫取，但由于环境质量恶化的成本通常更多地由低收入阶层来承担，因此，这种成本与收益的不对等，导致那些拥有较大政治和社会影响力的高收入阶层不一定都会支持政府制定保护环境的政策。所以收入差距的扩大将导致社会权力分配的不均衡，导致环境质量的恶化。他们的研究结论启示我们，保持适度的收入差距有助于改善环境质量。因此，适度的收入差距有助于落实绿色发展理念。

---

① 王维平，张娜娜."共享"发展理念下的社会分配［J］. 西南民族大学学报：人文社会科学版，2016（6）：192 – 196.

② 任瑞姣. 以协调发展理念构建合理有序的收入分配格局［J］. 实事求是，2017（4）：44 – 48.

4.1.1.5 适度的收入差距有利于开放发展的推进

开放发展是关键，是经济社会可持续发展的重要支撑。只有开放发展，才能充分利用国际国内两种资源和两个市场，取长补短，推动生产要素在国内外的充分流动和优化配置。对外开放通过产品和生产要素在国内外的流动和配置，就会影响国内不同要素所有者的收入分配。国际经济学界一直热衷于研究对外贸易和对外开放对一国内部收入分配的影响，学者们往往以 H-O-S 模型（赫克歇尔—俄林—萨缪尔森模型，即广义的要素禀赋模型）和 S-S 定理（斯托尔珀—萨缪尔森定理）作为研究的出发点。基于 H-O-S 模型和 S-S 定理，克鲁格（Krueger，1983）、巴格瓦蒂和斯里尼瓦桑（Bhagwati and T. Srinivasan，2002）等发现对外开放和自由贸易通过相对增加发展中国家的非技术工人工资的方式而缩小了发展中国家国内的收入分配差距；戈德堡、皮内洛皮、尼娜·帕维克里克（Goldberg，Pinelopi K. and Nina Pavcnik，2004）研究发现贸易自由化加剧了发展中国家内部的收入不平等；伍德（Wood，1995）、多布森和拉姆洛根（Dobson and Ramlogan，2009）研究发现对外贸易与收入差距的关系呈现倒"U"形变化，发展中国家由于缺少熟练的技术工人，但自然资源禀赋丰富，对外开放和对外贸易起初会扩大其国内的收入分配差距，随着贸易的发展，其国内要素供求的变动，对外开放和对外贸易又会缩小其国内的收入分配差距；万广华、陆铭和陈钊（Guanghua Wan、Ming Lu and Zhao Chen，2007）、李斌和陈开军（2007）、张曙霄、王馨和蒋庚华（2009）研究发现贸易开放加剧了中国的区域收入不平等。国内外的经济学者们有关对外开放和收入分配的研究结论启示我们，对外开放是影响收入分配的重要途径，保持适度的收入差距有利于扩大对外开放，推进开放发展理念的落实，提高中国对外开放水平，促进内外两个市场的相互交融。

4.1.2 基于五大发展理念的收入差距适度性指标的遴选

如前面所述理论界根据不同的研究目标，基于"五大发展理念"构建了各异的经济社会发展综合评价指标体系。这些研究对本书研究有较好的参考价值，但整体而言，部分研究指标体系的构建相对比较武断，缺乏构建的理论论证过程，因而在遴选指标时也较为随意、主观性较强，缺乏指标遴选的依据。本书弥补了这一缺陷，首先在上一部分详细阐述了指标体系构建的理论逻辑和依据；其次在本部分，依据前述"构建基于'五大发展理念'的适度收入差距指标体系的依据"，并遵循全面性、应用性、守可操作性、可获得性、前瞻性相结合的原则，来精心遴选基于"五大发展理念"的收入差距适度性二级指标，以创新发展、协调发展、绿色发展、开放发展、共享发展作为一级指标体系，遴选了基尼系数、城乡收入比、义务教育普及率、每十万人高等教育在校人数、每万人拥有病床数、研发（R&D）投入占 GDP 比重、每万人拥有专利数量、单位碳排放、环境污染治理投入、人均森林覆盖率、外贸依存度、FDI 占 GDP 的比重、高新技术产品出口比重、第二三产业就业人员比重、消费投资比、城镇化率、社会保障覆盖率和城镇人口登记失业率 18 个二级指标，具体如表 4 - 1 所示，后文来分析这 18 个二级指标的遴选原因。

表 4 - 1　　　　基于五大发展理念的收入差距适度性综合评价指标体系

	一级指标	二级指标	反映状态	目标
中国收入差距适度性指标体系	共享发展	基尼系数（X_1）	分配公平程度	收入共享
		城乡收入比（X_2）		
		义务教育普及率（X_3）	起点公平	机会共享
		每十万人高等教育在校学生人数（X_4）	教育公平	
		每万人拥有病床数（X_5）	医疗公平	
	创新发展	R&D 投入占 GDP 比重（X_6）	创新能力来源	创新投入
		每万人拥有专利数量（X_7）	创新成果	创新产出
	绿色发展	单位碳排放（X_8）	污染控制	绿色发展投入
		环境污染治理投入（X_9）	污染治理	
		人均森林覆盖率（X_{10}）	山青	绿色发展成果
	开放发展	外贸依存度（X_{11}）	商品流动	开放数量
		FDI 占 GDP 的比重（X_{12}）	要素流动	
		高新技术产品出口比重（X_{13}）	出口结构	开放质量
	协调发展	第二三产业就业人员比重（X_{14}）	产业结构协调	结构协调
		消费投资比（X_{15}）	总量结构协调	
		城镇化率（X_{16}）	城市化程度	城乡协调
		社会保障覆盖率（X_{17}）	保障协调	社会协调
		城镇登记失业率（X_{18}）	社会稳定	

资料来源：由笔者根据"五大发展理念"的内涵和目标等设计遴选；2013 年 9 月 9 日，中国首次向外公开了调查失业率的有关数据，在此之前，中国政府通常公布城镇登记失业率。

4.1.2.1　共享发展指标体系的遴选

根据前面所阐述共享发展的内涵和目标，作者认为共享发展主要从收入（或成果）共享和机会共享两个方面来体现。收入（或成果）共享方面，我们选择了基尼系数和城乡收入比两个指标来表征，基尼系数指标主要反映居民之间收入分配的公平程度和经济成果的共享程度；城乡收入比指标主要反映城乡之间收入分配和经济成果共享差异程度。机会共享方面，本书选择了义务教育普及率、每十万人高等教育在校学生人数、每万人拥有病床数三个指标来表征，义务教育普及率指标主要反映起点公平程度，每十万人高等教育在校学生人数指标主要反映教育公平程度，每万人拥有病床数指标主要反映医疗公平程度。

4.1.2.2　创新发展指标体系的遴选

创新活动是使用一定的人力、物力等要素投入生产出一定的专利、发明等创新成果的过程，结合创新活动的这一特征，基于前面阐述的创新发展的内涵和目标，作者认为创新发展主要从创新投入和创新产出两个维度来体现。创新投入是决定一个国家或地区创新能力的基础，反映了其对创新活动的重视程度，本书选择了研发（R&D）投入占 GDP 比重这一指标来表征，反映一国或地区的创新能力来源，研发投入占 GDP 比重指标反映利用知识要素进行创新活动的财力投入状况。创新产出是体现创新投入成果指标，前期投入的人力和物力等创新投入只有带来创新成果才能创造价值、创造效益，本书选择了每万人拥有专利数量这一指标来表征，其是反映一国或地区的创新产出的重要指标。

4.1.2.3　绿色发展指标体系的遴选

根据前面所阐述绿色发展的内涵和目标，作者认为绿色发展主要从绿色发展投入和绿色发展成果两个维度来体现。绿色发展投入方面，本书选择了单位碳排放和环境污染治理投入两个指标来表征，单位碳排放指标主要反映政府污染控制程度，环境污染治理投入指标主要反映对环境污染治理的投入程度。绿色发展成果方面，本书选择了人均森林覆盖率指标，人均森林覆盖率是反映政府治理环境污染的重要成果，是山青的体现，而山青则体现了绿色发展的效果。

4. 1. 2. 4　开放发展指标体系的遴选

基于前面阐述的原理，作者认为开放发展主要从开放发展数量和开放发展质量两个维度来体现。开放发展数量方面，本书选择了外贸依存度、FDI占GDP的比重两个指标来表征，其主要反映一国或地区开放程度，以及对国际市场的参与程度和依赖程度，外贸依存度指标主要反映一国的货物和服务在国际之间的流动程度，FDI占GDP指标主要反映一国的生产要素在国际之间的流动程度。仅仅有开放数量指标还难以体现一国的开放水平，例如仅从开放数量来看，中国在2013年、2017年这两年已经成为居世界第一的货物贸易大国，但还不是贸易强国。因而本书设置了开放发展质量指标——高新技术产品出口比重，该指标反映了一国或地区出口产品结构状况，以及出口产品质量构成和附加值情况，也可以体现一国或地区的创新能力的高低。

4. 1. 2. 5　协调发展指标体系的遴选

在新发展理念下，作者认为协调发展的目标主要从结构协调、城乡协调和社会协调三个维度来体现。结构协调主要包括产业结构协调和总量结构协调。产业结构协调本书选择了第二三产业就业人员比重指标来表征。根据配第—克拉克定理，伴随着一国工业化和经济增长，第一产业（农业）所提供的就业比重和产出比重（占GDP）逐渐下降，而第二产业（工业）所提供的就业比重和产出比重（占GDP）逐渐上升，到一定的水平之后开始稳定下来，工业化和经济的进一步增长，第三产业（服务业）所提供的就业比重和产出比重（占GDP）也开始上升[①]。因此，第二三产业就业人员比重指标可以反映一国或地区的三次产业发展是否协调。总量结构协调本书选择了消费投资比指标来表征，该指标主要反映消费和投资在GDP增长中的贡献，是反映一国经济总量结构健康与否的重要指标。城乡协调本书选择了城镇化率指标来表征，该指标主要反映一国或地区城市化程度。社会协调本书选择了城镇登记失业率和社会保障覆盖率来表征，较高的失业率导致一个国家的经济和社会损失，也会影响一国或地区的协调程度，社会保障覆盖率指标主要反映一国或地区的社会保障协调度。

[①]　（1）威廉·配第.《政治算术》［M］. 马妍译. 北京：中国社会科学出版社，2010；（2）Colin Clark. The Conditions of Economic Progress. London：Macmillan & Co. Ltd，1940.

4.2　收入差距适度性的测度方法

4.2.1　对已有相关测度方法的比较分析

　　如何选择合适的测度方法和测度模型，会直接影响收入差距的适度性测度结果的准确性和科学性，因而是收入差距适度性综合评价研究的重要内容。必须针对具体的研究对象和研究目标来合理选择和设计评价模型和评价方法。通过相关文献梳理，我们发现理论界对于收入差距适度性的测度方法已经进行了诸多有益的探索。孙敬水和黄媛媛（2012）将隶属函数协调度模型方法和因子分析相结合，测度了中国行业收入差距的适度性[①]。杨洋（2015）在模糊数学隶属函数协调度模型基础上，采用主成分分析法测度了安徽省的行业收入差距适度性[②]。王淑芬（2007）利用因子分析法，计算了中国的资源配置效率评价指数、经济增长评价指数、经济社会协调发展综合评价指数、社会稳定评价指数和分配公平评价指数。乌拉孜别克·热苏力汗，龚朝庭、陈敏（2016）基于组合加权主成分方法对新疆工会服务能力进行了综合评价。[③] 李旭辉、朱启贵、夏万军和李认认（2018）基于五大发展理念使用二次加权因子分析法对安徽省经济社会发展状况进行了评价，其针对经济社会发展的五个准则层进行第一次因子分析，而针对第一次因子分析得到的所有对象的五个方面评价得分的基础上进行二次加权因子分析，其评价方法则采用客观赋权评价方法。张敏、张一川（2015）基于协调度模型，采用灰色预测法，使用 1985～2005 年的年度数据对中国城镇居民收入差距的适度性进行了评价。叶艺勇（2016）采用 DEA 协调度评价模型定量分析了江门市居民收入差距适度性[④]。

　　以上诸研究，在研究方法的选择上各有优劣，对本书研究有较好的启示

　　① 孙敬水，黄媛媛. 行业收入差距适度性测度研究——以浙江为例 [J]. 中国工业经济，2012（2）：149 - 158.

　　② 杨洋. 安徽省行业收入差距的适度性研究 [J]. 铜陵学院学报，2015（4）：22 - 26.

　　③ 乌拉孜别克·热苏力汗，龚朝庭，陈敏. 基于组合加权主成分方法的新疆工会服务能力综合评价 [J]. 数理统计与管理，2016，35（4）：571 - 578.

　　④ 叶艺勇. 江门市居民收入差距适度性综合评价与分析 [J]. 农村经济与科技，2016（4）：89 - 92.

意义。在比较分析已有研究方法的基础上，为了保证评价结果的科学性和准确性，以及评价研究问题和评价方法的匹配性，本书将采用基于因子分析的 topsis 综合评价法来评价中国收入差距的适度性。

"他山之石可以攻玉"，为了优化本书的研究方法，作者选取了一些有关主成分分析方法、因子分析方法和 topsis 方法的代表性研究成果进行剖析，以吸收借鉴已有相关研究的优点。郭显光（1994）在研究 1993 年中国工业经济效应时，使用各省份截面数据和熵值法进行综合评价，发现熵值法进行类似评价的优点是能够避免人为因素带来的偏差，其原因是变量与评价结果不是线性关系；熵值法的缺点是在确定各指标权重时存在一定的随意性，缺乏严谨的科学性，会导致选择的权重和预期权重存在较大的偏差，有可能影响最终评价结果的准确性[①]。林一佳利用 1998 年全球 88 个国家的截面数据，采用综合指数法评价了样本国家的保费收入效应，指出了该方法的优点是便于纵向或横向比较，且简单易于操作；该方法的缺点是指标遴选有一定的随意性[②]。董锋、谭清美、周德群（2009）为了评估企业的经营能力，采用优化分子方法来分析面板数据，他们首先一年一年地分析企业经营能力的截面数据；其次将面板数据的因子得分和计算出来的每年的因子得分加权计算；最后得出各企业的经营能力综合排序。他们进一步指出，该方法优化了传统因子分析法，克服了传统因子分析方法的某些缺陷；但是该方法的问题是，计算出来的每年因子得分结果不具有可加性[③]。赵琳、张珣、徐山鹰（2011）为了预测中国出口贸易周期，使用中国 2000～2008 年的出口贸易面板数据，采用广义动态因子模型来进行分析。他们指出该方法在拐点探测以及处理多维数据时有优势，可以克服在分析面板数据时普通因子分析法的一些缺点；但该方法的缺点是假设条件多，运算量大，程序复杂，需要对数据进行平稳性检验，并要估计模型的多个变量[④]。寥龙辉、李晓东（2012）为了分析评价 2006～2009 年中国建筑行业的竞争优势，把 topsis 方法和因子分析法结合起来进行综合评价。为了得到横截面数据中各指标的权重，他们采用因子分

---

① 郭显光. 熵值法及其在综合评价中的应用 [J]. 财贸研究，1994：56 – 60.

② 林一佳. 综合指数评价法在保险中的运用 [J]. 统计与信息论坛，2002：51 – 57.

③ 董锋，谭清美，周德群. 多指标面板数据下的企业 R&D 能力因子分析 [J]. 研究与发展管理，2009（3）：50 – 56.

④ 赵琳，张珣，徐山鹰. 基于广义动态因子模型的中国出口周期分析与预测 [J]. 系统科学与数学，2011（3）：312 – 325.

析方法一年一年来进行计算，然后将 topsis 标准化矩阵与计算出来的权重相乘，这样就可以最终计算出样本期间中国建筑行业的竞争优势的评价结果。廖龙辉、李晓东认为把 topsis 方法和因子分析法结合起来，就可以避免赵琳、张珣、徐山鹰等的广义动态因子模型需要对数据进行平稳性检验，以及限制性假设过多，需要对模型的多个变量分别进行估计等复杂计算问题，但缺陷是仍然不能将样本期间的得分进行综合加总①。

4.2.2　本书使用的测度方法

4.2.2.1　因子分析法

1. 因子分析方法的原理

　　因子分析方法就是为了再现原始变量与"因子"之间的相关关系，而将多个变量综合为少数几个"因子"，为了简化变量中存在的复杂关系，通过从变量群中提取公共因素的一种统计方法，因而又被称作因素分析，该方法延伸了主成分分析②。1904 年，英国心理学家查尔斯·斯皮尔曼（Charles Spearman）在智力测验的统计分析过程中，提出了因子分析方法。因子分析方法经过多年的完善和发展之后，现如今，其已经被广泛地应用于经济学、管理学、社会学、地质学、医学和心理学等领域。在做多元统计分析的过程中，当多变量之间相互存在很强的相关性就会给我们的分析带来诸多困难，这个时候，我们可以使用因子分析方法，为了反映出原始数据的基本结构，我们就可以通过寻找少数有实际意义的因子替代初始变量进行判别分析、聚类分析、回归分析等。其基本原理是将联系比较紧密，相关性高的变量分入同一组，而将相关性低的变量分入不同组，每组变量就代表一个基本结构，即公共因子，使用不可测、最少个数的公共因子构建的线性函数与特殊因子之和来描述原来观测的每一分量，通过分析这些公共因子来实现对那些比较复杂、多变问题的研究。

　　因子分析可以通过下面的数学模型来表示。

---

　　① 廖龙辉，李晓东. 基于因子分析和 TOPSIS 组合的中国建筑产业竞争优势评价研究［J］. 工程管理学报，2012（10）：7 – 10.

　　② 主成分分析是通过对一组变量的几个线性组合来解释这组变量的方差和协方差结构，以达到数据的压缩和数据的解释的目的。

设有 n 个样品，每个样品有 p 个观察对象，其中可观测的随机变量为 $X = (X_1, X_2, \cdots, X_p)$，$F = (F_1, F_2, \cdots, F_m)$（$m < p$）是不可观测的向量，$\varepsilon_i = (\varepsilon_1, \varepsilon_2, \cdots, \varepsilon_m)$ 与 F 没有相关性，两者是独立的。各变量 x_i 均受 m 个公因子支配，每个变量还受一个独特因子 ε_i 的制约，即：

$$x_1 = a_{11}F_1 + a_{12}F_2 + \cdots + a_{1m}F_m + \varepsilon_1$$
$$x_2 = a_{21}F_1 + a_{22}F_2 + \cdots + a_{2m}F_m + \varepsilon_i$$
$$\cdots\cdots$$
$$x_p = a_{p1}F_1 + a_{p2}F_2 + \cdots + a_{pm}F_m + \varepsilon_p$$

在上述方程组中，我们将第 i 个初始变量 x_i 分解为两部分：一部分是公共因子 $a_{i1}F_1 + a_{i2}F_2 + \cdots + a_{im}F_m$ 部分，它表示所有变量的共同因子，在此部分中，a_{ij} 表示第 i 个变量在第 j 个主因子上的负荷（或权值，或相对重要性），因而也被称为因子负荷（或者因子载荷）；可以将 F_1，F_2，$\cdots$，F_m 视为分布在多维空间中相互垂直的 m 个坐标轴。另一部分是 ε_i（$i = 1$，2，$\cdots$，p），也被称为独特影响因子，就是初始变量 x_i 不能被因子变量解释的独自具有的因素部分，类似于回归模型的残差。

2. 因子分析法的过程与步骤

第一步，根据样本数据，确定指标变量，并建立原始数据矩阵，对矩阵进行标准化处理。使用公式 $x_i = \dfrac{X_i - \overline{X_i}}{S_i}$（$i = 1$，2，$\cdots$，p）来进行标准化处理，其中 X_i 为原始数据；x_i 为标准化数据；S_i 为第 i 个指标的标准差；$\overline{X_i}$ 为第 i 个指标的均值。

第二步，分析变量之间的相关性。因子分析是从相互之间具有较强相关性的多个初始变量中提取少数具有代表性的共同因子，因此，因子分析的前提条件之一就是要求初始变量之间具有较强相关性，否则不能提取公因子，也就无法进行因子分析。一般通过计算指标变量的相关系数矩阵来对初始变量之间的相关性进行判断分析，当计算出来的相关系数矩阵之中所包含的大部分相关系数的值都低于 0.3，这就表明大部分初始变量之间的相关不强，不适宜因子分析；否则可以进行因子分析。在因子分析过程中，KMO（Kaiser-Meyer-Olkin）检验和巴特利球体检验（Barlett Test of Sphericity）两种常用种检验方法被用来判断变量是否适宜于做因子分析。KMO 检验方法判断变量是否适宜于做因子分析按照以下方式进行判断：①当 KMO < 0.5 时，不

适合；②当 $0.6 < KMO < 0.7$ 时，一般；③当 $0.7 < KMO < 0.8$ 时，比较适合；④当 $0.8 < KMO < 0.9$ 时，适合；⑤当 $KMO > 0.9$ 时，非常适合。

　　第三步，根据上一步建立的相关系数矩阵提取因子。计算出相关系数矩阵的特征值、方差以及累积方差贡献率。在确定提取的因子数量时，主要是看计算出的累积方差贡献率是否大于80%，若大于80%，则可以提取。并求相关系数矩阵 R 的特征根。

　　第四步，计算各主因子的得分。主因子得分计算公式如下：

$$f_i = x\beta_j = xR^{-1}\alpha_j \, (j = 1,2,\cdots k)$$

其中，f_i 是主因子得分函数；x 是标准化数据；R 是 x 的相关系数矩阵；$\beta_j = R^{-1}\alpha_j$ 是因子得分系数；α_j 是因子载荷矩阵的第 j 列。

　　第五步，计算综合因子得分。通过对各主因子得分进行加权求和的方式计算综合因子得分，在进行加权计算时，各主因子的方差贡献率通常被选择为权数。综合因子得分模型公式如下：

$$F = \sum_{j=1}^{k} w_i \times f_i$$

其中，F 是综合因子得分，F 得分越低，表明样本的发展水平越差；F 得分越高，表明样本的发展水平越好：$F > 0.7$，综合发展水平好；$0 < F < 0.7$，综合发展水平较好；F 得分为 0，表明样本处于平均水平；$F < 0$，综合发展水平一般或较差，低于平均水平。

4.2.2.2　topsis 综合评价法

　　1981 年，C. L. Hwang 和 K. Yoon Topsis 就提出了 topsis 综合评价法，该方法的基本原理是对最优解和最劣解的距离实行排序，并对评价目标进行检测，若评价目标与最优解接近而远离最劣解，则结果为最优，否则结果为最差。最劣解的指标值都达到评价指标的最差值，最优解的指标值都达到评价指标的最优值。topsis 法的操作过程如下：首先把各个指标计算结果中的最小值作为该指标的负理想解（或最劣解），把最大值作为该指标的正理想解（最优解）；其次计算评价对象和负理想解（或最劣解）、正理想解（最优解）之间的欧几里得距离，就可以得到了所有备选方案优劣性排序；最后从中选出最优方案。传统 topsis 方法的一个缺陷是赋予各个评价指标的权重都完全相同，因而难以体现出不同指标的相对重要性。为了改正这一缺陷，基于传统 topsis 方法，我们依据各指标的相对重要性，运用熵权法确定各个指标的相对权重，过程如下。

第一步，确定权重。确定各指标的权重之后才能应用改进理想解法。通常通过客观方法和主观方法两类方法来确定指标权重。客观方法又包括主成分分析法和熵权法等方法。主观方法又包括经验判断法、层次分析法和专家打分法等方法。由于被评价对象的最后得分高低受指标的权重大小影响比较大，为了保证评价结果的客观性，通常应该选择客观法来确定权重。熵权法可以客观地确定权重，因而选用熵权法来确定每个指标的权重。

第二步，数据去量纲化。所选指标量纲不同，故不能直接用原始数据进行综合评价分析。因此，需要对各个指标进行去量纲化。各指标对综合分析的影响不同，量纲化的方法也不相同。在一般意义上，可以把指标分成正向指标、逆向指标和适度指标三种。正向指标是指指标数据越高综合评价值越高，逆向指标是指指标数据越大综合评价指标越小，适度指标是指指标数据处于某个中间值时，综合评价值处于最优值。三种类型指标的去量纲化公式如下：

（1）当 r_{ij} 是正向型指标时，其标准值（无量纲化）为：

$$b_{ij} = \frac{r_{ij} - r_{min}}{r_{max} - r_{min}}$$

（2）当 r_{ij} 是逆向型指标，其标准值为：

$$b_{ij} = \frac{r_{max} - r_{ij}}{r_{max} - r_{min}}$$

（3）当 r_{ij} 是适度指标时，假设〔a，b〕为最优适度区间，则有标准值：

$$b_{ij} = \begin{cases} 1 - \dfrac{\max(a - r_{ij}, r_{ij} - b)}{\max(a - r_{min}, r_{max} - b)} & r_{ij} \notin (a,b) \\ 1 & r_{ij} \notin (a,b) \end{cases}$$

其中，r_{max}、r_{min} 分别为各组指标数据的最大值和最小值。

第三步，用熵权法确定权重。与那些主观确定权重的方法相比，作为客观赋权方法的熵权法客观性更强、精确度更高，对结果的解释更好。该方法首先利用信息熵依据指标的变异程度来计算指标的熵权；其次使用熵权修正各指标的权重作为最终的指标权重。某指标的变异程度越大、所含信息越多，则其熵权值越小，则赋权越大。

在具体计算时，首先依据各指标值的变异程度，使用信息熵来计算各指标的熵权；其次利用各指标的熵权对所有的指标进行加权，从而得出较为客观的评价结果。

熵权法的一般步骤为：

现有 m 个待评项目，n 个评价指标，形成原始数据矩阵 $R = (r_{ij})_{m \times n}$：

$$R = \begin{pmatrix} r_{11} & r_{12} & \cdots & r_{1n} \\ r_{21} & r_{22} & \cdots & r_{2n} \\ \vdots & \vdots & & \vdots \\ r_{m1} & r_{m2} & r_{m3} & r_{m4} \end{pmatrix}_{m \times n}$$

其中，R_{ij} 为第 j 个指标下第 i 个项目的评价值。

求各指标值权重的过程如下：

（1）计算第 j 个指标下第 i 个项目的指标值的比重 p_{ij}：

$$p_{ij} = r_{ij} \Big/ \sum_{i=1}^{m} r_{ij}$$

（2）计算第 j 个指标的熵值 e_j：

$$e_j = -k \sum_{i=1}^{m} p_{ij} \cdot \ln p_{ij}$$

其中：

$$k = 1/\ln m$$

（3）计算第 j 个指标的熵权 W_j：

$$W_j = (1 - e_j) \Big/ \sum_{j=1}^{n} (1 - e_j)$$

4.2.2.3　基于因子分析的 topsis 综合评价法

本书采用基于因子分析的 topsis 综合评价法，该方法主要通过以下三步来实现：

（1）构建指标体系，假设研究对象为 Z_{ti}（i = 1，2，…，n），所建指标为 X_{ij}（j = 1，2，…，n），其中，$t \in [t_1, t_2]$ 表示评价目标的数量，若评

价区间为 n 年，$t_2 - t_1 = n$；

（2）用因子分析法分析 Z_{ti} 的截面数据，可得出 $f_{t,k}$ 因子（$k \leqslant p$），即对象集 Z_{ti} 的因子，以及各对象集的因子综合得分 y_{t1}，…，y_{tn}，其中，t 表示时间点，于是得出结果为 $(Y_{ti})_{n \times 1}$ 的矩阵；

（3）在 topsis 综合评价法的基础上，评价对象集 Z_{ti}（$i = 1, 2, \cdots, n$）的综合因子得分（y_{ti}）。详细内容如下所示。

①建立以每年截面数据的因子分析得分为标准的新指标，基于面板数据构建了新的指标体系，设有 l 个指标，n 个评价目标（y_{ti}）；

②归一化处理上述 l 个指标：

$$W_{ti} = \frac{y_{ti}}{\sqrt{\sum\limits_{i=1}^{n} y_{ti}^2}}$$

③在②的基础上得出数据矩阵，并找出各列的最大值和最小值分别取得理想

解和负理想解：

理想解为：$M^+ = (M_{max,1}, M_{max,2}, \cdots, M_{max,1})$

负理想解：$M^- = (M_{min,1}, M_{min,2}, \cdots, M_{min,1})$

④第 i 个目标与理想解和负理想解的距离贴近程度分别为：

$$D_i^+ = \sqrt{\sum\limits_{j=1}^{l} (M_{max,1} - M_{ji})^2}$$

$$D_i^- = \sqrt{\sum\limits_{j=1}^{l} (M_{min,1} - M_{ji})^2}$$

⑤第 i 个目标与最佳因子的贴近度为：

$$C_i^+ = \frac{D_i^-}{D_i^- + D_i^+}$$

若上式计算的 C_i^+ 越大，表明第 i 个省份 1997 ~ 2015 年收入差距适度性越好。

4.2.3 本书使用的测度方法对已有测度方法的改进

本书吸收借鉴了上述有关综合评价方法学术成果的一些优点，建立了中

国收入差距适度性综合评价指标体系，基于"五大发展理念"，遴选了 18 个
指标（见表 4 - 1），使用中国 30 个省份（西藏自治区除外）1997 ~ 2015 年
的面板数据，首先，作者对每一年（分 19 年来计算）的 30 个省份的横截面
数据使用因子分析法计算出各因子的综合得分，并进行排位；其次，在上一
步计算的基础上，根据每一年的因子综合得分的最小值和最大值，作为 topsis
综合评价方法负理想解和理想解；再其次，我们求解出 30 个省份因子综合得
分和负理想解、理想解的距离贴近程度；最后，作者根据模型和理想解的距
离贴近程度来判断 30 个省份的收入差距适度性。本书的这种处理方法，既解
决了董锋、谭清美、周德群和廖龙辉、李晓东等的计算方法中每年因子得分
结果的不具有可加性问题，又克服了赵琳、张珣、徐山鹰等的动态因子模型
方法所具有的数据平稳性检验和复杂假设、复杂计算问题。另外，和已有研
究相比，本书样本数据多、年份跨度长（前后长达 19 年，已有使用类似研究
方法的研究时间跨度没有超过 10 年的），结果更可靠，更具说服力，且年份
跨度长更容易看出变化趋势。

第5章 中国收入差距的适度性
实证测度与综合评价

本部分首先使用第 4 章构建的综合评价指标体并采用基于因子分析的 topsis 综合评价法对中国收入差距的适度性进行实证测度，如前面所述，考虑到收入差距适度性的规范性特征，综合评价指标体系难以评价居民的主观心理承受力，因此，本书采用问卷调查数据，基于居民主观心理承受力的视角，对中国收入差距的适度性进行综合评价。

5.1 基于五大发展理念的中国收入差距适度性评价

本部分运用上一章所提出的因子分析法和基于因子分析的 topsis 综合评价法对 1997～2015 年全国的 30 个省份（由于西藏自治区很多年份数据不全，作者剔除了西藏自治区）的收入差距适度性进行实证测度，对各省份的收入差距适度性的综合水平进行研究分析，并基于五大发展理念构建了收入差距适度性指标体系，全方位展现各省份的收入差距适度性综合水平。本书选择 1997～2015 年全国 30 个省份相关指标数据是因为：首先，样本数据越多、年份跨度长，运用因子分析法和 topsis 综合评价法对样本分析的结果就越可靠，越有说服力；其次，本书所构建的指标体系较多，若研究年份较短，则可能出现不太稳定的研究结果；最后，1997～2015 年年份跨度长，可以分层次和阶段进行研究，使结果可以进行阶段性比较。

为了客观科学地评价各省份收入差距的适度性，基于创新、协调、绿色、开放、共享的五大发展理念，需要构建一个全面的指标体系来进行综合评价。本书将收入差距适度性指标分为一级指标和二级指标，其中，一级指标有 5 个，二级指标有 18 个（见表 4 - 1），具体遴选标准和依据见第 4 章。

5.1.1　中国收入差距适度性的因子分析

本书首先运用 Spss 22.0 软件对 1997～2015 年中国 30 个省份（西藏除外，下同）的收入差距适度性指标体系的各年度截面数据进行因子分析。

5.1.1.1　截面数据 KMO 检验和 Bartlett 检验

在因子分析过程中判断变量是否适合做因子分析，需要对变量之间的相关性进行检验，若变量间为弱相关，则不适合做因子分析。利用 KMO 检验变量间的偏相关性，当 KMO 超过 0.6 的标准，则适合做因子分析。本书在此基础上对 1997～2015 年我国各省份截面数据检验的结果如表 5-1 所示。1997～2015 年各年度截面数据 KMO 检验结果都大于 0.6 的标准，Bartlett 球形检验的相伴概率 Sig. 均为 0.000，统计结果均显著。则可以拒绝 Bartlett 零假设（相关系数矩阵是一个单位阵），表明相关系数矩阵不是一个单位阵，初始变量之间具有较强的相关性，则我们选取的指标数据适宜于做因子分析。

表 5-1　　　　1997～2015 年各年度截面数据 KMO 检验和 Bartlett 检验结果

		1997 年	1998 年	1999 年	2000 年	2001 年	2002 年
KMO 度量		0.650	0.637	0.675	0.614	0.617	0.638
Bartlett 的球形检验	近似卡方	339.331	441.471	411.604	392.046	417.596	389.271
	df	153	153	153	153	153	153
	Sig.	0.000	0.000	0.000	0.000	0.000	0.000
		2003 年	2004 年	2005 年	2006 年	2007 年	2008 年
KMO 度量		0.609	0.674	0.677	0.644	0.694	0.692
Bartlett 的球形检验	近似卡方	419.12	457.007	527.032	525.936	530.92	526.369
	df	153	153	153	153	153	153
	Sig.	0.000	0.000	0.000	0.000	0.000	0.000
		2009 年	2010 年	2011 年	2012 年	2013 年	2014 年	2015 年
KMO 度量		0.676	0.645	0.624	0.666	0.668	0.673	0.689
Bartlett 的球形检验	近似卡方	523.093	535.051	537.898	555.263	508.291	491.948	480.508
	df	153	153	153	153	153	153	153
	Sig.	0.000	0.000	0.000	0.000	0.000	0.000	0.000

资料来源：由 Spss 22.0 软件计算的结果整理所得。

5.1.1.2 截面数据公共因子提取及综合得分的计算

本书运用因子分析法，对 1997 ~ 2015 年的数据提取前 6 个特征值大于 1 的公共因子，并且以累计方差贡献率大于 80% 为标准，运用该方法提取的前 6 个公因子能够解释说明基于五大发展理念下的收入差距适度性，而其他公因子的影响较小，暂可不予比较。根据表 5 - 2 可得，1997 ~ 2015 年，提取了前 6 个特征值大于 1 的公共因子，累计方差贡献率均在 80% 以上，因而提取的前 6 个公共因子可以解释收入差距适度性的综合水平。

表 5 - 2　　　　　1997 ~ 2015 年截面数据因子分析的总方差贡献率

成分		初始特征值			提取平方和载入			旋转平方和载入		
		合计	方差的%	累积%	合计	方差的%	累积%	合计	方差的%	累积%
1997 年	1	6.867	38.153	38.153	6.867	38.153	38.153	4.254	23.634	23.634
	2	2.524	14.021	52.174	2.524	14.021	52.174	2.782	15.455	39.090
	3	2.134	11.855	64.028	2.134	11.855	64.028	2.449	13.605	52.695
	4	1.265	7.030	71.058	1.265	7.030	71.058	2.090	11.610	64.305
	5	1.178	6.544	77.602	1.178	6.544	77.602	1.813	10.074	74.379
	6	0.873	4.848	82.450	0.873	4.848	82.450	1.453	8.071	82.450
1998 年	1	6.803	37.797	37.797	6.803	37.797	37.797	3.710	20.612	20.612
	2	2.614	14.523	52.319	2.614	14.523	52.319	2.685	14.917	35.529
	3	2.005	11.141	63.460	2.005	11.141	63.460	2.544	14.135	49.664
	4	1.559	8.664	72.124	1.559	8.664	72.124	1.998	11.100	60.764
	5	1.355	7.530	79.654	1.355	7.530	79.654	1.800	9.999	70.763
	6	0.823	4.571	84.224	0.823	4.571	84.224	1.698	9.436	80.199
1999 年	1	6.941	38.563	38.563	6.941	38.563	38.563	3.804	21.133	21.133
	2	2.616	14.535	53.098	2.616	14.535	53.098	3.322	18.456	35.589
	3	2.010	11.165	64.263	2.010	11.165	64.263	2.519	13.993	53.582
	4	1.476	8.201	72.465	1.476	8.201	72.465	2.346	13.036	66.618
	5	1.260	6.998	79.462	1.260	6.998	79.462	1.686	9.368	75.986
	6	0.754	4.191	83.653	0.754	4.191	83.653	1.380	7.668	83.653

续表

成分		初始特征值			提取平方和载入			旋转平方和载入		
		合计	方差的%	累积%	合计	方差的%	累积%	合计	方差的%	累积%
2000 年	1	6.479	35.995	35.995	6.479	35.995	35.995	2.888	16.044	16.044
	2	3.195	17.749	53.744	3.195	17.749	53.744	2.770	15.387	31.431
	3	1.708	9.488	63.232	1.708	9.488	63.232	2.314	12.855	44.286
	4	1.518	8.435	71.677	1.518	8.435	71.677	2.163	12.016	56.302
	5	1.050	5.831	77.497	1.050	5.831	77.497	2.098	11.654	67.955
	6	0.800	4.445	81.942	0.800	4.445	81.942	1.695	9.418	77.373
2001 年	1	6.596	36.646	36.646	6.596	36.646	36.646	3.789	21.049	21.049
	2	2.814	15.632	52.277	2.814	15.632	52.277	2.920	16.224	37.273
	3	1.844	10.244	62.522	1.844	10.244	62.522	2.684	14.912	52.185
	4	1.647	9.151	71.673	1.647	9.151	71.673	2.304	12.798	64.983
	5	1.046	5.810	77.483	1.046	5.810	77.483	1.753	9.738	74.722
	6	0.826	4.586	82.096	0.826	4.586	82.096	1.323	7.347	82.069
2002 年	1	6.113	33.964	33.964	6.113	33.964	33.964	3.870	21.502	21.502
	2	2.698	14.989	48.953	2.698	14.989	48.953	3.642	20.234	41.736
	3	1.826	10.146	59.099	1.826	10.146	59.099	2.652	14.735	56.471
	4	1.749	9.717	68.816	1.749	9.717	68.816	1.599	8.886	65.357
	5	1.305	7.251	76.066	1.305	7.251	76.066	1.590	8.835	74.192
	6	0.895	4.975	81.041	0.895	4.975	81.041	1.233	6.849	81.041
2003 年	1	6.328	35.157	35.157	6.328	35.157	35.157	3.912	21.731	21.731
	2	2.570	14.279	49.436	2.570	14.279	49.436	3.462	19.235	40.966
	3	1.837	10.205	59.641	1.837	10.205	59.641	2.360	13.110	54.076
	4	1.660	9.223	6.864	1.660	9.223	6.864	1.911	11.063	65.139
	5	1.440	7.999	76.863	1.440	7.999	76.863	1.600	8.891	74.030
	6	1.054	5.854	82.717	1.054	5.854	82.717	1.564	8.687	82.717
2004 年	1	6.740	37.443	37.443	6.740	37.443	37.443	4.865	27.030	27.030
	2	2.911	16.170	53.613	2.911	16.170	53.613	3.023	16.797	43.827
	3	1.725	9.581	63.194	1.725	9.581	63.194	2.612	14.511	58.338
	4	1.521	8.450	71.644	1.521	8.450	71.644	1.763	9.793	68.131
	5	1.347	7.482	79.126	1.347	7.482	79.126	1.468	8.157	76.288
	6	0.875	4.859	83.985	0.875	4.859	83.985	1.385	7.697	83.895

续表

成分		初始特征值			提取平方和载入			旋转平方和载入		
		合计	方差的%	累积%	合计	方差的%	累积%	合计	方差的%	累积%
2005	1	7.370	40.946	40.946	7.370	40.946	40.946	6.082	33.787	33.787
	2	2.684	14.910	55.856	2.684	14.910	55.856	3.182	17.676	51.463
	3	1.800	10.000	65.856	1.800	10.000	65.856	2.173	12.072	63.535
	4	1.561	8.671	74.527	1.561	8.671	74.527	1.472	8.179	71.714
	5	1.232	8.842	81.369	1.232	8.842	81.369	1.380	7.668	79.382
	6	0.899	4.992	86.361	0.899	4.992	86.361	1.256	6.980	86.361
2006 年	1	7.364	40.913	40.913	7.364	40.913	40.913	5.664	31.464	31.464
	2	2.678	14.878	55.790	2.678	14.878	55.790	2.918	16.210	47.674
	3	2.039	11.327	67.117	2.039	11.327	67.117	2.662	14.787	62.461
	4	1.463	8.127	75.244	1.463	8.127	75.244	1.610	8.944	71.405
	5	1.221	6.784	82.028	1.221	6.784	82.028	1.532	8.513	79.918
	6	0.874	4.855	86.883	0.874	4.855	86.883	1.254	6.965	86.883
2007 年	1	7.486	41.590	41.590	7.486	41.590	41.590	5.764	32.020	32.020
	2	2.923	16.239	57.829	2.923	16.239	57.829	2.943	16.352	48.373
	3	2.033	11.297	69.129	2.033	11.297	69.129	2.257	12.540	60.913
	4	1.573	8.739	77.865	1.573	8.739	77.865	1.841	10.225	71.138
	5	1.044	5.801	83.666	1.044	5.801	83.666	1.597	8.870	80.008
	6	0.810	4.501	88.167	0.810	4.501	88.167	1.469	8.159	88.167
2008 年	1	7.896	43.865	43.865	7.896	43.865	43.865	6.233	34.572	34.572
	2	2.583	14.348	58.213	2.583	14.348	58.213	2.412	13.398	47.969
	3	1.912	10.622	68.835	1.912	10.622	68.835	2.306	12.811	60.781
	4	1.624	9.024	77.859	1.624	9.024	77.859	1.920	10.666	71.447
	5	0.944	5.244	83.104	0.944	5.244	83.104	1.637	9.096	80.543
	6	0.826	4.590	87.694	0.826	4.590	87.694	1.287	7.151	87.694
2009 年	1	7.857	43.648	43.648	7.857	43.648	43.648	4.328	24.046	24.046
	2	2.664	14.798	58.446	2.664	14.798	58.446	4.082	22.679	46.725
	3	1.878	10.433	68.880	1.878	10.433	68.880	2.541	14.115	60.840
	4	1.515	8.418	77.298	1.515	8.418	77.298	2.070	11.498	72.338
	5	0.923	5.125	82.423	0.923	5.125	82.423	1.602	8.898	81.236
	6	0.762	4.233	86.656	0.762	4.233	86.656	0.976	5.420	86.656

成分		初始特征值			提取平方和载入			旋转平方和载入		
		合计	方差的%	累积%	合计	方差的%	累积%	合计	方差的%	累积%
2010 年	1	7.645	42.472	42.472	7.645	42.472	42.472	5.798	32.213	32.213
	2	2.676	14.868	57.340	2.676	14.868	57.340	2.577	14.319	46.532
	3	1.792	9.958	67.298	1.792	9.958	67.298	2.518	13.989	60.521
	4	1.495	8.306	75.604	1.495	8.306	75.604	1.702	9.457	69.979
	5	1.069	5.940	81.544	1.069	5.940	81.544	1.645	9.138	79.117
	6	0.982	5.456	87.001	0.982	5.456	87.001	1.419	7.884	87.001
2011 年	1	7.754	43.079	43.079	7.754	43.079	43.079	5.129	28.497	28.497
	2	2.691	14.948	58.026	2.691	14.948	58.026	3.239	17.996	46.493
	3	1.796	9.975	68.002	1.796	9.975	68.002	2.514	13.968	60.461
	4	1.728	9.600	77.602	1.728	9.600	77.602	1.925	10.693	71.154
	5	1.031	5.726	83.328	1.031	5.726	83.328	1.487	8.263	79.417
	6	0.695	3.860	87.187	0.695	3.860	87.187	1.399	7.770	87.187
2012 年	1	7.672	42.624	42.624	7.672	42.624	42.624	4.795	26.638	26.638
	2	2.669	14.829	57.453	2.669	14.829	57.453	4.024	22.357	48.995
	3	1.894	10.520	67.974	1.894	10.520	67.974	2.433	13.517	62.512
	4	1.808	10.044	78.018	1.808	10.044	78.018	1.686	9.367	71.879
	5	0.945	5.251	83.269	0.945	5.251	83.269	1.408	7.824	79.702
	6	0.709	3.937	87.206	0.709	3.937	87.206	1.351	7.504	87.206
2013 年	1	7.397	41.097	41.097	7.397	41.097	41.097	4.811	26.729	26.729
	2	2.668	14.824	55.920	2.668	14.824	55.920	3.240	18.001	44.730
	3	1.911	10.616	66.536	1.911	10.616	66.536	2.465	13.695	58.425
	4	1.765	9.807	76.343	1.765	9.807	76.343	2.159	11.995	70.420
	5	0.950	5.277	81.621	0.950	5.277	81.621	1.648	9.154	79.574
	6	0.857	4.759	86.380	0.857	4.759	86.380	1.225	6.806	86.380
2014 年	1	7.496	41.645	41.645	7.496	41.645	41.645	4.930	27.386	27.386
	2	2.588	14.376	56.020	2.588	14.376	56.020	2.979	16.548	43.934
	3	1.807	10.039	66.060	1.807	10.039	66.060	2.207	12.258	56.192
	4	1.672	9.287	75.347	1.672	9.287	75.347	2.079	11.552	67.744
	5	1.047	5.817	81.164	1.047	5.817	81.164	1.998	11.103	78.847
	6	0.908	5.045	86.209	0.908	5.045	86.209	1.325	7.362	86.209

续表

成分		初始特征值			提取平方和载入			旋转平方和载入		
		合计	方差的%	累积%	合计	方差的%	累积%	合计	方差的%	累积%
2015年	1	7.548	41.933	41.933	7.548	41.933	41.933	4.969	27.606	27.606
	2	2.687	14.929	56.862	2.687	14.929	56.862	2.730	15.168	42.773
	3	1.813	10.072	66.934	1.813	10.072	66.934	2.571	14.281	57.054
	4	1.510	8.390	75.324	1.510	8.390	75.324	2.012	11.175	68.229
	5	1.089	6.052	81.375	1.089	6.052	81.375	1.969	10.939	79.169
	6	0.821	4.560	85.935	0.821	4.560	85.935	1.218	6.767	85.935

资料来源：由 Spss 22.0 软件计算的结果整理所得。

因本书采用的是因子分析法，所以为了更加全面客观地说明公因子的内涵，需要对 1997~2015 年各省份每年的截面数据因子载荷矩阵采取最大方差法旋转。尽管年度各指标体系的因子载荷量有所差别，但每年因子载荷量的不同对各公共因子的细化和解释并不会产生影响。由于本书研究样本数据较多且年份较长，不便于逐年进行解释，因而只选取 2015 年的数据为例来解释说明，其他 18 年的解释类似。由表 5-3 可以看出，第 6 个公共因子在 X18 即失业率上具有较大的因子载荷量，该指标是一个地区社会稳定的体现；第 5 个公共因子在 X4 和 X12 即每万人高等教育人数和 FDI 占 GDP 之比上具有稍大的因子载荷量，前一个指标反映了一个地区的教育公平状况，后一个指标则代表某地区的开放规模；第 4 个公共因子在 X13 即高新技术产品出口比重上具有较大的因子载荷量，该指标体现了一个地区的开放结构；第 3 个公共因子在 X4、X8 和 X14 即每十万人高等教育人数、国家治理污染投入以及第二三产业就业人员比重上具有较大的因子载荷量，这三个指标分别表现着一个地区的教育公平、污染治理和结构协调的状态；第 2 个公共因子在 X3 即义务教育普及率上具有较大的因子载荷量，该指标反映了一个地区的教育起点的公平；第 1 个公共因子分别在 X5、X6、X11、X16 和 X17 即研发（R&D）投入占 GDP 比重、每万人拥有专利数量、外贸依存度、城镇化率和社会保障覆盖率上具有较大的因子载荷量，这些指标分别体现了一个地区的创新能力、创新成果、开放规模、城乡协调以及社会稳定。剩余的 X1、X2、X3、X7、X9、X10 以及 X15 即基尼系数、城乡收入比、义务教育普及率、单位碳排放、人均森林覆盖率、外贸以及消费投资比都具有较小的因子载荷量，甚至为负数。

表5-3 　　　　　　　　　　2015 年各指标旋转后在公因子上的载荷量

项目	1	2	3	4	5	6
X_1	-0.645	-0.665	0.002	-0.117	-0.157	-0.124
X_2	-0.209	-0.838	-0.228	-0.265	-0.111	-0.120
X_3	0.238	0.872	0.064	-0.048	0.095	-0.014
X_4	-0.025	0.172	0.760	-0.147	0.526	-0.073
X_5	0.883	0.157	0.132	0.046	0.261	-0.132
X_6	0.903	0.095	-0.043	-0.037	0.175	-0.270
X_7	-0.212	-0.369	-0.180	-0.250	-0.727	0.141
X_8	0.051	0.204	0.849	0.069	-0.104	-0.009
X_9	-0.208	0.226	-0.604	0.392	0.021	-0.459
X_{10}	-0.150	-0.033	-0.131	-0.876	-0.096	0.029
X_{11}	0.828	0.049	0.129	0.359	0.228	-0.049
X_{12}	0.356	0.451	-0.096	0.420	0.426	0.342
X_{13}	0.430	0.242	0.011	0.637	0.111	-0.206
X_{14}	-0.061	-0.009	0.864	0.289	0.175	0.046
X_{15}	-0.404	0.003	-0.082	-0.073	-0.829	0.063
X_{16}	0.848	0.386	-0.020	0.292	0.033	0.098
X_{17}	0.877	0.301	-0.017	0.134	0.128	-0.031
X_{18}	-0.303	0.169	0.043	-0.098	-0.133	0.826

资料来源：由 Spss 22.0 软件计算的结果整理所得。

基于以上分析，利用 Spss 22.0 软件得出的因子载荷量表5-4，进一步分析各地区的收入差距适度性综合水平，运用因子分析法对数据进行线性回归，根据表5-4 的因子得分矩阵计算出因子得分函数，依旧以 2015 年为例，步骤如下：

（1）$X_1 = -0.088F_1 - 0.226F_2 + 0.042F_3 + 0.079F_4 + 0.046F_5 - 0.075F_6$

　　　$X_2 = 0.097F_1 - 0.385F_2 - 0.06F_3 - 0.036F_4 + 0.086F_5 + 0.028F_6$

　　　　　　……

　　　$X_{18} = -0.020F_1 + 0.002F_2 - 0.058F_3 + 0.035F_4 + 0.043F_5 + 0.697F_6$

（2）$F_1 = -0.088X_1 + 0.097X_2 + \cdots - 0.02X_{18}$

　　　$F_2 = -0.026X_1 - 0.385X_2 + \cdots + 0.002X_{18}$

　　　　　　……

　　　$F_6 = -0.075X_1 + 0.028X_2 + \cdots 0.697X_{18}$

根据上述分析结果得出 2015 年综合因子得分计算公式为：

$$F = 0.38F_1 + 0.14F_2 + 0.11F_3 + 0.07F_4 + 0.07F_5 + 0.05F_6$$

同理可得 1997～2014 年各年的综合因子得分公式。由以上计算公式可求得 30 个省份截面数据因子分析的综合因子得分，结果如表 5 - 5 所示。

表 5 - 4　　　　　　　2015 年截面数据因子分析的因子载荷量

项目	1	2	3	4	5	6
X_1	- 0.088	- 0.226	0.042	0.079	0.046	- 0.075
X_2	0.097	- 0.385	- 0.060	- 0.036	0.086	0.028
X_3	- 0.080	0.482	0.002	- 0.195	- 0.068	- 0.179
X_4	- 0.090	0.066	0.250	- 0.179	0.269	- 0.132
X_5	0.226	- 0.069	0.040	- 0.106	0.000	- 0.044
X_6	0.248	- 0.054	- 0.006	- 0.162	- 0.046	- 0.163
X_7	0.143	- 0.095	0.037	- 0.013	- 0.438	0.085
X_8	0.009	0.102	0.399	0.024	- 0.277	- 0.150
X_9	- 0.208	0.221	- 0.229	0.193	0.035	- 0.404
X_{10}	0.044	0.146	- 0.052	- 0.559	0.060	- 0.072
X_{11}	0.213	- 0.186	0.038	0.137	- 0.021	0.084
X_{12}	- 0.026	0.025	- 0.158	0.180	0.265	0.385
X_{13}	0.016	0.006	0.015	0.322	- 0.098	- 0.125
X_{14}	- 0.053	- 0.084	0.351	0.194	- 0.024	- 0.001
X_{15}	0.006	0.162	0.099	0.068	- 0.576	- 0.097
X_{16}	0.212	0.015	- 0.015	0.072	- 0.166	0.136
X_{17}	0.221	0.001	- 0.016	- 0.046	- 0.089	0.029
X_{18}	- 0.020	0.002	- 0.058	0.035	0.043	0.697

资料来源：由 Spss 22.0 软件计算的结果整理所得。

表 5 - 5　　　　30 个省份 1997～2015 年截面数据因子分析的综合因子得分

地区	1997 年	1998 年	1999 年	2000 年	2001 年	2002 年	2003 年
北京	1.84300	1.95619	1.25708	1.81469	1.68325	1.27637	1.18642
天津	0.53027	0.38859	1.00115	0.29658	0.63083	0.63104	0.56806
河北	- 0.24322	- 0.28951	- 0.07404	0.23278	- 0.13928	- 0.08037	- 0.11770
山西	- 0.17500	- 0.16112	0.15773	0.01285	- 0.07399	- 0.02418	- 0.09809
内蒙古	- 0.20365	- 0.16154	0.00468	- 0.14423	- 0.05960	- 0.06506	- 0.04671

续表

地区	1997 年	1998 年	1999 年	2000 年	2001 年	2002 年	2003 年
辽宁	0.30153	0.26040	0.49641	0.14695	0.40021	0.54605	0.75208
吉林	0.11937	0.16065	0.15391	− 0.17904	− 0.06659	− 0.10595	0.02766
黑龙江	0.06555	0.16515	0.24846	− 0.09450	0.02749	0.00675	0.03693
上海	0.61642	0.64630	1.14001	0.40157	0.59327	0.99551	1.02465
江苏	0.02522	0.27214	0.06620	0.26135	0.28703	0.25595	0.31630
浙江	− 0.10999	− 0.27649	− 0.23189	− 0.10343	0.06940	0.03996	0.14661
安徽	− 0.17098	− 0.19148	− 0.27879	− 0.01158	− 0.20993	− 0.27126	− 0.31323
福建	0.10329	− 0.02509	− 0.02219	0.13579	− 0.11759	− 0.17992	− 0.09213
江西	− 0.19391	− 0.13462	− 0.19366	0.12397	− 0.31152	− 0.31880	− 0.27397
山东	− 0.18795	− 0.08636	− 0.34550	− 0.08136	0.07487	0.00836	0.12839
河南	− 0.25577	− 0.17170	− 0.23985	0.23915	− 0.13907	− 0.24982	− 0.35099
湖北	0.05611	0.06970	− 0.13293	0.03099	0.01822	− 0.07685	− 0.02796
湖南	− 0.03045	− 0.27319	− 0.20566	0.02674	− 0.15159	− 0.24642	− 0.27547
广东	0.31577	0.10154	0.22530	0.05357	0.41495	0.05812	0.18184
广西	− 0.24763	− 0.21962	− 0.48037	− 0.33620	− 0.11894	− 0.47171	− 0.45748
海南	0.14833	0.00380	− 0.24949	− 0.28695	− 0.67002	− 0.58163	− 0.39273
重庆	− 0.14190	− 0.26996	− 0.29798	− 0.25698	− 0.27051	− 0.33298	− 0.26535
四川	− 0.07833	− 0.11319	− 0.31265	− 0.06619	− 0.00380	− 0.08105	− 0.14860
贵州	− 0.54376	− 0.41335	− 0.39307	− 0.55006	− 0.42389	− 0.33838	− 0.47795
云南	− 0.36318	− 0.44159	− 0.57310	− 0.35482	− 0.41350	− 0.37540	− 0.42370
陕西	0.00255	0.07731	− 0.27003	0.13677	0.03809	− 0.04744	− 0.10568
甘肃	− 0.49266	− 0.27829	− 0.23475	− 0.13428	− 0.26941	0.34751	− 0.41512
青海	− 0.24530	− 0.07515	− 0.03804	− 0.13640	− 0.27891	− 0.11143	− 0.07596
宁夏	− 0.37168	− 0.28679	− 0.11079	− 0.66390	− 0.28226	− 0.03588	− 0.04187
新疆	− 0.07202	− 0.23275	− 0.06615	− 0.51380	− 0.23725	− 0.17107	0.03172

地区	2004 年	2005 年	2006 年	2007 年	2008 年	2009 年
北京	0.96485	1.49295	1.39448	1.21994	1.77104	1.88714
天津	0.60618	0.74654	0.72929	0.80246	0.70909	0.66646
河北	− 0.11930	− 0.25771	− 0.30978	− 0.00415	− 0.08054	− 0.13755
山西	− 0.12731	− 0.39654	0.04188	− 0.06613	0.19839	0.17111
内蒙古	− 0.02736	− 0.06032	0.05214	− 0.07313	− 0.00808	− 0.01403
辽宁	0.78094	0.61146	0.80466	0.44487	0.38839	0.25096

续表

地区	2004 年	2005 年	2006 年	2007 年	2008 年	2009 年
吉林	- 0.04983	- 0.07738	- 0.00694	- 0.00796	0.03155	- 0.05852
黑龙江	0.10095	- 0.12669	- 0.12644	0.01817	- 0.08317	- 0.17889
上海	1.19758	1.17180	1.12124	1.20657	0.82932	0.63244
江苏	0.43487	0.36802	0.18401	0.53933	0.40366	0.30956
浙江	0.18908	0.15241	0.13880	0.41071	0.17542	0.18304
安徽	- 0.28280	- 0.26394	- 0.49244	- 0.25788	- 0.38036	- 0.35470
福建	- 0.00772	0.05110	0.13257	0.08638	- 0.08091	- 0.21098
江西	- 0.21230	- 0.23484	- 0.34216	- 0.19101	- 0.31267	- 0.40180
山东	0.20566	0.18715	0.18219	0.18207	0.26666	0.40482
河南	- 0.28993	- 0.40406	- 0.36411	- 0.09872	- 0.15821	- 0.16412
湖北	0.02412	- 0.02361	- 0.22325	- 0.08960	- 0.17697	- 0.03379
湖南	- 0.17950	- 0.28439	- 0.33587	- 0.22833	- 0.29010	- 0.27998
广东	0.18087	0.02420	0.17327	0.40994	0.40777	0.40094
广西	- 0.47879	- 0.48724	- 0.54058	- 0.54490	- 0.47564	- 0.44332
海南	- 0.74124	- 0.17892	0.01181	- 0.43830	- 0.52558	- 0.74710
重庆	- 0.25641	- 0.22130	- 0.27558	- 0.26881	- 0.27478	- 0.36444
四川	- 0.16168	0.01108	- 0.22297	- 0.16166	- 0.19762	- 0.21479
贵州	- 0.50299	- 0.48680	- 0.47184	- 0.69883	- 0.58958	- 0.35273
云南	- 0.46731	- 0.42734	- 0.49981	- 0.64813	- 0.58201	- 0.52024
陕西	- 0.15474	- 0.01840	- 0.13073	- 0.27208	- 0.15885	0.00827
甘肃	- 0.35447	- 0.28925	- 0.17000	- 0.41195	- 0.35991	- 0.20757
青海	- 0.12644	- 0.13904	- 0.23985	- 0.40903	- 0.34515	- 0.11917
宁夏	- 0.11056	- 0.16348	- 0.07977	- 0.25272	- 0.10007	- 0.16671
新疆	- 0.03442	- 0.27545	- 0.13420	- 0.19712	- 0.00111	0.05568
地区	2010 年	2011 年	2012 年	2013 年	2014 年	2015 年
北京	1.05277	1.18701	1.58753	1.52080	1.49605	1.48073
天津	1.27456	0.60950	0.76781	0.63047	0.61065	0.46880
河北	- 0.13657	- 0.53028	- 0.15565	- 0.04451	0.02320	- 0.04763
山西	- 0.19082	0.04273	0.04137	0.19141	- 0.00498	- 0.18239
内蒙古	- 0.09032	- 0.10037	- 0.12438	0.16676	0.12226	- 0.17365
辽宁	0.45923	- 0.10202	- 0.03520	0.22453	0.26501	0.10405
吉林	0.03999	- 0.77026	- 0.33691	- 0.15980	- 0.04719	- 0.16046

续表

地区	2010 年	2011 年	2012 年	2013 年	2014 年	2015 年
黑龙江	− 0.06771	− 0.83742	− 0.39495	− 0.12989	− 0.10563	− 0.04804
上海	0.81938	0.66504	0.87273	0.78014	0.83610	1.06689
江苏	0.46455	0.65341	0.60963	0.43217	0.32489	0.53630
浙江	0.27974	0.06384	0.34079	0.46721	0.44203	0.55156
安徽	− 0.25963	− 0.32765	− 0.20475	− 0.27201	− 0.34017	− 0.13939
福建	0.12123	0.15152	0.15717	− 0.01502	− 0.03414	0.08578
江西	− 0.18169	− 0.61291	− 0.33145	− 0.46172	− 0.50546	− 0.23939
山东	0.24057	0.27232	0.24487	0.26535	0.37231	0.28591
河南	− 0.14194	− 0.35218	− 0.27794	− 0.11877	− 0.17354	− 0.18844
湖北	0.07596	− 0.46623	− 0.21065	− 0.18724	− 0.06400	− 0.05454
湖南	− 0.23205	− 0.42607	− 0.34837	− 0.48617	− 0.46156	− 0.21994
广东	0.51576	0.90262	0.72116	0.40192	0.34212	0.59453
广西	− 0.43253	− 0.18503	− 0.35520	− 0.52791	− 0.53919	− 0.31456
海南	− 0.08121	− 0.34722	− 0.03600	− 0.55568	− 0.57995	− 0.37284
重庆	− 0.16951	0.39911	− 0.20098	− 0.18921	− 0.07119	− 0.02350
四川	− 0.24278	− 0.27104	− 0.39313	− 0.36728	− 0.31750	− 0.18720
贵州	− 0.75042	0.16065	− 0.31746	− 0.53562	− 0.57136	− 0.55611
云南	− 0.62622	− 0.06635	− 0.40928	− 0.67406	− 0.65687	− 0.51951
陕西	− 0.05624	0.24866	− 0.07907	− 0.10126	− 0.16057	− 0.10663
甘肃	− 0.62663	0.19951	− 0.08551	− 0.33206	− 0.47624	− 0.51777
青海	− 0.51231	0.06759	− 0.32070	0.02082	0.01428	− 0.51585
宁夏	− 0.13959	0.06826	− 0.31972	− 0.04768	0.06753	− 0.33381
新疆		− 0.16020	− 0.40576	0.10433	0.19309	− 0.27294

资料来源：由 Spss 22.0 软件计算的结果整理所得。

5.1.1.3　基于因子分析法的基本结论

根据表 5 – 5 的结果可得，我国 30 个省份在 1997～2015 年截面数据因子分析的综合因子得分中，每年度的综合因子最高分比最低分高出不少，其中甘肃、贵州、云南、广西、海南、宁夏、重庆、河南、河北、江西、湖南、陕西、青海、新疆、四川和安徽等省份的大部分年份（或全部年份）综合因子得分为负值，表明其收入差距适度性差，从表 5 – 5 中可以看出，这些综合因子得分为负值的省份主要集中在中西部地区；而北京、天津、上海、江苏、浙江、福建、山东、广东、辽宁等东部省份综合因子得分较高，表明这些地区收入差距适度性好。可见我国东中西三个地区的整体收入差距较大，东部与中西部之间的地区收入差距不够适度。基于中西部省份的综合因子得分普遍较低，说明这些地方收入差距过大，收入差距的适度性较差。由前面分析可知，根据多数学者的研究成果，如果把全国整体收入差距分解为城乡之间的收入差距、城镇内部收入差距和农村内部收入差距，城乡之间的收入差距对中国整体收入差距的贡献度最大，达到50%以上。而中国中西部地区城乡之间的收入差距远超过了东部地区城乡之间的收入差距，由于中西部地区很多偏远农村地区极度贫困，目前中国绝大部分贫困人口都分布在这些地区，他们和中西部地区的城镇人口之间的收入差距过大，影响了中西部地区收入差距的整体适度性。这些省份应该加强各地区的经济均衡发展，提高各地区的就业率，尤其是落后的农村地区，政府应该加强精准扶贫，从而缩小富裕人口和绝对贫困人口之间的绝对收入差距，改善其收入差距的适度性。而从东部发达地区的综合因子得分来看，相对较高的综合因子得分说明东部地区尽管整体收入水平高于中西部地区，但东部地区收入差距的适度性要好于中西部地区。说明东部经济发达地区，其内部整体收入差距相对中西部地区而言，较为均衡，差距相对较小，尤其是东部地区城乡之间收入差距远小于中西部地区城乡之间的收入差距，对东部地区的收入差距适度性贡献较大。

5.1.2 中国收入差距适度性——基于因子分析的 Topsis 综合评价

另外，表5-5也告诉我们，在1997~2015年，30个省份每年度的综合因子得分都不尽相同，且每年度的因子得分排序也不一样。主要原因是本书所采取的样本数据之间具有独立性，各地区每年的截面数据没有相关性，因此，也无法将各年的综合评价得分加总求和，以得出30个省份在1997~2015年收入差距适度性的整体排名，无法得到一个综合评价结果。为科学客观地对所研究地区的收入差距适度性的综合水平进行评价，在以上分析结果的基础上，本书运用前文提出的基于因子分析的 Topsis 方法计算出综合评价得分值，以克服因子分析面板数据每年的评价结果无法加总求和，以对每一个省份在1997~2015年的收入差距适度性作出整体评价的弊端。我们使用 Spss 软件计算得出了30个省份在1997~2015年的综合评价得分，我们根据

综合评价得分值的大小对各地区的收入差距适度性实行进一步的综合排名和
水平评价，得出综合评分得分和具体排名结果如表 5 – 6 所示。

表 5 – 6 　　　　　　我国 30 个省份 1997 ~ 2015 年收入差距
适度性测度综合评价结果及排名

地区	C_i^+	排名	地区	C_i^+	排名
北京	0.96576	1	河北	0.24030	16
上海	0.65852	2	新疆	0.23151	17
天津	0.57507	3	青海	0.21543	18
辽宁	0.46767	4	宁夏	0.21285	19
江苏	0.44658	5	河南	0.21081	20
广东	0.43504	6	重庆	0.20606	21
浙江	0.35679	7	湖南	0.18148	22
山东	0.35313	8	四川	0.17846	23
福建	0.28950	9	安徽	0.17668	24
山西	0.27692	10	江西	0.17432	25
黑龙江	0.26981	11	甘肃	0.15647	26
陕西	0.26838	12	海南	0.14837	27
内蒙古	0.26462	13	广西	0.12369	28
吉林	0.26208	14	贵州	0.11292	29
湖北	0.26022	15	云南	0.09983	30

资料来源：由 Spss 22.0 软件计算的结果整理所得。

根据表 5 – 6 可以看出，排名靠前的基本上都是东部地区的省份，排名在
中间的大部分为中部地区的省份，也有少数西部地区的省份，但大部分西部
地区的省份排名靠后。可见，东部地区的收入差距相对中西部地区来说较为
适度。但从整体来看，我国 30 个省份 1997 ~ 2015 年的收入差距适度性的综
合水平在 0 ~ 0.7（北京除外），表明当前中国收入差距适度性整体水平尚可，
处于可控范围之内。另外，我们可以根据 30 个省份收入差距适度性的综合评
价得分，将 30 个省份的收入差距的适度状况分成四档。

第一档：北京、上海、天津，综合评价得分在 0.5 以上，收入差距的适
度性很好。

第二档：辽宁、江苏、广东、浙江、山东，综合评价得分在 0.3 ~ 0.5，
收入差距的适度性好。

第三档：福建、山西、黑龙江、陕西、内蒙古、吉林、湖北、河北、新疆、青海、宁夏、河南、重庆，综合评价得分在 0.2~0.3，收入差距的适度性比较好。

第四档：湖南、四川、安徽、江西、甘肃、海南、广西、贵州、云南，综合评价得分在 0~0.2，收入差距适度性一般。

5.1.3 综合评价指标体系分析的整体结论

如前面所述，中国自改革开放以来，整体收入差距逐渐拉大，大约在 2008 年前后出现了轻微缩小的趋势，但是中国城乡之间、地区之间、行业之间仍然表现较大的收入差距。在本部分，我们将因子分析和 Topsis 综合评价方法运用于基于"五大发展理念"的中国收入差距适度性综合评价指标体系，对中国 30 个省份 1997~2015 年的收入差距适度性进行了综合评价和排序。通过分析，本书可以得出以下结论：其一，尽管中国目前的收入差距整体仍然处于较高水平，但综合评价发现，基于"五大发展理念"的视角，中国的收入差距整体上仍然处于较为适度的水平，30 个省份中，北京市表现最佳，因子综合得分超过 0.7，综合排名第一，其他 29 个省份因子综合得分均处于 0~0.7，适度水平处于好、较好或一般的状态。其二，中国不同省份收入差距状况差异较大，表现出较强的地区不均衡性，整体而言，东部地区省份的收入差距适度性表现最优，中部地区省份表现次之，西部地区大部分省份的收入差距适度性表现最差。排名 1~9 位的全部是东部沿海省份，其中北京、上海、天津三个直辖市高居前三位，排名后三位的全部是西部省份。基本和前面第 2 章所分析的中国区域收入差距状况相吻合。这表明收入差距的适度性和经济发展水平呈现出了一定的相关性，经济发展水平较高的地区，收入差距也表现出了更好的适度性。

5.2 基于居民主观心理承受力的中国收入差距适度性综合评价

收入分配是具有很强社会敏感性并最终体现社会成员经济利益的经济活动。收入分配是否公平、是否合理、是否适度，会影响每个社会成员与其他

社会成员之间社会关系的协调程度以及该成员自身的心态平和程度，并进而
会影响整个社会秩序的稳定。如前面所述，自改革开放以来，中国收入分配
差距从比较公平的状况逐渐拉大到收入分配差距比较大的格局，如果仅使用
在国际上最通用的衡量收入差距的指标基尼系数来度量，几乎所有的测算都
显示中国的收入分配差距已经远超国际公认的警戒线——0.4，表 5 - 7 给出
了目前国内外对中国基尼系数最权威的几个估计结果，几乎全部接近 0.5 的
水平（除了甘犁依据 CHFS 数据估计的结果超过 0.6 外）。这充分说明，尽管
对中国收入差距大小的评估由于计算所依赖的"样本数量、抽样方法、调查
方式、收入定义、估计方法等的影响"[①]（李实；2018）而存在分歧，但当前
的中国收入分配差距处于一个比较高的水平已经是不争的事实。但计算基尼
系数所依赖的调查数据主要是侧重于对居民收入方面的数据，是一些相对比
较客观的数据，而几乎不涉及居民对目前中国收入差距的看法、评价及心理
感受等方面的数据资料。如前面所述，收入差距的适度性必然会通过居民的
主观心理感受体现出来，具有一定的主观性和规范性特征。这是因为收入分
配的差异"是否合理、是否适度"会通过社会成员的主观心理承受力来影响
社会稳定的，因此，一个国家或地区社会成员对收入差距的"主观心理承受
力高低和接纳程度是度量社会稳定程度的重要尺度"[②]（刘毅、程慧；2007）。
因此，为了更全面地分析评价中国收入差距的适度性，就有必要基于居民主
观心理承受力的视角来对这一问题展开分析，由此，本书采用调研问卷来调
查居民对目前中国收入差距的看法、评价及心理感受，整个调查问卷侧重于
居民对中国收入差距的主观心理承受力来展开，以更好地补充各种客观调查
数据忽视居民主观心理感受的缺陷。

　　本书的调查内容包括居民对收入的满意度、对收入差异现状的接纳度、
对收入差异的主观认知度、对收入差距产生的根源、收入差距产生的公平程
度、比较利益的感知度、对政府调节收入差距政策的认知程度和对未来收入
差距变动的预期等多个纬度。

---

　　① 李实. 当前中国的收入分配状况 [J]. 学术界，2018（3）：5 - 19.
　　② 刘毅，程慧. 居民对收入差异的评价及心理承受力研究 [J]. 广东社会科学，2007（6）：189 - 194.

表 5 – 7 不同数据来源估计的中国基尼系数

数据来源	基尼系数	年份
NBS	0.484	2007
NBS	0.473	2013
CHIP（A）	0.470	2007
CHIP（A）	0.448	2013
CHIP（B）	0.486	2007
CHIP（B）	0.433	2013
CFPS	0.530	2010
CFPS	0.532	2012
CGSS	0.545	2010
CGSS	0.539	2012
CHFS	0.615	2010
CHFS	0.604	2014

资料来源：（1）李实．当前中国的收入分配状况［J］．学术界，2018（3）；李实，岳希明，〔加〕史泰丽，〔日〕佐藤宏等．中国收入分配格局的最新变化——中国居民收入分配研究 V ［M］．北京：中国财政经济出版社，2017．（2）NBS（the National Bureau of Statistics），国家统计局；CHIP（Chinese Household Income Project），（北京师范大学、中国社会科学院）中国家庭收入调查；CFPS（China Family Panel Studies），（北京大学社会科学调查研究院）中国家庭追踪调查；CGSS（Chinese General Social Survey），（中国人民大学中国调查与数据中心）中国综合社会调查；CHFS（China Household Finance Survey），（西南财经大学中国家庭金融调查与研究中心）中国家庭金融调查。（3）CHIP（A）估计结果使用国家统计局收入定义（未调整国家统计局收入），CHIP（B）用 CHIP 收入定义（关于 CHIP 收入定义，见罗楚亮等〔2017〕）。国家统计局（NBS）的估计结果来自中国国家统计局住户调查办公室（2016 年）；CHIP 估计结果来自罗楚亮等（2017）；CFPS 和 CGSS 估计结果来自 Xie and Zhou（2014）；CHFS 估计结果来自 Gan（2017）。

5.2.1 收入差距的适度性、居民的主观心理承受力和社会稳定

5.2.1.1 收入差距的适度性、主观心理承受力与社会稳定的关系

所有社会的经济活动都是在一定的环境下进行的，在经济转轨或剧烈变动的国家和地区，社会变革会使得不同群体的社会地位发生剧烈流动，也必然涉及经济利益在不同群体之间的重新分配，而社会成员间经济利益的再分配主要通过收入分配来实现。社会成员的心态平和程度会受到收入分配公平合理程度的影响，社会成员之间的关系协调程度又会受到他们心态平和程度

的影响，一个社会的稳定程度又会进一步受到社会成员之间关系协调程度的影响。

　　收入分配不同的均等程度会对社会的稳定性产生不同的影响。在一个收入分配两极分化的社会，收入分配会对社会稳定产生极端不利的影响，不利于社会关系和谐，导致社会秩序混乱，在一个转轨社会极易出现这种情况。由改革推动的社会转轨，改变原来的社会结构和社会秩序，导致不同阶层相互博弈，必然会对社会成员之间的利益再调整，会使得一部分人得益很少或利益受损，另一部分人得到更多的利益。一旦形成了这种固化的利益格局，伴随着经济增长，受益者更多受益，受损者更多受损，最终会使得整个社会出现两极分化的局面，强者恒强，弱者恒弱，会使得贫困阶层对社会日益不满，一旦超出社会公众的主观心理承受力，就会引发诸多社会问题，最终会导致社会秩序混乱，危及社会稳定。在一个转轨社会尤其容易出现此类问题。社会转轨极易导致不同社会群体的社会地位变动，部分曾经的底层群体会变为社会上层，部分曾经的社会上层会变为社会的下层。社会地位上升的群体，会据此提出相应的政治、经济诉求，要求改变原来的政治、经济体制，甚至是变更部分社会道德、价值标准等，这些会给社会稳定带来强烈不安定因素和挑战。社会地位下降的群体，会产生强烈的被剥夺感、失落感和心理失衡，一旦超出其心理承受能力，容易产生对抗社会的行为，也会危及整个社会的稳定。收入差距越大，两极分化越严重，越容易诱发这种社会不稳定。塞缪尔·亨廷顿详细研究了收入不平等与社会动乱的相互关系之后，他发现在 30 个国家中有 18 个国家政治冲突的死亡人数与税前收入不平等的相关性达到 0.34，有 12 个国家的政治冲突的死亡人数与税后收入不平等的相关性达到 0.36[①]。在这方面拉丁美洲的巴西和阿根廷等国给我们提出了重要警示。据美国斯坦福大学的罗斯高（ScottRozelle）教授、中国的李实和王小鲁等多位学者的研究，20 世纪 70 年代，已经处于中等收入国家的一些拉美国家的基尼系数高达 0.44 ~ 0.66，譬如巴西到 20 世纪 90 年代末基尼系数仍高达 0.64，阿根廷在 2007 年基尼系数还处于 0.51 的高位。这些国家还由于收入差距过大，社会严重分化，引发激烈的社会动荡，导致政权更迭频繁，严重阻碍了经济发展，使经济发展停滞不前，成为"跌入中等收入陷阱"的典型国家。与拉美国家相反，东亚的韩国、日本等国家第二次世界大战后实施市

---

① 塞缪尔·亨廷顿. 变革社会中的政治秩序 ［M］. 王冠华，刘为等译. 北京：三联书店，1989.

场主导经济的政策，政府通过再分配大力缩小收入差距，使基尼系数从0.5以上降到0.3~0.4，实现了经济高速增长，成功进入了高收入国家和地区范围，成为成功"跨越中等收入陷阱"的典型国家。收入分配不平等主要是通过社会成员的主观心理感受和主观心理承受能力来影响社会稳定，因此，我们可以将社会成员的主观心理承受力的高低作为判断收入差距适度性的重要依据。

社会心理学认为，主观承受力由理解能力、应激能力、耐压能力和平衡能力四种能力构成。理解能力是个体或群体对问题的认知水平，应激能力是个体或群体对突发事件的反应水平，耐压能力是个体或群体对社会变革的忍受压力水平，平衡能力是个体或群体面临突发事件的综合调节能力。其中理解能力是基础，应激能力受到理解能力的制约，良好的平衡能力可以弥补应激能力、耐压能力的负面作用。

综上所述，收入差距的适度性主要是通过对社会成员主观心理感受产生影响，进而导致社会成员形成一定的社会行为方式来对社会稳定产生影响。因此，居民的主观心理承受力的高低是影响社会稳定的关键因素，也是探讨收入差距适度性的尺度和标准，这也是后面对中国收入差距的适度性进行综合评价的基本依据。

5.2.1.2 收入差距对公众的主观承受力影响的若干调查回顾

如前面所述，国际上通常用基尼系数来度量收入差距的大小，其中一个简单判断是认为基尼系数0.4是条"警戒线"，一旦基尼系数超过0.4，表明该国或地区收入差距已经过大，有可能出现不稳定状态。如果依据该标准，中国的收入差距已经越过了社会的"红线"。由表3-7可知，中国基尼系数自1993年首次突破0.4以来，除了其中的4年略微低于0.4（1996年为0.398；1997年为0.3979；1999年为0.397；2001年为0.384）之外，其他年份都高于0.4，其中2008年达到最高为0.491，而2017年仍然在0.467的高位徘徊。

而由收入差距过大引发的诸多问题已经成为社会各界持续关注的焦点。基于2000年以来部分学者对改革开放后影响人们心态和社会稳定因素的一系列调查分析发现，2000年以来，人们最为关注的问题持续集中在贫富差距、社会保障、失业、腐败、通货膨胀、社会治安、社会风气等因素上，而这些因素会对社会稳定产生重要影响。改革开放以来，随着经济及社会收入分配状况的变动，人们对这些问题关注的次序也在发生变动。其中，人们对收入差距的关注度，经历了从20世纪90年中期之前的不被关注到90年代中期的开始关注，再到 2000 年之后的极度关注，最后到 2015 年之后关注程度轻微下降的动态演变过程。这一演变过程基本和改革开放以来中国收入差距的动态演变过程相契合。一方面，说明了面临收入差距扩大的现实，公众的主观承受力和收入差距的现实高度相关，但是在磨合了较长时间之后，人们的主观承受力开始变强；另一方面，则表明在计划经济向市场经济转轨的过程中，人们的价值观出现了多元化，这也导致了影响居民心态的因素开始趋向了多元化。

由中国经济体制改革研究所社会研究室在 1985 年所进行的社会调查发现（《改革的社会心理：变迁与选择》，四川人民出版社，1988 年版），在 1985年之前，由于改革开放尚处于起步阶段，当时改革的重点尚在农村、还未转入城市，以实行家庭联产承包责任制为主。而城市尚处于价格机制、市场机制改革的初创阶段，政府对城市居民增加工资、发放物价补贴，使多数人普遍受益。由于多数人和与改革开放前的收入水平和生活水平相比得到了改善，他们普遍对自己的收入和生活现状主观感受到满意，对未来的进一步改革预期看好。

1985～1992 年，是城市经济体制改革逐渐深化阶段，国企改革，部分体制内的人下海经商，城镇居民收入差距迅速拉大，导致城镇居民之间的矛盾逐渐突出。在此期间多家机构和学者所进行的社会调查发现，随着居民之间收入差距的持续扩大，对个人收入状况不满意的人越来越多，收入差距问题也成为此阶段广大民众最为关注的社会焦点问题之一。这表明人们彼此之间的收入分配差距的快速拉大导致了这个时期社会大众心态的扭转，一定程度上影响了社会形势的稳定。

1992 年春天，邓小平发表南方谈话，中国改革步入新阶段，经济体制全面深化改革，市场机制的引入，政企分开，简政放权，带动了中国经济步入一个高速增长的轨道。经济的高速增长与全面转型，带动了整个社会的加速转型，市场机制在资源配置中的作用越来越强。"效率优先，兼顾公平"，"让一部分人先富起来""不管白猫黑猫，抓住老鼠就是好猫"，成为这一时期主要政策导向。传统社会保障制度和福利分配制度等全方位的改革迅速改变了原有旧的利益格局，迅速拉大了不同阶层之间的收入分配差距，当时全社会最关注的问题便是收入分配的不公平。《中国经济时报》在 1995 年 7 月发布的一项社会调查发现，与身边其他的人相比，超过 60% 的被调查对象认为自己的经济地位低于其他的人，超过 80% 的被调查对象怀疑先富人群致富手段的合法性和正当性①。

由于严重的通货膨胀，1996 年开始，政府实施宏观紧缩，经济增速回落，收入差距快速扩大的趋势与前期相比相对缓和。在此阶段，经济体制的改革目标被设定为建设社会主义市场经济，市场对资源的配置作用进一步增强。一方面，注重效率，尊重知识、尊重人才，使得一些高素质的知识人才收入大幅度增加；另一方面，经济结构的调整，国企进一步深化改革建立现代企业制度，使得国企普通职工下岗问题突出，而管理阶层迅速拉大和普通职工之间的收入差距。在改革过程中，制度不健全、不规范的行为，使得腐败问题凸显，在改制过程中经济大案、要案的频出，对人们产生了巨大冲击。使得人们在此阶段对贫富差距问题的关注降到腐败问题之后。为了了解城镇居民对社会主要问题的判断情况，国家发改委社会发展研究所社会稳定形势分析课题组在 1997 年组织了一次社会调查，这次调查发现居民对收入差距扩大的关注度高居第 2 位；该课题组在 2000 年组织的另一次调查中发现人们对"收入差距"扩大的关注度已经降到了第 3 位，对"失业下岗"和"腐败"问题的关注度排在前两位。在多项其他的社会调查中，结果也显示人们的关注度排序也呈现出相同的变化。这种变化说明，面临收入差距扩大的现实，公众的主观承受力和收入差距的现实高度相关，但在一段较长时间的磨合之后人们的主观承受力开始变强。需要引起注意的是，腐败、失业下岗等问题尽管不直接和收入分配差距相关，但其却是影响该阶段收入差距拉大的主要根源，认为其具有很强的"非合理性"和"非公平性"。这表明了人们的认识更加深刻，已经从重点关注收入本身分配的不公平转向到导致收入分配不公平的根源，人们更加看重机会是否公平、起点是否公平。

中国宏观经济研究院课题组在 2001 年委托国家统计局城镇调查总队对上海、哈尔滨、贵阳、银川、厦门、商丘六城市居民进行了问卷调查，对居民对收入差距的主观承受力的调查是该次调查的重要内容之一，在指标设计上选择易量化的指标，从理解力、应激力、耐压力和平衡力四个方面进行调查分析，并设定权数作出测度分析，其调查分析结果如表 5-8 所示。可以得出三个重要结论：首先，可以发现无论是理解力、应激力、耐压力还是平衡力，高收入群体的得分值均高于低收入群体的得分值。随着收入水平的提高，不同群体的综合承受力得分值也逐渐增加，从低收入群体的 2.82 逐渐增加到高

---

① 《中国经济时报》，1995 年 7 月 11 日。

收入的 3.52。调查结果说明不同的收入群体，他们的收入水平越高，其对收入差距的主观承受力越强，表明居民对收入差距的综合承受力与收入水平的高低呈正向关系。其次，本次调查结果还表明不同收入群体的综合承受力的得分值处于 2.82～3.52（满分 5 分），平均得分值 2.96，高于中间值 2.5 分，最低得分值 2.82 远高于 1 分的最低限，调查结果说明在此阶段中国大多数城镇居民，尽管对收入差距持续拉大的社会现实不满意，特别是中低等收入群体，但总体上仍然在可控的主观承受力范围之内。最后，在所有分项得分中，收入来源认同程度（为理解力指标）得分最低，为 2.78[①]，这表明影响居民收入差距主观承受力的最主要因素是收入来源的不公平性和不合理性。

表 5-8　　　　　　　　　不同收入群体对收入差距的主观承受力

个人收入	理解力		应激力	耐压力	平衡力	综合承受力
	收入差距趋势判断	收入来源认同程度	收入差距接受方式	收入差距接受程度	收入水平满意程度	
低收入	3.51	2.76	3.15	2.80	2.22	2.82
中低收入	3.53	2.71	3.03	2.77	2.66	2.86
中等收入	3.64	2.84	3.18	2.85	3.21	3.07
中高收入	3.65	2.87	3.08	2.96	3.34	3.11
高收入	3.75	3.13	4.00	3.47	3.38	3.52
合计	3.58	2.78	3.10	2.83	2.87	2.96

　　资料来源：中国宏观经济研究院课题组. 部分城市居民收入状况及对收入差距主观感受问卷调查报告［J］. 管理世界，2001（5）：53 - 57.

　　据 2017 年 2 月 20 日《齐鲁晚报》报道，山东德州统计局调查队对部分城市居民家庭进行了访问调查，以了解"百姓最关注的社会热点问题"。根据调查结果统计发现居民最关注十大热点问题：社会保障问题（关注度为 77%）、收入分配问题（关注度为 71%）、住房问题（关注度为 68%）、医疗问题（关注度为 65%）、物价问题（关注度为 61%）、教育问题（关注度为 57%）、就业问题（关注度为 52%）、食品安全问题（关注度为 49%）、廉政建设问题（关注度为 43%）、环境保护问题（关注度为 41%）等民生问题。这其中，收入分配问题以 71% 的关注度在十大热点问题中高居第二位。调查

---

　　① 中国宏观经济研究院课题组. 中国城镇居民收入差距的影响及适度性分析［J］.《管理世界》，2001（5）：44 - 57.

结果显示，尽管近几年居民收入水平处于稳步增长的态势，但是由于消费的提档升级，尤其是居民在住房、购车和旅游等方面的消费支出增加，导致居民对未来的收入增长预期提升。尽管居民人均可支配收入在2016年达到23821元，同比增长达8.4%，扣除通货膨胀，实际同比增长6.3%，低于同期6.7%的GDP增长速度。但是居民之间的收入差距仍然保持比较高的水平。当年基尼系数为0.465，和2015年相比，回升了0.003。调查结果显示，有30%左右的人对自己的家庭收入表示不满意，只有30%左右的人对自己的家庭收入表示满意或比较满意，40%以上的人感觉自己的家庭收入一般。有关对当前居民收入差距是否过大的看法，认为当前社会收入差距问题很严重的人高达71%，认为当前社会收入差距问题较严重的人为23%，合计达94%。80%以上的人认为收入最高与收入最低阶层之间的收入差距增长过快是当前收入分配中最不合理的现象，尤其是电力、银行、烟草和电信等垄断行业和其他竞争性行业之间的收入分配不合理、不公平，特别是这些行业高管的收入与其他行业普通职员之间的收入差距过大。另外，调查还发现对于政府改善收入分配不公问题的表现，居民表现出极大的关注，迫切期望政府能够采取切实措施来提高普通居民的收入水平。

综上所述，通过对上述一系列社会调查的回顾发现，改革开放以来，收入差距的扩大对经济增长既有激励和促进的正向作用，也具有很强的敏感性，对公众的心态产生了重要影响，但整体而言，目前的调查基本都认为社会公众对收入差距的主观承受力仍在可控范围之内，但是对于较大的收入差距，引发了社会公众高度的关注，尤其是对于收入分配过程表现出的不公平、不合理问题，社会公众表现出了强烈质疑。

5.2.2 中国收入差距的适度性——基于主观心理感受视角的评价

居民对收入差距的主观承受力表现为居民对收入分配差距大小的主观接纳程度，是不同个体也是社会群体对收入差距所能忍受的一个心理极限，因此，要分析评价居民对收入差距的主观心理承受力，就应该从不同的视角来研究影响居民对收入分配差距的接纳程度。居民对当前的收入差距如何看待、是否合理、接受程度如何？本书围绕这些问题进行了问卷调查。

5.2.2.1 被调查对象的基本信息分析

介于本书资金支持情况，在对中国收入分配与适度性进行分析评价时，更多地使用中国国家统计局和各省市统计局的统计数据与资料、世界银行等国际组织的官方统计数据与资料，以及北京师范大学的中国家庭收入调查（CHIP）和北京大学的中国家庭动态跟踪调查数据（CFPS）等第三方民间机构的调查数据与资料，这些调查数据有样本容量大、覆盖全面等优点，但其主要在于调查中国居民收入分配客观状况，而不涉及居民的主观心理感受，但是由于收入适度性具有很强的主观价值判断特征，要想更好地分析评价中国收入分配的适度性，就要对居民关于当前收入差距的主观心理感受状况有所了解和把握。这是因为，一个经济社会收入分配究竟是否适度、是否合理，会影响每一个个体的心理状态是否平和，进而会影响整个社会的协调与稳定。所以本书认为社会成员主观心理上是否能够承受某一收入分配状况，是判断一个社会收入分配是否适度的重要标准。

基于这一目标，本书为了弥补前两类数据的不足之处，更深入地对中国居民收入分配及主观心理感受状况进行分析评价，自行设计问卷（见附录《中国收入差距的适度性与预警机制研究》调查问卷）进行调研。本次调查实施的基本情况如下。

本书选择了重庆、甘肃、福建、浙江和河南等省份的城镇和农村，分别代表西南、西北、华南、华东、华中地区。共计发放调查问卷1050份，回收有效问卷977份，占比约93%。被调查对象中男性居民约占51.5%，女性居民约占48.5%；城镇居民约占52.1%，农村居民约占47.9%。其中被调查对象的年龄分布、学历分布、月收入水平分布、任职单位性质分布和任职单位行业分布等基本情况我们总结在表5-9至表5-13中。

表 5-9　　　　　　　　被调查对象的年龄分布情况

年龄	问卷数	占比（%）	累积百分比（%）
20 岁以下	22	2.3	2.3
20~30 岁	326	33.4	35.7
30~40 岁	315	32.1	67.8
40~50 岁	286	29.3	97.1
60 岁以上	28	2.9	100
合计	977	100	

资料来源：问卷调研数据。

表 5 – 10　　　　　　　　　　被调查对象的学历分布情况

学历	问卷数	占比（%）	累积百分比（%）
小学及以下	21	2.1	2.1
初中	70	7.2	9.3
高中（含职高、中专）	204	20.9	30.2
大专及高职	253	25.9	56.1
大学本科	335	34.3	90.4
硕士研究生及以上	94	9.6	100
合计	977	100	

资料来源：问卷调研数据。

表 5 – 11　　　　　　　　　　被调查对象的月收入水平分布情况

收入水平	问卷数	占比（%）	累积百分比（%）
1000 元以下	15	1.5	1.5
1000~3000 元	366	37.5	39
3000~5000 元	367	37.6	76.6
5000~10000 元	186	19	95.6
10000 元以上	43	4.4	100
合计	977	100	

资料来源：问卷调研数据。

表 5 – 12　　　　　　　　　　被调查对象的任职单位性质分布情况

单位性质	问卷数	占比（%）	累积百分比（%）
私营企业单位	440	45	45
事业单位	176	18	63
大中型国有企业	119	12.2	75.2
国家机关	76	7.8	83
三资企业	26	2.7	85.7
以上都不是	140	14.3	100
合计	977	100	

资料来源：问卷调研数据。

表 5－13　　　　　　　　被调查对象的任职单位行业分布情况

行　业	问卷数	占比（%）	累积百分比（%）
农林牧渔业	97	9.9	9.9
教育	94	9.6	9.6
金融业	90	9.2	9.2
批发和零售业	75	7.7	7.7
制造业	71	7.3	7.3
信息传输、软件和信息技术服务业	69	7.1	7.1
公共管理、社会保障和社会组织	65	6.7	6.7
建筑业	57	5.8	5.8
卫生和社会工作	55	5.6	5.6
交通运输、仓储和邮政业	50	5.1	5.1
电力、热力、燃气及水生产和供应业	47	4.8	4.8
住宿和餐饮业	33	3.4	3.4
科学研究和技术服务	29	3.0	3.0
居民服务、修理和其他服务业	29	3.0	3.0
租赁和商务服务业	27	2.8	2.8
房地产业	26	2.7	2.7
文化、体育和娱乐业	24	2.5	2.5
水利、环境、公共设施管理业	19	1.9	1.9
采矿业	14	1.4	1.4
国际组织	6	0.6	0.6
合计	977	100.0	100.0

资料来源：问卷调研数据。

5.2.2.2　被调查对象的主观心理承受力与收入差距的适度性

1. 分析理论框架及基本假设

收入差距的主观心理承受力是社会群体对收入差距的一种主观心理感受，也是人们可接纳处于何种范围之内的收入分配差距，是对一国或地区的收入分配是否适度的人们心理描述。该种主观承受力通常建立在一国或一地区的收入分配差距既不能过小也不能过大的合理状态范围之内，过大的收入差距不利于实现社会公平和稳定，过小的收入差距不利于激励经济效率的提升和经济增长，即该种主观承受力或居民的接纳度是建立在适度的收入差距基础之上。

综合分析已有研究成果，本书认为适度的收入差距是指既有利于经济增长，又有利于社会稳定和谐，社会成员之间在社会经济活动中所形成的与经济社会发展阶段相匹配的一种协调的收入分配状况。当一国的收入差距处于此种状态时，既能激发人们的积极性，提高经济效率，进而促进经济增长；又不会给人们带来过大的心理落差，超出其心理承受能力，从而可以促进整个社会的高效和流畅运转，可以实现社会的和谐稳定。

可弥合性是收入分配差距适度性的基本特征，这就意味着一个社会须具有足够的流动性，只要社会成员通过自身的努力就有改善自己收入分配状况的可能性，整个社会不易出现阶层固化和两极分化之格局，社会矛盾和分歧易于在一种和谐状态下消弭。可弥合性的强弱决定了人们收入差距的主观承受力大小，以及对收入差距大小的可接纳程度。收入差距可弥合性主要受以下因素的影响：首先，收入差距的严重程度以及其持续时间的长短。收入差距越严重，持续时间越久，既得利益者越顽固，利益越固化，收入差距的可弥合性就越小，反之收入差距的弥合性就越大。其次，社会机会的公平程度和流动性。一个社会越公平，流动性越强，底层社会成员改变现状越容易，收入差距的可弥合性就越大，反之收入差距的弥合性就越小。最后，社会文化和价值观。当一个社会存在普遍共识的价值观和文化氛围时，收入差距的可弥合性就越大，反之收入差距的弥合性就越小。收入差距的适度性，或者收入差距的主观承受力、接纳度，作为主观的评价指标，是一个规范性的问题，涉及一定的价值判断标准。收入差距的主观承受力不是固定不变的，它会受到一国经济发展水平、社会制度、社会文化、政府政策、传统习俗、社会资本等多种因素的共同影响，会随着这些因素的变化而发生变化。另外，从社会学的角度来看，社会公众对收入差距的主观承受力、接纳度主要受到收入水平、收入满意度、生活满意度、收入差距的合理性、社会阶层的流动性、人们的平等观念、人们的忌妒心理等社会性因素的影响。

基于以上分析，我们认为，收入差距的主观承受力是建立在收入分配适度性基础之上的一个主观性的感受，属于社会心理范畴，它是受到多种主客观因素共同影响的整个社会的群体而非个体感受。因此，本书提出以下七个假设。

自身收入水平的差异会影响居民对收入差距的主观心理承受力。居民个人及家庭的收入状况是其产生主观心理感受的现实基础，会直接影响人们对收入差距的主观心理承受力。人们收入水平的高低会影响个人和其家庭生活质量、社会地位等方面，理论上可以推断收入水平越高的人通常越是能够承受较大的收入差距，收入水平的提高可以提升人们认可收入差距适度性的程度。因此，本书提出假设 1：人们的收入水平与其对收入差距的主观承受力正相关，其收入水平越高，主观承受力越强，反之越低。

人们的主观判断差异也会影响其对收入差距的主观心理承受力。收入越高并不一定对生活越满意，居民的心理承受力除了受收入水平等客观因素影响之外，也会受到主观因素的影响。收入满意度是相对指标，其除了受自己收入水平的影响之外，更多地受周围其他居民收入和生活水平的影响。人们总是在与周围人的对比中获取更多的收入满意度。因此，居民的主观承受力除了受到具有绝对意义的收入影响，还会受到具有相对意义的收入满意度的影响。通常来说，人们的生活压力大小、收入满意度的高低与其对收入差距的心理承受力密切相关。因此，本书提出假设 2：人们的收入满意度与其对收入差距的主观承受力正相关，收入满意度越高其主观承受力越强，反之越低。

人们的受教育程度差异会影响其对收入差距的主观心理承受力。受教育程度的高低是影响收入分配的重要因素之一，也会影响一个社会的流动性。通常社会流动性包括不同阶层之间的纵向流动和不同地域之间的横向流动，不同阶层之间的纵向流动，尤其是自下向上的纵向流动，主要受到受教育程度的影响。一般而言，通过受教育程度的提升而实现社会阶层向上流动的群体对收入差距的承受力和接纳程度要高于没有实现向上流动的群体。于是，本书提出了假设 3：居民受教育程度与收入差距的主观承受力正相关，即居民受教育程度越低其对收入分配差距接受程度就越低，反之就越高。

劳动力的自由流动会影响人们对收入差距的主观心理承受力。根据社会学的研究成果，一个社会的冲突和矛盾可以通过增加向上的流动性进行改善，因此，一个具备良好、顺畅向上流动性的社会，人们会对收入差距有更好的主观心理承受力和接纳度。在一个具备良好向上流动性的社会，人们的需求更容易得到满足，其经济、政治、社会状况更容易得到改善，人们更容易通过自身的努力来实现从社会地位较低的收入阶层向社会地位较高的收入阶层的流动，其对收入差距的主观心理承受力自然会增强。除了人们的社会阶层实际改善（向上流动）之外，人们持有的普遍向上流动的意识和预期，也可缓和社会矛盾，增强对收入差距的主观心理承受力。因此，本书提出假设 4：劳动力的自由流动和收入差距的主观心理承受力之间存在正向相关关系。

城乡差异会影响人们对收入差距的主观心理承受力。人们对收入差距的主观承受力不仅受到收入水平的影响，也会受到经济发展程度、周围人群的收入水平和地域文化等因素的影响，因而会呈现出一定的地域差异。考虑到中国城乡之间的二元经济结构和巨大收入差异，中国城乡居民对收入差距的主观承受力应该有所不同，因此，本书提出假设 5：城镇居民对收入差距的主观承受力高于农村居民的主观承受力。

收入差距来源的不同归因可能会影响人们对收入差距的主观心理承受力。毫无疑问，收入来源渠道的公平程度或合理性会影响人们对收入差距的主观心理承受力。通常而言，人们更容易接受通过自身努力所获得的更高的收入，而很难接受通过家庭关系、垄断和权利等各种方式获取的高收入。因此，本书提出假设 6：人们对收入差距的主观承受力与收入来源的公平程度或合理性正相关。

目前，中国实行的是公有制经济和非公有制经济并存的所有制结构。因此，中国的居民总体而言可以分为在公有经济部门和非公有经济部门就业。而在当前，中国不同的所有制部门收入分配格局存在较大差异，其工资报酬、福利待遇等方面存在较大差异。可能会导致在不同性质部门就业的居民对收入差距的接纳程度和收入差距的主观承受能力有较大的差异。因此，本书提出假设 7：居民单位任职性质影响其对收入差距的主观承受力，公有部门职工对收入差距的接纳程度和主观承受能力高于非公有部门。

本书为分析不同指标之间的相关关系，将会使用 SPSS 软件对相关调查数据进行分析，将置信度统一设置为 95% 的水平。

2. 收入差距的主观承受力的测度——居民对收入差距的接受程度

本书研究人们对收入分配差距的主观承受力，主要通过人们对收入差距的接纳程度来反映，而人们对收入差距接纳程度的高低可以用于判断收入差距的适度性。作者将主观承受力分为四个层次，分别是可以接受、基本可以接受、不太能接受、完全不能接受。通过调查问卷中"对于目前社会的收入差距，您的接受程度如何？"来获得数据，具体情况如表 5 - 14 所示。调查结果表明半数以上（56.8%）居民表示目前收入差距是可以接受或基本可以接受的，只有 6.3% 的居民表示目前收入差距是完全不能接受的。

表5－14   被调查对象对当前收入差距的接受程度

项目	问卷数	占比（%）	累积百分比（%）
可以接受	100	10.2	10.2
基本可以接受	455	46.6	56.8
不太能接受	360	36.9	93.7
完全不能接受	62	6.3	100
合计	977	100	

资料来源：问卷调研数据。

3. 居民对自己的收入状况和当前收入差距的评价

收入水平是决定人们自己及家庭生活质量高低的主要因素，也是决定自身及家庭需求能否得到满足的核心变量，因而会影响人们对收入差距的主观承受力高低。通常而言，人们承受的生活及社会压力越低，对自己的收入状况越满意，其对收入分配差距的主观心理承受力就越高。

（1）居民对自己收入状况满意度的评价。

调查发现，只有4.8%的居民对自己的收入状况很满意，11.4%的居民对自己的收入状况很不满意。对自己收入状况持负面看法（很不满意、比较不满意）的居民达33.9%，超过对自己收入状况持正面看法（很满意、比较满意）的居民，其比重仅为27.7%；另有28.4%的居民对自己收入状况持较为中立的看法，认为"一般，无所谓"，具体情况如表5－15所示。调查结果表明，目前居民整体上对自己的收入状况满意度不甚乐观，政府在改善收入分配状况方面仍需努力。

表5－15   居民收入状况满意度

项目	问卷数	占比（%）	累积百分比（%）
很满意	47	4.8	4.8
比较满意	224	22.9	27.7
一般，无所谓	277	28.4	56.1
比较不满意	318	32.5	88.6
很不满意	111	11.4	100
合计	977	100	

资料来源：问卷调研数据。

调查还发现，在对自己收入状况"不满意和很不满意"的居民中，其不满意的原因中，35.7%的居民是因为收入相对较低；17.8%的居民是因为收入不能够满足个人及家庭的生活需要；16.6%的居民是因为收入不能够满足个人及家庭的发展需要，此三项原因占到70.1%。只有3.5%的居民对收入状况不满意是由于收入与自己的工作能力不相符，具体情况如表5-16所示。调查结果表明，目前居民对自己收入状况不满意主要原因是收入相对较低，难以满足个人及家庭的生活和发展需要，因而要想提高居民的收入满意度，我们仍然需要维持较高的经济增长速度，把蛋糕做大，提高全体居民的收入水平。

表5-16　　　　　　　　　　　居民对收入状况不满意的原因

项　　目	问卷数	占比（%）	累积百分比（%）
收入相对较低	153	35.7	35.7
收入不能够满足个人及家庭的生活需要	76	17.8	53.5
收入不能够满足个人及家庭的发展需要	71	16.6	70.1
收入增加赶不上消费支出增加	63	14.7	84.8
收入不稳定	26	6.1	90.9
收入增长机会少	24	5.6	96.5
收入与自己的工作能力不相符	15	3.5	100
合　　计	428	100	

注：本题仅针对上一题选择"D. 不满意"或"E. 很不满意"的居民。
资料来源：问卷调研数据。

（2）居民对收入差距程度的评价。

调查发现，认为当前社会收入差距太大和较大的居民分别占47.9%、38.8%；认为当前社会收入差距太小和较小的居民分别占0.7%、1.2%；有11.4%的居民认为当前社会收入差距适中，具体情况如表5-17所示。调查结果表明，目前有高达近九成（合计86.7%）的居民认可当前社会收入差距大（含"太大"和"较大"），与此相反，认为当前中国社会收入差距小（含"太小"和"较小"）仅不足2%（合计1.9%）。问卷调研主观数据也印证了本书第2章使用客观数据分析得出的结论，同时也和目前国内外对中国基尼系数最权威的估计结果相吻合（大部分估计结果接近0.5的水平，甚至部分估计结果超过0.6，因此，都认为当前中国收入差距较大，远超国际公认的警戒线，见表5-7）。当前的中国收入分配差距处于一个比较高的水平已经是不争的事实。

表 5 – 17　　　　　　　　居民对收入差距程度的整体评价

项目	问卷数	占比（%）	累积百分比（%）
较大	468	47.9	47.9
太大	379	38.8	38.8
适中	111	11.4	11.4
较小	12	1.2	1.2
太小	7	0.7	100
合计	977	100	

资料来源：问卷调研数据。

4. 居民收入水平和主观心理承受力

如前面所述，居民的收入水平应该与其对收入差距的主观心理承受力之间关系较为密切。作者使用 SPSS 软件对两者之间的关系进行检验，检验的具体结果如表 5 – 18 所示。

表 5 – 18　　收入差距的适度性——居民主观心理承受力和收入水平之间的关系

项　　目		收入水平（元）					渐进 Sig.（双侧）	χ^2	Gamma
		1000 以下	1000 ~ 3000	3000 ~ 5000	5000 ~ 10000	10000 以上			
收入差距的接纳度或适度性	可以接受 次数	1	37	37	19	6	0.007	58.58	0.017
	可以接受 百分比（%）	6.67	10.11	10.08	10.22	13.95			
	基本可以接受 次数	7	170	170	88	20			
	基本可以接受 百分比（%）	46.67	46.45	46.32	47.31	46.51			
	不太能接受 次数	5	135	136	68	16			
	不太能接受 百分比（%）	33.33	36.86	37.06	36.56	37.21			
	完全不能接受 次数	2	24	24	11	1			
	完全不能接受 百分比（%）	13.33	6.56	6.54	5.91	2.33			
合计	次数	15	366	367	186	43			
	百分比（%）	100	100	100	100	100			

注：原始数据为调研数据，计算数据根据 SPSS 软件分析结果整理。

分析调查结果可以发现，在 977 份有效调查问卷中，月收入水平在 1000 元以下的约 1.5%；月收入水平在 1000 ~ 3000 元的约 37.5%；月收入水平在 3000 ~ 5000 元的约 37.6%；月收入水平在 5000 ~ 10000 元的约 19%；月收入水平在 10000 元以上的约 4.4%（具体情况见表 5－11）。调查数据表明半数以上（56.8%）居民表示目前收入差距是可以接受或基本可以接受的，只有 6.3% 的居民表示目前收入差距是完全不能接受（见表 5－14）。从表 5－18 可以看出，收入水平在 1000～5000 元的居民认为收入差距可以接受或基本可以接受的所占比例最高；需要警惕的是，每个收入阶层都有一定的居民认为收入差距完全不能接受。尽管 χ^2 检验的渐进概率 Sig. 为 0.007，小于 0.05，结果显著，从统计学上看，居民的收入水平与主观心理承受力之间有一定的相关关系；但是 Gamma 值仅为 0.017，小于 0.03，说明居民收入水平和居民对当前收入差距的接受程度（主观心理承受力）仅存在弱相关关系，因此，调查数据分析无法完全支持前面所提出的假设 1：人们的收入水平与其对收入差距的主观承受力正相关，收入水平越高，其主观承受力越强，反之越低。

5. 居民收入满意度和主观心理承受力

居民对收入的满意度是影响居民对收入差距主观心理承受力的重要影响因素。本书考察了居民收入状况满意度与居民对当前收入差距的接受程度（也即收入差距适度性）的关系，具体分析结果如表 5－19 所示。

表 5－19   收入差距的适度性——居民收入满意度和主观心理承受力的关系

项　　目			被调查对象的收入状况满意度					渐进 Sig.（双侧）	χ^2	Lanbda
			很满意	比较满意	一般	比较不满意	很不满意			
收入差距的接纳度或适度性	可以接受	次数	5	23	28	32	12	0.0023	55.76	0.578
		百分比（%）	10.64	10.27	10.11	10.06	10.81			
	基本可以接受	次数	22	104	130	148	51			
		百分比（%）	46.81	46.43	46.93	46.54	45.95			
	不太能接受	次数	17	83	102	117	41			
		百分比（%）	36.17	37.05	36.82	36.79	36.94			
	完全不能接受	次数	3	14	17	21	7			
		百分比（%）	6.38	6.25	6.14	6.60	6.31			
合计		次数	47	224	277	318	111			
		百分比（%）	100	100	100	100	100			

注：原始数据为调研数据，计算数据根据 SPSS 软件分析结果整理。

通过分析居民收入状况满意度和收入差距接纳程度（见表 5－14 和表 5－15）

两者关系发现，对自己的收入状况很满意的居民，其收入差距接受程度比较高，认为收入差距可以接受或基本可以接受的比例占 57.54% 左右；而对自己的收入状况比较满意的居民，认为收入差距可以接受或基本可以接受的比例达到了 56.7% 左右。χ^2 检验的渐进概率 Sig. 为 0.0023，小于 0.05，统计结果显著，说明居民收入差距接受程度和居民收入状况满意度之间具有很强的相关性。样本数据的相关性系数 lambda = 0.578，介于 0.3 ~ 0.7，说明居民收入差距接受程度和居民收入状况满意度之间呈现中等强度的正向关系。因此，调查数据分析支持前面提出的假设 2：人们的收入满意度与其对收入差距的主观承受力正相关，收入满意度越高其主观承受力越强，反之越低。

通过前面的分析发现，尽管人们的收入水平与其对收入差距的主观承受力之间的正向相关关系在统计检验上不显著，然而，居民对收入状况满意度与其对收入差距的接受程度之间正向相关却通过了 χ^2 检验和样本数据的相关性 lambda 系数检验，这就意味着，居民收入状况满意度越高，其收入接纳程度也就越高，两者之间呈现正向相关关系。

为什么会出现居民对收入差距的接受程度与居民收入状况满意度正相关，而不与自身收入水平的高低正相关呢？究其原因，本书认为居民对收入差距的接受程度尽管也受到其自身绝对收入水平高低的影响，但更多地受到其周围环境和其接触人群的影响——即周围其他人收入水平、消费水平、生活水平等的影响。在自身收入水平既定的前提下，相对收入差距的快速拉大，会增加居民的挫败感与无力感。正如马克思所言"一座小房子不管怎样小，在周围的房屋都是这样小的时候，它是能满足社会对住房的一切要求的。但是，一旦在这座小房子近旁耸立起一座宫殿，这座小房子就缩成可怜的茅舍模样了。这时，狭小的房子证明它的居住者毫不讲究或者要求很低；并且，不管小房子的规模怎样随着文明的进步而扩大起来，但是，只要近旁的宫殿以同样的或更大的程度扩大起来，那么较小房子的居住者就会在那四壁之内越发觉得不舒适，越发不满意，越发被人轻视"。① 总之，自己周边人们的相对收入水平可能会比居民自身的绝对收入水平对居民的收入状况满意度产生更大的影响。

---

① 卡尔·马克思，中共中央马克思恩格斯列宁斯大林著作编译局译. 马克思恩格斯全集（中文版）之雇佣劳动与资本 [M]. 北京：人民出版社，1961.

6. 受教育程度、社会流动性和主观心理承受力

社会流动性是影响居民收入差距主观心理承受能力重要因素，而居民受教育程度是改变居民社会状况和收入水平的重要因素，因此，本书考查了受教育程度、社会流动性和主观心理承受力之间的关系，具体情况如表5-20所示。

表5-20　　收入差距的适度性——居民主观心理承受力与受教育程度之间的关系

项　　目			被调查对象的受教育程度					渐进Sig.（双侧）	χ^2	Lambda
			小学及以下	初中	中专、高中、中职	高职、大专	本科	硕士研究生及以上			
收入差距的接纳度或适度性	可以接受	次数	2	7	21	26	34	10	0.387	3.48	0.012
		百分比（%）	9.52	10	10.29	10.28	10.15	10.64			
	基本可以接受	次数	10	33	95	118	156	43			
		百分比（%）	47.62	47.14	46.57	46.64	46.57	45.74			
	不太能接受	次数	8	26	75	93	124	34			
		百分比（%）	38.10	37.14	36.76	36.76	37.01	36.17			
	完全不能接受	次数	1	4	13	16	21	7			
		百分比（%）	4.8	5.71	6.37	6.32	6.27	7.45			
合计		次数	21	70	204	253	335	94			
		百分比（%）	100	100	100	100	100	100			

注：原始数据为调研数据，计算数据根据 SPSS 软件分析结果整理。

通过表5-20的数据分析可以发现，居民对收入差距的接受程度并不随其文化程度的提高而增加，两者之间并无明显正相关性。χ^2检验的渐进概率Sig. 为0.387，大于0.05，统计结果不显著，说明居民收入差距接受程度和居民受教育程度不具有相关性。样本数据的相关性系数 lambda = 0.012，接近于0，说明居民收入差距接受程度和受教育程度呈现非常微弱（近乎为零）的正向关系。因此，调查数据分析不支持假设3（即人们的受教育程度与收入差距的主观承受力之间呈现出正向相关关系，居民受教育程度越低其对收

入分配差距接受程度就越低，反之就越高）。这可能是由于受教育程度越高的居民，尽管有可能其收入水平也比较高，但和受教育程度低的居民相比，其对收入期望程度也更高，导致受教育程度高的居民对收入分配差距的主观心理承受力未必更高。

居民受教育程度是影响其流动性的重要因素。美国经济学家托达罗（Todala，M. P.，1970）认为"一个人受教育的程度，与他（她）要从农村迁移到城市的动机或倾向之间，存在着明显的正相关关系。"[1] 受教育程度更高的人由于学习能力更强，适应能力更好，能够更迅速地掌握新的工作技能，适应新的工作需求，获得更好的收入，从而更愿意流动以寻求更多的机会；相反，受教育程度低的人由于学习和适应能力差，害怕流动带来的不确定性风险，从而更不愿意迁移和流动。因此，从理论而言，居民的受教育程度与其收入差距接受程度之间有很强的正向关系。但是，遗憾的是，从前面的分析可以看出，我们的调研数据并没有支持这一个理论观点。

本书还考查了居民是否赞同劳动力流动与居民收入差距主观心理承受能力之间的关系。从表 5 - 21 中可以看出，赞成劳动力流动的居民达到 56.60%，

表 5 - 21　　　收入差距的适度性——劳动力流动和主观心理承受力的关系

项　目			被调查对象是否赞同劳动力流动			渐进 Sig.（双侧）	χ^2	Gamma
			不赞成	无所谓	赞成			
收入差距的接纳度或适度性	可以接受	次数	6	38	56	0.021	9.78	0.781
		百分比（%）	6.38	11.52	10.13			
	基本可以接受	次数	53	150	252			
		百分比（%）	56.38	45.45	45.57			
	不太能接受	次数	26	121	213			
		百分比（%）	27.66	36.67	38.52			
	完全不能接受	次数	9	21	32			
		百分比（%）	9.57	6.36	5.79			
合计		次数	94（9.62）	330（33.78）	553（56.60）			
		百分比（%）	100	100	100			

注：原始数据为调研数据，计算数据根据 SPSS 软件分析结果整理。

---

[1]　托达罗. 经济发展（英文）第 6 版［M］. 黄卫平等译. 北京：中国经济出版社，1999.

不赞成劳动力流动的居民仅为 9.63%，另有 33.78% 的居民持无所谓的态度。我们还发现，完全不能接受和不太能接受收入差距的居民更为赞同劳动力流动。χ^2 检验的渐进概率 Sig. 为 0.021，小于 0.05，结果显著，从统计学上看两者之间有相关关系；且 Gamma 值为 0.781，大于 0.7，说明居民是否赞同劳动力流动和居民对当前收入差距的接受程度（主观心理承受力）存在很强的正向相关关系。

劳动力的自由流动和迁徙是影响一个社会收入分配的重要因素之一，是一个社会流动性的重要内容，其有利于一个经济体资源的优化配置，从而提高经济效率，促进经济增长。因为，根据西方经济学的基本原理，为了得到更高的收益和报酬，在一个竞争性的市场上劳动力等生产要素会在不同区域、不同企业和不同产业之间自由流动，会使得不同的生产要素最终得到大致相等的边际报酬，也就是通过生产要素的自由流动可以实现要素和资源的优化配置，实现所谓的帕累托最优配置，也是最有效率的配置状态。在这一状态下实现的经济增长，应该是效率和质量最高的增长。徐林（2017）认为，"放松对要素流动特别是劳动力资源流动的限制，促进要素自由流动和高效配置，是改革开放 40 年中国经济高速增长最重要的原因之一，是最值得纪念、总结、发扬的改革内涵"。另外，劳动力通过自由流动可以打破利益固化，特别是处于社会相对底层的劳动力可以通过自由流动和迁徙来提高自己的社会地位，可以打通向上通道，打破阶层固化，改善自己的收入状况，从而改善社会不同阶层之间的收入分配状况；"只有持续的劳动力跨地区流动，才可以真正弥合掉不同地区间人均劳动生产率的差异"（2015，陆铭），从而可以改善区域收入分配差距。因此，居民对劳动力自由流动的态度必然会影响其对收入差距的接纳程度。而前面调研数据相关分析也证实了这一点，整体而言，赞成劳动力自由流动的被调查对象对收入差距的主观心理承受力也更强。因此，调查数据分析支持前面的假设 4：劳动力的自由流动和收入差距的主观心理承受力之间存在正向相关关系。在当前的中国，由于收入差距的扩大和阶层的部分固化而引发了一些矛盾和冲突的背景下，政府应该积极采取措施，以保证社会流动的渠道畅通，改善社会的流动性，增加人们的机会均等权利。

7. 城乡差异和居民主观心理承受力

本次调查对象中城镇居民 509 人，约占 52.1%，农村居民 468 人，约占 47.9%。调查结果发现，城镇居民对收入差距的接受程度高于农村居民接受

程度：城镇居民对收入差距"可以接受""基本可以接受"的比重分别为
12.77%、51.06%，而农村居民相应比重分别为 7.48%、41.67%；与此相
反，城镇居民对收入差距"不太能接受""完全不能接受"的比重分别为
30.84%、5.30%，而农村居民相应比重分别为 43.38%、7.48%，具体如
表 5-22 所示。χ^2 检验的渐进概率 Sig. 为 0.000，小于 0.05，统计结果显
著；样本数据的相关性系数 lambda = 0.178，小于 0.3，说明居民收入差距接
受程度和城乡差异成低度正向关系。因此，调查数据分析支持前面提出的假
设 5：城镇居民对收入差距的主观承受力高于农村居民的主观承受力。统计
数据分析的研究结论表明，居民对收入差距的主观心理承受力表现出了城乡
地域差异。

表 5-22　　　　收入差距的适度性——城乡居民和主观心理承受力的关系

项　目			城乡居民分布		渐进 Sig.（双侧）	χ^2	Lambda
			城镇居民	农村居民			
收入差距的接纳度或适度性	可以接受	次数	65	35	0.000	70.162	0.178
		百分比（%）	12.77	7.48			
	基本可以接受	次数	260	195			
		百分比（%）	51.08	41.67			
	不太能接受	次数	157	203			
		百分比（%）	30.84	43.38			
	完全不能接受	次数	27	35			
		百分比（%）	5.30	7.48			
合计		次数	509	468			
		百分比（%）	100	100			

注：原始数据为调研数据，计算数据根据 SPSS 软件分析结果整理。

8. 居民对高收入获得途径的认知

调研发现，居民对于应该获得高收入的群体在主观和客观上存在很大差
异，具体如表 5-23 所示，被调查对象主观上认为应该获得高收入的人群排
前三位的依次为"有技术专长的人""吃苦耐劳的人""有知识、有文化的
人"，占比依次为 69.7%、66.4%、57.3%；被调查对象主观上认为应该获
得高收入的人群排倒数后三位的依次为"有家庭背景的人""当官的人""有
社会关系的人"，占比依次为 7.2%、8.3%、15.5%。这反映了人们普遍认

为通过努力拥有一技之长致富、勤劳致富和通过接受教育获取更多知识和文化致富是合理合法的观念。

表 5 –23 　　　　收入差距的适度性——致富途径和主观心理承受力的关系

项　　目		应该获得高收入的人（主观上）		实际获得高收入的人（客观上）	
		数量	排序	数量	排序
高学历的人	次数	348	5	200	7
	百分比（%）	35.6		20.5	
有知识、文化的人	次数	560	3	164	8
	百分比（%）	57.3		16.8	
当官的人	次数	81	9	636	2
	百分比（%）	8.3		65.1	
有资产或有钱人	次数	154	7	693	1
	百分比（%）	15.8		70.9	
有社会关系的人	次数	151	8	559	3
	百分比（%）	15.5		57.2	
脑子聪明的人	次数	333	6	224	6
	百分比（%）	34.1		22.9	
有技术专长的人	次数	681	1	228	5
	百分比（%）	69.7		23.3	
有家庭背景的人	次数	70	10	532	4
	百分比（%）	7.2		54.5	
敢干的人	次数	515	4	153	9
	百分比（%）	52.7		15.7	
吃苦耐劳的人	次数	649	2	114	10
	百分比（%）	66.4		11.7	

资料来源：问卷调研数据整理计算所得。

　　但与此形成强烈反差的是，调研同时发现，被调查对象认为客观上现实社会中实际获得高收入的人群排前三位的依次为"有资产或有钱人""当官的人""有社会关系的人"，占比依次为70.9%、65.1%、57.2%；而调查对象认为客观上现实社会中实际获得高收入的人群排倒数后三位的依次为"吃苦耐劳的人""敢干的人""有知识、文化的人"，占比依次为11.7%、

15.7%、16.8%。这反映了人们认为在现实社会中那些获取高收入的人主要依赖资本、权利和社会关系，而本应该获取高收入"吃苦耐劳的人""敢干的人""有知识、文化的人"恰恰获得低收入。这说明很多居民对现实生活中那些获取高收入的人群收入获取方式难以认可，政府在制定收入分配政策时应该充分予以考虑。

9. 居民对导致收入差距产生原因的认知

人们不仅关注收入的绝对差距，也关注导致收入差距产生的原因，具体如表5-24所示。调查发现，居民认为"机会不均""分配制度不合理""社保制度不完善"等社会环境、社会制度类因素是致使人们收入差距产生的最主要原因，对居民收入差距的影响整体靠前；而"职业差别""地区差别""行业差别""就业性质"等职业、地区和行业差异之类客观因素也对人们收入差异影响较大，对居民收入差异的影响整体居于中上水平；"个人努力程度""政治面貌""文化程度差别""个人能力的差别""性别差异"等自身因素对人们收入差异影响较小，对居民收入差异的影响整体居于中下水平或靠后。总之，目前绝大部分居民将收入差距主要原因归结为机会不均、制度不完善等制度类因素，被调查者的收入水平、文化程度等的差异并不改变这一结论。这反映了居民对导致目前收入差距的原因不满意，这是因为相当一部分高收入人群的收入来源是不合理的，甚至是非法的。不难看出，居民对由于市场因素、自身的因素等产生的收入差距认可程度较高，主观心理承受力更强；相反，而对由于制度不完善、政策不合理等原因产生的不合理收入认可程度较低，主观心理承受力更低。因此，调查数据分析支持前面所提出的假设6：人们对收入差距的主观承受力与收入来源的公平程度或合理性正相关。

表5-24　　收入差距适度性——对收入差距的原因认知和主观心理承受力的关系

差异原因		数量	排序	差异原因		数量	排序
分配制度不合理	次数	442	2	行业差别	次数	371	6
	百分比（%）	45.2			百分比（%）	38	
社保制度不完善	次数	421	3	地区差别	次数	374	5
	百分比（%）	43.1			百分比（%）	38.3	
税收制度不完善	次数	207	12	单位所有制差别	次数	168	13
	百分比（%）	21.2			百分比（%）	17.2	

续表

差异原因		数量	排序	差异原因		数量	排序
法规不健全	次数	237	9	个人能力差别	次数	323	7
	百分比（%）	24.3			百分比（%）	33.1	
机会不均	次数	482	1	个人努力程度	次数	213	11
	百分比（%）	49.3			百分比（%）	21.8	
职业差别	次数	406	4	文化程度差别	次数	221	10
	百分比（%）	41.6			百分比（%）	22.6	
就业性质	次数	248	8	性别差异	次数	89	15
	百分比（%）	25.4			百分比（%）	9.1	
政治面貌	次数	94	14	其他	次数	24	16
	百分比（%）	9.6			百分比（%）	2.5	

资料来源：问卷调研数据整理计算所得。

收入来源是否合法、是否合理对居民主观心理承受力影响较大，会直接影响居民对收入差距的接纳程度和心理承受力。自1978年改革开放以来，随着中国收入分配制度的改革，人们吃"大锅饭"的平均分配观念逐渐改变，通过自己的辛勤劳动而勤劳致富的收入分配观念逐渐为大部分社会成员所接受，但是大多数社会成员却难以接受和容忍通过不合理的、甚至非法的手段来获取巨大收入，进而造成整个社会收入差距拉大的现象。因此，人们主要反对的是非法和不合理的收入来源，而并非反对勤劳致富、依靠创造力致富。调查发现，将收入差距产生的原因归结为"个人努力程度""文化程度差别""个人能力的差别"等自身因素的被调查居民，超过七成认为当前收入差距比较合理、可以接受或基本可以接受。这充分说明人们对由于自身能力的差异而产生的收入差距已经广为接受，反映了人们已经改变了过去计划经济体制下的平均分配主义思想，"效率优先、兼顾公平"的理念有利于合理拉开收入分配的差距，更加合理、更加科学地评价人们的贡献，更好地激励人们的积极性。

另外，随着中国收入分配制度的改革，逐渐形成了"按劳分配和按生产要素分配相结合""按劳分配为主体、多种分配方式并存"的分配制度，调动了各方面的积极性，促进了经济效率的提高，推动了生产力的发展，同时也会拉开居民之间的收入差距。但是只要不是凭借资源和生产要素垄断等不合理的方式拉开的收入差距，人们也是乐于接受的。

10. 职业性质和居民主观心理承受力

目前，中国基本经济制度根据所有制分为公有经济和非公有经济。经过改革开放以来 40 年的发展，"民营经济在整个经济体系中具有重要地位，贡献了 50% 以上的税收，60% 以上的 GDP，70% 以上的技术创新，80% 以上的城镇劳动就业，90% 以上的新增就业和企业数量"。[①] 但是，国家统计局发布的相关统计数据表明，不同职业性质的部门收入存在非常大的差异。例如，根据国家统计局的数据，2017 年全国非民营单位职工年平均工资为 74318元，而民营单位职工年平均工资为 45761 元，两者相差 28557 元，后者年收入仅为前者年收入的 62% 左右，两者差异较大。如果考虑到非民营单位中的国家机关、大中型国有企业单位和事业单位等部门的各种津贴、补贴等工资外收入和隐性福利，两者差异更大。因此，不同性质职业部门居民对收入差距的接纳程度和主观心理承受力会有所不同。本书根据调研数据分析了单位性质与居民主观心理承受力之间的关系，具体情况如表 5 – 25 所示。

本次调查中，在国家机关、大中型国有企业单位和事业单位等非民营单位中任职的共 371 人，占比 38%；而在民营企业单位、三资企业等民营和外资单位中任职的共 606 人，占比 62%。调查数据分析发现，在国家机关、大中型国有企业单位和事业单位等非民营单位任职的居民对当前收入差距表示"可以接受""基本可以接受"的比例分别为 65.79%、67.04% 和 69.75%；而在民营企业单位、三资企业和其他民营单位任职的居民对当前收入差距表示"可以接受""基本可以接受"比例分别为 47.96%、57.69% 和 55.72%。与此相反，对收入差距表示"不太能接受""完全不能接受"的国家机关、大中型国有企业单位和事业单位等非民营单位任职的居民的比例分别为 34.21%、32.96% 和 30.25%，而在民营企业单位、三资企业、其他等民营单位任职的居民的比例分别为 52.05%、42.31% 和 44.28%。这说明在当前国家机关、大中型国有企业单位和事业单位等非民营单位任职的居民对收入差距的接纳程度普遍高于民营企业单位、三资企业和其他民营单位任职的居民。其中，在大中型国有企业单位任职的居民对收入差距的接纳度最高，达69.75%，比相应地在民营企业单位任职的居民对收入差距的接纳度高出 21.79%。

[①]　资料来源：新华网，2018 年 10 月 19 日"中共中央政治局委员、国务院副总理刘鹤就当前经济金融热点问题接受采访"。

表 5 – 25　　收入差距的适度性——居民就业单位性质和主观心理承受力的关系

项　　目			居民就业单位性质						渐进 Sig.（双侧）	χ^2	Lambda
			国家机关	事业单位	大中型国有企业	民营企业单位	三资企业	其他			
收入差距的接纳度或适度性	可以接受	次数	19	15	23	30	7	6	0.000	71.134	0.312
		百分比（%）	25	8.52	19.33	6.82	26.92	4.29			
	基本可以接受	次数	31	103	60	181	8	72			
		百分比（%）	40.79	58.52	50.42	41.14	30.77	51.43			
	不太能接受	次数	20	50	32	210	8	40			
		百分比（%）	26.32	28.41	26.89	47.73	30.77	28.57			
	完全不能接受	次数	6	8	4	19	3	22			
		百分比（%）	7.89	4.55	3.36	4.32	11.54	15.71			
合计		次数	76	176	119	440	26	140			
		百分比（%）	100	100	100	100	100	100			

注：原始数据为调研数据，计算数据根据 SPSS 软件分析结果整理得到。

在大中型国有企业单位任职的居民收入差距接纳度高可能是由于以下原因：目前大中型国有企业单位大多是处于产业链上游的电力、石油、电信、烟草和金融等资源性行业，受到国家政策的倾斜，具有一定的市场垄断性，从而可以获得大量垄断利润，因而大中型国有企业员工所享受的工资和福利待遇远好于其他单位，尤其是好于一些民营企业单位，因而其收入接纳程度也远高于民营企业单位。民营企业单位员工认为收入差距"基本可以接受""不太能接受"分别为 41.14%、47.73%，三资企业的员工认为收入差距"基本可以接受""不太能接受"分别为 30.77%、30.77%，比例相近，可能是由于这两类企业的员工既认同市场经济竞争环境下的收入差距，又对于当前大中型国企凭借市场垄断地位拉开收入差距不认同。

通过 SPSS 相关性检验发现，χ^2 检验的渐进概率 Sig. 为 0.000，小于 0.05，统计结果显著，说明居民所在单位任职性质与其对收入差距的接纳程度显著相关；样本数据的相关性系数 lambda = 0.312，大于 0.3，小于 0.7，说明居民所在单位任职性质与其对收入差距的接纳程度成中度正向关系。因此，调查数据分析支持前面提出的假设 7：居民单位任职性质影响其对收入差距的主观承受力，公有部门职工对收入差距的接纳程度和主观承受力高于非公有部门。

11. 相对收入感受与居民主观心理承受力

一般而言，人们总是在与他人的对比中获得公平感。在与他人的生活水平和收入水平相对比时，其满意度越高，则其相对满足感和公平感也越高，其对比较利益的评价也就越高。在与社会上其他人做对比时，居民对自己的收入感觉满意度情况如表 5 - 26 所示。在与他人比较时，对收入差距表示"很满意"和"比较满意"的占比 28.5%，对收入差距表示"一般，无所谓"占比 29.1%；对收入差距表示"比较不满意"和"很不满意"的占比 42.4%。超过四成被调查居民的相对剥夺感与不公平感高于其他居民，对收入分配的比较利益作出了很低的评价。

表 5 - 26　　　　收入差距的适度性——与他人比较，居民收入满意度

项目	问卷数	占比（%）	累积百分比（%）
很满意	38	3.9	3.9
比较满意	240	24.6	28.5
一般，无所谓	284	29.1	57.6
比较不满意	340	34.7	92.3
很不满意	75	7.7	100
合计	977	100	

资料来源：问卷调研数据整理计算所得。

在收入分配上存在较大的差距是否合理及理由时，被调查居民的评价情况如表 5 - 27 所示。赞成在收入分配上存在一定的差距很合理，一定的收入差距可以提高社会的效率的居民仅占 16%；超过半数（56.9%）的居民认为在收入分配上存在较大的差距虽然不合理，但是也避免不了的；13.7% 的居民认为在收入分配上存在较大差距很不合理，社会主义社会不该有过大的收入差距；12.3% 的居民认为在收入分配上存在较大差距很不合理，因为不公平，不利于社会稳定。尽管理由各异，超过八成（82.9%）的居民反对社会存在较大的收入差距。

表 5 - 27　　　　　收入差距的适度性——是否应该存在较大的收入差距

项　目	问卷数	占比（%）	累积百分比（%）
很合理，社会应该有一定的收入差距，一定的收入差距可以提高社会效率	156	16	16
虽然不合理，但是也避免不了的	556	56.9	72.9
很不合理，社会主义不该有过大的收入差距	134	13.7	86.6
不合理，因为不公平，不利于社会稳定	120	12.3	98.9
其他	11	1.1	100
合　　计	977	100	

资料来源：问卷调研数据整理计算所得。

12. 对社会收入差距扩大的态度与居民主观心理承受力

调查发现，面对目前社会收入差距扩大的现实，超过七成的居民表现出积极的态度，77.8%的被调查居民选择通过自己的努力来改善当前的收入状况；超过两成的居民表现麻木、无可奈何或极端的发泄来破坏社会现有秩序的消极态度，具体而言，10.8%的被调查居民选择无所谓、得过且过，8.8%的被调查居民选择表示比较气愤，1.3%的被调查居民选择采取极端手段发泄不满，具体如表 5 - 28 所示。尽管消极负面的态度不一定会诱导产生出直接负面之行为，但是其一旦超过了居民主观心理承受力的范围，就会产生破坏社会现有秩序的行为后果。

表 5 - 28　　　　　收入差距的适度性——居民对社会收入差距扩大的态度

项　目	问卷数	占比（%）	累积百分比（%）
通过自己的努力来改善当前的收入状况	760	77.8	77.8
无所谓，得过且过	106	10.8	88.6
比较气愤	86	8.8	97.4
采取极端手段发泄不满	13	1.3	98.8
其他	12	1.2	100.0
合　　计	977	100	

资料来源：问卷调研数据整理计算所得。

调查还发现，对于目前存在的部分中国人"仇富"心态，接近半数的被调查居民（49.6%）对此持以包容的态度，认为这是收入差距过大的必然结果；37.9%的被调查居民认为这种"仇富"心态可以理解，因为目前中国大部分富人是通过不正当手段谋取财富；还有 19.9% 的被调查居民认为"仇富"是正常心态，对比自己富裕的人天生就排斥，值得警惕！面对目前存在的部分中国人"仇富"心态，不少被调查居民对此持以批判、否定的态度：33.8% 的被调查居民认为"仇富"是心态失衡的一种表现；还有 11.6% 的被调查居民认为"仇富"不正常，因为只有部分人先富起来，才能帮助大家共富，体现了对适度收入差距激励经济效率提高的肯定态度，具体如表 5 - 29 所示。

表 5 - 29　　　　收入差距的适度性——居民对社会收入差距扩大的接受程度

项　目	问卷数	占比（%）	排序
可以理解，因为目前中国大部分富人是通过不正当手段谋取财富	370	37.9	2
这是收入差距过大的必然结果	485	49.6	1
这是正常心态，对比自己富裕的人天生就排斥	194	19.9	4
这是心态失衡的一种表现	330	33.8	3
这种看法不正常，因为只有部分人先富起来，才能帮助大家共富	113	11.6	5
其他	27	2.8	6

资料来源：问卷调研数据整理计算所得。

社会上部分人的"仇富"心态可能并非真正的仇视勤劳致富、合法合理致富，而主要是对目前中国部分富人是通过不公正的、不合理、不合法手段谋取财富的抗议和仇视，统计调研数据发现 37.9% 的被调查居民认可这一观点。同时，不公正的、不合理、不合法的收入差距易于使人们产生对社会、对政府的信任危机，一旦超出人们的心理承受力和接纳程度，会影响整个社会的凝聚力。自改革开放以来，一些非市场因素导致的不合理、不合法的收入差距长期存在，例如部分政府官员腐败寻租行为，石油、电力等垄断行业的畸高收入等。这些不合理、不合法的收入差距损害了部分群体、特别是低收入群体的经济利益，而又由于税收政策的调节不到位、社会保障体系的不健全等政府进行再分配政策的不完善，使得受损人群无法通过政府的再分配政策得到补偿，进而会对社会主义和市场经济的优越性产生信任危机，甚至会使得部分人产生"仇富"心态，这一现象在许多地方和部分人群中已经不时有所体现。因此，导致人们在物质生活水平提高的同时，却增加了对收入分配差距的不满情绪，甚至在个别地区由于收入差距过大导致贫困人群产生群体性冲突。因此，收入来源的合理性和合法性可以作为判断人们对收入分配差距的心理承受力和接纳度的外在依据之一。在通常情况下，社会收入来源的正当性、合理性和合法性越强，则人们对收入差距的心理承受力和接纳度就会越高。

13. 未来收入变动与居民主观心理承受力

对于中国未来的收入差距的变化趋势，超过半数（51.5%）被调查居民表示不乐观，预期未来收入差距进一步会扩大；只有不足 1/4（24%）的被调查居民比较乐观，预期未来收入差距会缩小；对于中国未来收入差距的变化趋势不清楚或认为不变的分别占比 19.3% 和 5.2%。整体而言，被调查居民对中国未来收入差距变化趋势比较悲观，认为未来收入差距将缩小或不变的不足三成（29.2%），具体如表 5－30 所示。表明政府应该采取积极的再分配政策，来调节收入分配，以改变居民对未来收入差距变动的预期。

表 5－30　　　　　　　收入差距的适度性——被调查居民对中国
未来的收入差距的变化预期

项目	问卷数	占比（%）	累积百分比（%）
变大	503	51.5	51.5
缩小	234	24.0	75.5
不清楚	189	19.3	94.8
不变	51	5.2	100.0
合计	977	100	

资料来源：问卷调研数据整理计算所得。

当前缩小中国收入差距的最大阻力是什么，各地区发展不平衡、垄断与腐败、不合理的分配制度占据前三的位置，被调查居民选择比例分别为33.4%、31.6%和15.5%，而选择中国人多地广、资源稀缺，人与人的差异比例仅分别为8.5%和7.5%，具体如表5－31所示。这反映了被调查对象认为，由于中国经济的非均衡发展而导致的地区收入差异，由于垄断与腐败导致的不合理收入差距，由于分配制度的不合理而导致的不公平的收入差距在未来会持续存在，短期之内难以改变。

表 5 - 31　　　　　　收入差距的适度性——缩小收入差距的主要阻力

项　　目	问卷数	占比（%）	排序
不合理的分配制度	151	15.5	3
垄断与腐败	309	31.6	2
利益集团的阻碍	124	12.7	4
中国人多地广、资源稀缺	83	8.5	5
各地区发展不平衡	326	33.4	1
人与人的差异	73	7.5	6
其他	21	2.1	7

资料来源：问卷调研数据整理计算所得。

　　对于应该如何缩小当前中国的收入差距，超过半数（56.5%）被调查居民选择了消除社会腐败和垄断这一造成中国收入差距的根源；另有28.6%的被调查居民选择了转变收入分配改革的思路，将分配制度改革进行到底；13.3%的被调查居民选择了实现所有人收入分配的机会均等；仅有7.3%的被调查居民选择了实施税制改革，对高收入者课以重税，具体如表 5 - 32所示。

表 5 - 32　　　　　收入差距的适度性——如何缩小当前中国的收入差距

项　　目	问卷数	占比（%）	排序
消除社会腐败和垄断这一造成中国收入差距的根源	552	56.5	1
实现所有人收入分配的机会均等	130	13.3	3
转变收入分配改革的思路，将分配制度改革进行到底	279	28.6	2
实施税制改革，对高收入者课以重税	71	7.3	4

资料来源：问卷调研数据整理计算所得。

5.2.3　主观心理承受力视角的中国收入差距适度性的分析结论

　　收入差距的适度性分析是一个具有规范性的研究议题，收入差距的适度性的研究必然会涉及一定的主观心理评价，为了弥补现有统计数据多偏向被调查者收入数量、收入来源、消费支出等客观资料的不足，本书通过设计问卷进行抽样调查来分析当前中国居民对收入差距的主观心理承受力和接纳程度是否在公众的可容忍范围之内，以更全面地分析评价当前中国收入差距的适度性。通过前面对当前被调查居民的收入差异状况及心理特征表现的评价分析，本书可以总结出以下主要结论。

第一，被调查居民由于现实的生活压力较大以及对生活状况的不满意，对于收入差距状况的满意度评价普遍不高。调查发现，对自己收入状况持很满意、比较满意的被调查居民，其比重仅为27.7%。尽管如此，我们也应该看到以下之现实：从纵向来看，自1978年改革开放以来，随着中国经济的持续高速增长，人均收入的大幅提高，人们的生活水平也在水涨船高，与改革开放前人们的生活水平大有不同；从横向来看，中国居民的人均收入水平和生活水平虽然暂时还低于欧美发达国家居民的人均收入水平和生活水平，但是与世界上许多发展中国家比较，中国居民的人均收入水平和生活水平要高于他们。因此，无论是纵向还是横向比较，随着中国居民人均收入水平和生活水平的提升，居民对收入和生活状况的满意度也会逐渐提升。

第二，被调查居民普遍认为当前收入分配差距比较大，且对收入差距存在的合理性评价也比较低。赞成在收入分配上存在一定的差距很合理，一定的收入差距可以提高社会效率的居民仅占16%；而却有高达86.7%的被调查居民认为当前社会收入差距太大或较大；另外，被调查居民对获得高收入途径的认知在主客观之间存在一定的矛盾和差异。调研发现，被调查对象主观上认为应该获得高收入的人群为"有技术专长的人""吃苦耐劳的人""有知识、有文化的人"，而被调查对象认为客观上现实社会中实际获得高收入的人群为"有资产或有钱人""当官的人""有社会关系的人"；目前绝大部分居民将收入差异主要原因归结为机会不均等、制度不完善等制度类因素而非自身能力类因素，被调查者的收入水平、文化程度等的差异并不改变这一结论。

第三，在与周围人的横向比较中，被调查居民的相对剥夺感尚处于可控范围之内，整体上尚能容忍、接纳当前收入差距的现状。但是，在社会竞争与收入分配中处于弱势的低收入群体的相对剥夺感则比较强，他们对收入分配的现状、收入分配的合理性等方面的评价则比较低。那些低收入群体，由于自身受教育水平比较低，或者自身拥有的资源和技能较少，导致他们的收入水平和生活水平会显著低于社会平均水平。但是国家和政府针对这些低收入人群采取了许多帮扶政策，例如对其进行职业培训以帮助其再就业；为了维持其一定的生活水准而增加对他们的转移支付；尤其是自 2013 年 11 月习近平到湖南湘西考察时首次提出"精准扶贫"的重要思想之后，党和政府把扶贫开发作为重大战略任务来抓，脱贫攻坚取得显著成绩，根据中国国家统计局数据显示，截至 2015 年，全国农村尚有 7017 万贫困人口，约占农村居民的 7.2%，2016 年、2017 年每年成功减少 1000 万贫困人口，截至 2018 年，中国农村还剩下 5000 万的贫困人口。随着低收入群体收入水平和生活水平的提升，他们的生活满意度也得到了显著提升，其对收入差距的容忍度和接纳度也随之提升。

第四，由于腐败、行业垄断、机会不均等、分配制度的不合理等多种不公平因素引发了被调查居民对收入分配差距的不满，以及对中国未来收入差距变化趋势预期比较悲观。尽管调查发现超过七成的被调查居民认为与过去 5 年相比较，其生活水平改善了，超过六成的被调查居民认为未来 5 年其生活水平还会进一步改善。但是，51.5% 的被调查居民预期未来收入差距会进一步扩大。这显示了大部分居民对自身收入和生活水平的提升比较乐观，但对收入差距的改善却相对悲观。近九成（86.7%）的居民认为当前社会的收入差距大且不合理，收入分配不公是引发被调查居民对收入差距不满的主要原因。56.8% 的被调查居民表示目前收入差距是可以接受或基本可以接受，在面对当前社会收入差距扩大的现实，77.8% 的被调查居民选择通过自己的努力来改善当前的收入状况。这说明被调查居民可以容忍、接纳一定程度的收入差距，但对收入差距的成因不满，人们更加关注机会的不均等、收入分配的形成过程和收入分配制度的合理性。

第五，一个具备顺畅流动性的社会有助于提升社会居民对收入差距的接受程度和心理承受力。调查发现，赞成劳动力流动的居民达到 56.60%，不赞成劳动力流动的居民仅为 9.63%，另有 33.78% 的居民持无所谓的态度。伴随着中国改革开放的持续深入进行，在居民收入水平和生活满意度提高的同时，逐渐打破原有的阶层固化，建立了较为畅通的社会流动渠道。自 1978 年改革开放 40 年以来，中国大多数成员实现了政治地位、经济地位和职业地位的向上流动：政治地位上，中国居民实现了从"工农兵"三大阶层发展到公务员、企业主、知识分子、农民、军人等多样化的阶层；经济地位上，根据中国国家统计局的数据，中国居民的人均可支配收入从 1978 年的 343 元增长到 2017 年的 25974 元，上涨了近 75 倍，民众的生活水平显著改善；职业地位上，随着第二、三产业的发展，人们的就业逐渐从农业向工业、服务业转移，工作收入和工作环境显著改善。另外，2013 年以来，中国政府反腐败的力度逐渐加强，市场运作的逐渐规范化，大幅度减少了不合理、不合法的收入，从而提高了全社会的收入差距可弥合性和接纳空间，使得中国居民对收入差距的容忍度仍然处在可接受的范围之内。这充分表明提高公众向上的社会流动意识，保持社会流动渠道的畅通，能够有效弥合收入差距的扩大带给人们的无力感、挫败感，从而提升社会公众对收入差距的接受程度和心理承受力。

第六，分析评价收入差距的适度性，必须充分考虑社会公众对收入差距的主观心理承受力和接纳程度。公众对收入差距的主观心理承受力和接纳程度主要用来说明一个地区或一个国家的收入分配差距程度是否处于人们的容忍区间。但是这种主观心理感受应该基于一个地区或一个国家的收入分配差距比较均衡的基础之上，收入差距过小不利于经济效率的提高，收入差距过大不利于社会的稳定，过大或过小的收入差距都不利于社会整体福利水平的提升，即只有适度的收入差距才最有利于提升社会公众的主观心理承受力和接纳程度，也只有适度的收入差距才最有利于提升整个社会不同阶层的可弥合性。这也意味着全体社会成员持续努力可以缩小过大的收入分配差距，不会出现两极分化的分配格局。在中国从计划经济体制向社会主义市场经济体制的转轨过程中，由于市场经济法制还不够健全，给了部分社会成员可乘之机，其通过不法手段快速发财致富，既扩大了整个社会收入分配差距，也激化了社会矛盾，降低了整个社会的可弥合性。随着社会主义法制和社会主义市场经济体制的逐渐健全和完善，不合理的、非法的收入会逐渐减少，直至消亡，从而可以更好地提升整个社会的可弥合性。

综上所述，从整体来看，当前中国的收入差距仍处于居民的主观心理承受力的安全范围之内，即中国的收入差距仍然是适度的。但难以否认的是，改革开放一方面推进着社会经济发展；另一方面也改变了社会成员的社会地位并调整着彼此之间的利益分配格局。本书的调查发现多数居民可以接受收入分配差距不断扩大的现实，反映了居民较强的适应社会变迁的能力和务实拼搏精神。因此，当前居民所表现的出不满意感和不公平感仍然处于主观承受力范围之内。如果中国收入分配差距持续增加，且收入分配不公的状况得不到改善，而政府对此却视而不见，一旦触及民众的容忍底线，将会超出民众的可承受能力。

第6章 中国收入差距的形成机理

本书在第5章基于"五大发展理念"构建的综合评价指标体系来评价中国收入差距的适度性,发现尽管当前中国的收入差距仍处于一个相对较高的水平,但是整体上来看,中国收入差距尚处于比较适度的状态;通过作者的问卷调查数据分析发现,尽管当前部分居民对收入差距状况有所不满,但是由于改革开放40年以来,中国居民人均收入年均增长7.4%,生活水平得到了大幅提升,当前居民所表现的出不满意感和不公平感仍然处于主观承受力范围之内。在此基础上,笔者将在本章考察中国收入差距演进背后的机理。首先对中国收入差距的形成来源进行分解;其次从生产率变化导致经济结构的变动,教育和人力资本差异,对外开放和对外贸易的影响等多角度来探讨中国收入差距的成因,揭示中国收入分配实现适度公平的本质要求和内在规律。收入差距的形成机理分析,是研究收入差距适度性预警机制的前提。

6.1 中国收入差距形成的来源分解

为了解析收入差距变化模式,作者首先使用收入来源;其次使用人口分组来对收入差距进行分解。

6.1.1 通过收入来源的分解

为了更好地理解不同收入来源在整体收入差距演进中的作用,我们遵循 Lerman and Yitzhaki 规则(1985)通过收入来源对基尼系数进行分解。

$$G = \sum_k S_k \sum_i \frac{2}{n^2 \mu_k} \left(i - \frac{n+1}{2} \right) Y_{ki} = \sum_k S_k \overline{G}_k = \sum_k S_k R_k G_k \quad (6-1)$$

其中，$S_k = \frac{\mu_k}{\mu}$ 是第 k 种收入来源在家庭总收入中所占的比重或份额；$\overline{G}_k$ 是 "伪基尼系数" [①]；R_k 是第 k 种收入来源与总收入基尼系数之间的相关系数；G_k 是第 k 种收入来源的基尼系数，第 k 种收入来源对总收入差距的绝对贡献度用式（6-2）表示：

$$V_k(G) = S_k R_k G_k \quad (6-2)$$

第 k 种收入来源对总基尼系数的贡献度用式（6-3）表示：

$$\tilde{v}_k(G) = \frac{S_k R_k G_k}{G} = \frac{\sum_i \left(i - \frac{n+1}{2} \right) Y_{ki}}{\sum_i \left(i - \frac{n+1}{2} \right) Y_i} \quad (6-3)$$

其中，Y_i 是指家庭 i 的收入；Y_{ki} 是指家庭 i 的第 k 种收入来源 [②]。

第 k 种收入来源的边际效应用式（6-4）表示：

$$\eta_k(G) = S_k \left(\frac{\overline{G}_k}{G} - 1 \right) \quad (6-4)$$

表 6-1 计算出了每种收入来源所占份额，表 6-2 计算了每一种收入来源的基尼系数。工资收入所占份额最大，而其基尼系数最小。财产收入份额总是很小，低于 10%，然而其基尼系数一直很高，在 0.96 以上。每种收入来源对总基尼系数的贡献度 $\tilde{v}_k(G)$ 和每种收入来源的边际效应 $\eta_k(G)$ 分别在表 6-3、表 6-4 里给出。对总基尼系数贡献最大的是工资收入，其贡献在 0.7~0.8；然后是转移支付收入，其贡献在 0.13~0.19。其他收入贡献低于 0.1，但其对总基尼系数的贡献比较高；在所有收入来源中，工资收入的边际效应也是最大的。

---

① 伪基尼系数不同于常规的基尼系数，一般而言，赋给第 k 种收入来源的权重 $y_\varepsilon = \left[\int_{y_i}^{1-\varepsilon} dF(x) \right]^{\frac{1}{1-\varepsilon}} = \left[\int (x) y_i^{1-\varepsilon} dx \right]^{\frac{1}{1-\varepsilon}}$ 不同于第 k 种收入来源在总收入中占的份额贡献大小。

② 在所有计算中，家庭收入权重根据家庭规模大小来确定。

表 6 - 1　　　　　　　　　　　　　每种收入来源所占比例

年份	工资收入	经营性收入	财产收入	转移支付收入	其他收入
1995	0.503	0.381	0.008	0.080	0.030
2002	0.580	0.242	0.005	0.122	0.050
2007	0.639	0.137	0.032	0.172	0.020
2010	0.680	0.142	0.022	0.111	0.045
2012	0.693	0.106	0.031	0.132	0.038
2014	0.710	0.086	0.025	0.153	0.025

注：为了保持两种调查数据的一致性，作者从 CHIP 中剔除了那些在 CFPS 没有的收入项目，而且，根据 CFPS 中的收入定义对 CHIP 中收入来源进行重新计算。表 6 - 2 至表 6 - 6 对收入来源采用同样的数据处理方法。工资收入是指劳动收入，包括奖金、津贴、补贴，以及农民工家庭成员汇款。经营性收入包括农产品销售净收入、私人企业净收入，以及自己消费的农产品总价值。财产收入是指来自财产租赁与销售的收入。转移支付收入包括社会保障收入、退休金、补贴等。其他收入主要是来自亲戚或朋友馈赠的钱财与礼物。

资料来源：笔者根据 CHIP1995、CHIP2002、CHIP2007、CFPS2010、CFPS2012、CFPS2014 计算所得。

表 6 - 2　　　　　　　　　　　　　每种收入来源的基尼系数

年份	工资收入	经营性收入	财产收入	转移支付收入	其他收入
1995	0.675	0.570	0.964	0.911	0.813
2002	0.659	0.628	0.992	0.900	0.885
2007	0.618	0.806	0.977	0.834	1.128
2010	0.602	0.784	0.981	0.916	0.914
2012	0.609	0.798	0.969	0.886	0.950
2014	0.583	0.834	0.960	0.853	0.963

资料来源：笔者根据 CHIP1995、CHIP2002、CHIP2007、CFPS2010、CFPS2012、CFPS2014 计算所得。

表 6 - 3　　　　　　　每种收入来源对总基尼系数的贡献度 $\tilde{v}_k(G)$　　　　　　　单位：%

年份	工资收入	经营性收入	财产收入	转移支付收入	其他收入
1995	78.18	3.91	1.5	12.57	3.84
2002	73.83	1.65	0.86	18.15	5.51
2007	70.08	4.62	4.85	17.81	2.64
2010	69.51	8.01	3.24	14.35	4.88
2012	72.69	4.7	3.88	14.89	3.73
2014	73.11	3.86	3.07	17.43	2.54

资料来源：笔者根据 CHIP1995、CHIP2002、CHIP2007、CFPS2010、CFPS2012、CFPS2014 计算所得。

表6-4　　　　　　　　　每种收入来源的边际效应 $\eta_k(G)$

年份	工资收入	经营性收入	财产收入	转移支付收入	其他收入
1995	0.279	-0.341	0.007	0.046	0.009
2002	0.158	-0.223	0.003	0.060	0.005
2007	0.062	-0.0091	0.017	0.006	0.006
2010	0.015	-0.062	0.010	0.032	0.004
2012	0.034	-0.059	0.008	0.017	-0.001
2014	0.021	-0.048	0.006	0.021	-0.000

注：边际效应是指各收入来源每变化1%对收入差距的影响。

资料来源：笔者根据 CHIP1995、CHIP2002、CHIP2007、CFPS2010、CFPS2012、CFPS2014 计算所得。

考虑到工资收入的重要性，在表6-2中，工资收入所体现出来的变化趋势是理解总体收入差距变化趋势背后的核心驱动力。工资收入和转移支付收入是总收入中起支配作用的因素，因此，工资收入差距连同转移支付收入差距的急剧下降也是导致总收入差距变化的主导性因素，可以解释总收入差距的下降。

为了进一步验证前面通过收入来源对基尼系数进行分解的结果的敏感性，作者再通过收入来源对泰尔指数①进行分解，如 GE(1)，作者借鉴保罗（Paul，2004）所拓展的基尼系数分解方法，即：

$$T = \sum_k \sum_i \frac{1}{n\mu} \ln\left(\frac{Y_i}{\mu}\right) Y_{ki} \qquad (6-5)$$

其中，μ 是收入的均值。

第 k 种收入来源对收入差距的绝对贡献，即：

$$V_k(T) = \sum_i (\ln Y_i - \ln\mu) Y_{ki} \qquad (6-6)$$

当我们把第 k 种收入来源对收入差距的贡献用比例来表示时：

$$\tilde{v}_k(T) = \frac{V_k(T)}{T} = \frac{\sum_i (\ln Y_i - \ln\mu) Y_{ki}}{\sum_i (\ln Y_i - \ln\mu) Y_i} \qquad (6-7)$$

---

① 此处分解泰尔指数，是由于测度不平等的指标广义熵指数 GE（c）的阶数 c，根据保罗（Paul，2004），只有当0 < c < 2，负的要求才能达到满足。

第 k 种收入来源对泰尔指数的边际效应：

$$\eta_k(T) = \frac{1}{Tn\mu} \sum_i Y_i (S_{ki} - S_k) \ln Y_i \qquad (6-8)$$

其中，S_{ki} 是第 i 个家庭总收入中的第 k 种收入来源所占份额。通过收入来源对泰尔指数分解的结果如表 6-5、表 6-6 所示，可以发现其结果与前面的基尼系数分解的结果相一致。

表 6-5　　　　　每种收入来源对泰尔指数的贡献度 $\tilde{\nu}_k(T)$　　　　　单位：%

年份	工资收入	经营性收入	财产收入	转移支付收入	其他收入
1995	101.3457	−22.7664	2.43813	14.37759	4.605
2002	88.74963	−20.0216	1.42695	23.34312	6.50188
2007	71.99312	−2.56147	11.25786	16.05984	3.25064
2010	66.44707	7.81754	6.23597	14.3311	5.16831
2012	77.86283	0.04842	4.83796	13.7037	3.43804
2014	76.99019	−0.81455	3.76823	17.43009	2.62604

资料来源：笔者根据 CHIP1995、CHIP2002、CHIP2007、CFPS2010、CFPS2012、CFPS2014 计算所得。

表 6-6　　　　　每种收入来源对泰尔指数的边际效应 $\eta_k(T)$

年份	工资收入	经营性收入	财产收入	转移支付收入	其他收入
1995	0.511	−0.608	0.017	0.064	0.016
2002	0.307	−0.442	0.009	0.112	0.015
2007	0.081	−0.163	0.081	−0.011	0.012
2010	−0.015	−0.063	0.040	0.032	0.007
2012	0.086	−0.105	0.018	0.005	−0.003
2014	0.060	−0.094	0.013	0.021	0.001

资料来源：笔者根据 CHIP1995、CHIP2002、CHIP2007、CFPS2010、CFPS2012、CFPS2014 计算所得。

除了收入差距的大小，收入差距还会随时发生变动。保罗等（Paul et al., 2004）将收入差距随时间的变化表示为每种收入来源随时间变化的加权平均。定义：$\dot{G}_{t,t+1} = \frac{(G_{t+1} - G_t)}{G_t}$，其为家庭收入差距在 t 年与 t+1 年之间的比例变化。可以写作式（6-9）：

$$\dot{G}_{t,t+1} = \sum_k \tilde{v}_k(G_t)\dot{v}_k(G_{t,t+1}) \tag{6-9}$$

其中，$\tilde{v}_k(G_t)$ 为权重，而 $\dot{v}_k(G_{t,t+1}) = \frac{v_k(G_{t+1}) - v_k(G_t)}{v_k(G_t)}$。第 k 种收入来源对基尼系数变化的贡献为 $\tilde{v}_k(G_t)\dot{v}_k(G_{t,t+1})$。类似地，第 k 种收入来源对泰尔指数变化的贡献为 $\tilde{v}_k(T_t)\dot{v}_k(T_{t,t+1})$。

收入差距变化分解的结果如表 6-7、表 6-8 所示。1995~2012 年，对基尼系数和泰尔指数相对增加贡献最大的都是工资收入，然后是转移支付收入。2002~2007 年，财产收入和经营性收入是基尼系数和泰尔指数相对增加的两个最主要推动力。而在 2007~2010 年，从基尼系数和泰尔指数两个指标来看，工资收入重新变成收入差距动态变化的最重要推动力。当收入差距从 2010~2012 年开始下降时，经营性收入起到了关键性作用，而转移支付收入也有助于消减收入差距。2012~2014 年，基尼系数的相对变化主要来自工资收入，经营性收入和财产收入，三者的作用十分接近。但是，工资收入仍然是泰尔指数相对变动的最主要因素。

表6-7 每种收入来源对基尼系数变化的贡献度

年份	变化	工资收入	经营性收入	财产收入	转移支付收入	其他收入
1995~2002	27.3	15.8	-1.8	-0.4	10.5	3.2
2002~2007	7.5	1.5	3.3	4.4	1.0	-2.7
2007~2010	11.6	7.5	4.3	-1.2	-1.8	2.8
2010~2012	-5.6	-0.9	-3.6	0.4	-0.3	-1.4
2012~2014	-1.2-28	-0.8	-0.9	-0.9	2.2	-1.2

资料来源：笔者根据 CHIP1995、CHIP2002、CHIP2007、CFPS2010、CFPS2012、CFPS2014 计算所得。

表6-8 每种收入来源对泰尔指数 T 变化的贡献度

年份	变化	工资收入	经营性收入	财产收入	转移支付收入	其他收入
1995~2002	57.6	38.5	-8.8	-0.2	22.4	5.6
2002~2007	17.8	-3.9	17.0	11.8	-4.4	-2.7
2007~2010	42.7	22.9	13.7	-2.4	4.4	4.1
2010~2012	-13.2	1.2	-7.8	-2.0	-2.4	-2.2
2012~2014	-8.1	-7.1	-0.8	-1.4	2.3	-1.0

资料来源：笔者根据 CHIP1995、CHIP2002、CHIP2007、CFPS2010、CFPS2012、CFPS2014 计算所得。

　　总体而言，通过上述收入的来源渠道分解，证实了工资收入差距缩小、转移支付收入开始发挥重要作用，解释了前面 3.6 节提出的中国整体收入差距在 2008～2010 年前后出现的由扩大转向缩小的趋势。

6.1.2　通过人口分组的分解

　　考察收入差距变化模式的另一视角是通过人口分组来进行分解。城乡收入差距是发展中国家的一个普遍特征，中国也不例外。除了城乡收入差距之外，中国东部沿海地区和中西部内陆地区之间收入差距也非常巨大（Fan，Kanbur and Zhang，2011）[①]。为了估计区域间收入差距，作者使用各省人口数量、农村人均消费和城镇人均消费的统计数据来计算基于消费的收入差距的分解，如表 6-9 所示。笔者还使用式（6-10）通过城乡之间、沿海与内陆省份之间的分组对泰尔指数 T 进行了分解，即：

$$T = T_w + T_b = \sum_k \left(\frac{N_k}{N}\right)\frac{\mu_k}{\mu}T_k + \sum_k \left(\frac{N_k}{N}\right)\frac{\mu_k}{\mu}\ln\left(\frac{\mu_k}{\mu}\right)$$

$$= \sum_k \frac{Y_k}{Y}T_k + \sum_k \frac{Y_k}{Y}\ln\left(\frac{\frac{Y_k}{Y}}{\frac{N_k}{N}}\right) \tag{6-10}$$

其中，N 是个体总数量；k 是分组指标。例如，城乡之间，第一项是泰尔指数的组内构成，第二项是组间构成。

　　城乡之间、沿海与内陆省份之间收入差距分解结果如表 6-9 和图 6-1 所示。城乡之间收入差距在 1995 年、2000 年和 2004 年出现了三个高峰期，三个高峰期之后，城乡之间收入差距保持了下降趋势。注意 2005 年是城乡之间收入差距发生转折的年份，张、杨和王（Zhang，Yang and Wang，2011）[②] 认为这是由于中国已经越过了刘易斯拐点的原因，同年农业税被取消，政府启动了新农村建设。沿海与内陆省份之间的收入差距在 2000 年达到一个高峰，2001 年之后开始下降，接着在 2005 年又出现了反弹，直到 2009 年，仍

　　① Fan，S，Kanbur，R，and Zhang，X.（2011）．"China's Regional Disparities：Experience and Policy."Review of Development Finance 2011（1）：47-56.

　　② Zhang，X，Yang，J，and Wang，S.（2011）．"China has reached the Lewis turning point."China Economic Review，22（4）：542-554.

然保持一个相对高的水平，自此之后表现出稳定的下降，这是由于内陆省份劳动力市场紧缺、政府鼓励西部大开发政策。后面将进一步解释这些原因。

表 6-9　　　　　基于人均消费数据分解的中国区域收入差距

年份	基尼系数	GE(1)（泰尔指数 T）	城乡之间	沿海与内陆之间
1978	0.281	0.162	14.657	0.250
1979	0.273	0.149	13.144	0.258
1980	0.268	0.136	11.556	0.406
1981	0.258	0.120	9.835	0.484
1982	0.236	0.100	7.941	0.436
1983	0.226	0.090	6.920	0.468
1984	0.228	0.090	6.810	0.496
1985	0.236	0.098	7.283	0.538
1986	0.245	0.105	7.549	0.645
1987	0.253	0.113	7.907	0.717
1988	0.261	0.120	8.126	0.843
1989	0.266	0.123	7.703	0.888
1990	0.277	0.136	8.713	0.742
1991	0.282	0.140	9.242	0.547
1992	0.294	0.148	9.638	0.662
1993	0.307	0.164	10.689	0.819
1994	0.311	0.170	10.989	1.141
1995	0.324	0.181	12.037	1.762
1996	0.303	0.158	9.917	1.274
1997	0.308	0.163	10.369	1.341
1998	0.314	0.171	10.925	1.476
1999	0.328	0.186	11.931	1.508
2000	0.342	0.196	12.694	2.000
2001	0.337	0.188	11.618	1.282
2002	0.348	0.202	12.606	1.347
2003	0.354	0.208	13.530	1.358
2004	0.372	0.229	14.575	1.268
2005	0.364	0.213	13.957	2.306

续表

年份	基尼系数	GE(1) （泰尔指数 T）	城乡之间	沿海与内陆之间
2006	0.362	0.210	13.695	2.328
2007	0.363	0.210	13.619	2.293
2008	0.361	0.207	13.187	2.307
2009	0.357	0.202	12.923	2.400
2010	0.353	0.197	12.359	2.316
2011	0.354	0.199	11.516	2.276
2012	0.344	0.188	10.345	2.163
2013	0.338	0.182	9.548	2.197
2014	0.329	0.172	8.419	2.142

资料来源：中国国家统计局与各省历年统计年鉴。

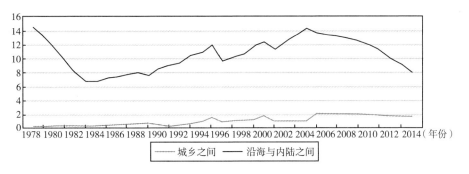

图6-1 基于人均消费的区域收入差距

注：使用表6-9中的城乡之间收入差距、沿海与内陆之间收入差距的数据绘制而成。

6.2 经济结构变动对中国收入差距演变的影响——基于一个城乡两部门经济模型解释

基于前面大量的数据分析可以发现，中国的收入差距在改革开放之后曾保持长期急剧扩大的趋势，之后出现稳定甚至轻微下降趋势，转折大约是10年之前出现。那么该如何解释中国收入差距的这一变化趋势呢？全面的解释有待于深入地研究一系列具体因素。中国经济的一个重要特征就是非均衡增长，主要体现在两个方面，一是东中西部的非均衡增长；二是城乡之间二元经济结构特征。这种非均衡的增长极大地影响了中国整体收入差距的形成，特别是由于城乡二元经济结构而导致的城乡之间的巨大收入差距，对中国整体收入差距的贡献度已经超过60%（国家发展和改革委员会宏观经济研究院课题组，2003）。考虑到中国经济显著的城乡二元经济结构特征及其对收入差距的影响，作者在此部分提出一个基于城乡两部门经济模型的宽泛解释框架。

考察一个国家或地区收入分配差距演进的简单方法是把经济分成几个关键的部门，然后分析每个部门内部及部门之间的收入差距。考虑到当前中国正在进行的结构调整的重要性，我们可以将中国经济分成农村和城市两大部门来讨论。全国的收入分配是农村收入分配和城市收入分配的加权平均之和，以两部门各自的人口份额作为权重，因此，全国的收入差距变动趋势将取决于以下三个因素。（1）城乡部门内部各自的收入差距；（2）城市和农村部门之间的平均收入差距；（3）城市化比率（或每个部门的人口份额）。

借鉴拉维·坎布尔（Ravi Kanbur）、王悦和张晓波在 2017 提出的分解收入差距的方法，我们基于 GE(0) 指数[①]（广义熵指数，具体见第3章）把全国收入差距进行分解，GE(0) 指数也被称为平均对数偏差，我们将其记为 L，则全国的收入差距可以分解如下：

$$L = XL_1 + (1 - X)L_2 + \log[Xk + (1 - X)] - [x\log(k)] \qquad (6-11)$$

其中，下标 1 和 2 各自指农村和城市，X 是城市人口份额（或城市化比率），k 是城市和农村部门平均收入之比。因此，全国收入差距的演进受三种因素影响：（1）L_1（农村内部收入差距）和 L_2（城镇内部收入差距）的变动；（2）k（城乡收入比）的变动；（3）X（城镇化率）的变动。因此，在本部分，作者将沿着这一分析框架所指明的分析思路来深入分析改革开放以来中国收入差距变动的内在原因。

1954 年，英国经济学家刘易斯在《劳动无限供给条件下的经济发展》一文中首次完整地阐述了二元经济结构理论。其指出发展中国家在经济发展的过程中，存在着农村传统农业和城市现代化工业并存的"二元经济结构"。根据刘易斯的观点，在发展中国家工业化过程中，随着生产率的提高，传统

---

① 广义熵指数的一种，其计算公式为：$GE(0) = \dfrac{1}{N} \sum\limits_{t=1}^{N} \times \ln\left(\dfrac{\mu}{y_i}\right)$。

农业部门存在大量过剩的劳动力，当这些剩余劳动力从传统农业部门转移到城市制造业部门时，并不会导致农业产出下降，意味着其边际生产率为零。由于现代工业劳动生产率高于农业，工业在发展的过程中，需要增加的劳动投入初期在不需要提高工资的情况下，就可以从农业部门得到无限供给，即农村剩余劳动力的存在使得工业部门所需要的劳动供给具有完全弹性。刘易斯进一步指出，工业部门只需要提供比农业部门高出 30% 左右的工资就可以从农业部门吸收大量的剩余劳动力。之后，费景汉和拉尼斯（H. Fei and G. Ranis）在 1964 年修正和发展了刘易斯的理论，使其成为古典主义框架下分析二元经济问题的经典模型。该模型被认为是适用于分析发展中国家经济发展的普遍理论。中国在发展过程中也存在"城乡二元结构"，这已经成为理论界的一种共识。因此，要想揭示中国的城乡收入差距形成机制必须从此入手，后面本书将基于这一模型展开分析。

6.2.1 中国农村和城镇内部收入差距演变的影响机制

有关中国城镇和农村内部的收入差距自改革开放以来的变动趋势和演变规律，本书已经在第 2 章使用比较翔实的数据做了分析，通过分析发现中国城镇部门内部的收入差距改革开放以来呈现持续扩大的态势，但大约在 2008 年之后呈现轻微缩小的趋势，但城镇部门内部的收入差距要小于全国整体收入差距；1978～2015 年，中国农村部门内部的收入差距一直呈现出持续拉大的趋势，且自 2008 年之后拉大的速度开始减缓，但农村部门内部的收入差距始终要大于城镇部门内部的收入差距。农村和城镇内部收入差距的这种变动规律就会通过式（6-11）中的 L_1（农村内部收入差距）和 L_2（城镇内部收入差距）的变动来影响中国的整体收入差距。那又有哪些因素影响农村和城镇内部的收入差距的演变呢？

6.2.1.1 农村内部收入差距的形成基本机理

改革开放以来，中国农村内部收入差距的形成基本机理如下。

首先，在 1978 年改革开放之后，始于 20 世纪 80 年代初期的农村家庭联产承包责任制和价格改革，特别是农村土地的承包到户，激发了农民生产的积极性，提高了农业劳动生产率，农民普遍受益，但是劳动力富裕、经营灵活的家庭会受益更多。因此，这些改革措施一方面缩小了城乡之间的收入差距；另一方面扩大了农村内部的收入差距。

其次，随着城市工业化的进行，以及农村推行家庭承包经营责任制，农业劳动效率的提高，农村出现剩余劳动力，先是受教育水平较高或是具有一定技能的农村人口进入城市工业部门，这一部分人口可以获得比留在农村的农村人口更高的工资收入，逐渐拉大了农村内部的收入差距；随着农村剩余劳动力持续的流入城市，起初农业部门无限供给的劳动力逐渐稀缺，直至枯竭（刘易斯拐点），农村内部劳动力出现短缺，农村普通农民工的工资开始上涨，使得农村内部的收入差距开始缩小。

最后，根据李实等（2008）研究发现，近几年城市化的大力推进，高收入的农村人群不断地进城购房置业，变为城镇人口，使得农村内部高收入人群减少，导致农村内部收入差距扩大的速度明显减缓，以递减的速度在增加。

综上所述，在中国经济结构转型和经济体制转轨的过程中，在多种因素综合作用下，使得中国农村内部的收入差距一直呈现出持续拉大的趋势，并在 2008 年前后开始出现明显的减缓。

6.2.1.2 城镇内部收入差距的形成基本机理

改革开放以来，中国城市内部的收入差距的形成基本机理如下。

第一，自 1984 年之后，中国经济体制改革的重点已经从农村转移到城市，国家从 1985 年开始采取承包经营、政企分开、放权让利以及股份制改革等多种方式来带动城市的国有企业，中国进入全面深化改革阶段；1992 年邓小平南方谈话，以及党的十四大明确提出中国经济体制改革的目标是建设社会主义市场经济，城市私营经济快速发展，成为推动中国城镇内部收入差距扩大的强有力的因素，几乎与此同步，中国城镇内部的收入差距开始拉大。

第二，在经济体制改革的同时，国家启动了收入分配制度的改革，从"按劳取酬的原则"（改革开放初期），到"按劳分配为主体、其他分配方式为补充"（20 世纪 80 年代后半期），到"按劳分配为主体、多种分配方式并存"（90 年代前半期），再到"按劳分配为主体、多种分配方式并存"的收入分配制度（90 年代后半期），市场机制在收入分配过程中的作用逐渐增强。一方面激励了各市场主体的生产积极性，优化了资源配置，提高了经济效率；另一方面由于各个经济主体自身能力、受教育程度以及拥有的生产要素禀赋的差异，也会导致城市内部的收入分配差距的扩大。

第三，20 世纪 80 年代后期，城市启动了类似于 80 年代初期农村家庭承包责任制式的住房制度改革，赵人伟和李实（1998）认为，由于这一改革没有考虑原有公房分配中的不平等因素，对自有住房租金估价的不平等超过了住房补贴的不平等，扩大了城镇居民内部的收入分配差距[①]。

　　第四，所有制结构的变动也是导致中国城镇内部的收入分配差距扩大的重要原因之一。自 1978 年以来 40 年的改革历程中，中国的所有制结构出现了重大变化，已经从改革开放初期的单一的公有制逐渐演变成"公有制为主体、多种所有制经济共同发展"基本经济制度。一方面，非公有制经济快速发展，已经成为国民经济的重要构成部分。"截至 2017 年底，中国民营企业数量超过 2700 万家，个体工商户超过 6500 户，注册资本超过 165 万亿元，贡献了 50% 以上的税收，60% 以上的国内生产总值，70% 以上的技术创新成果，80% 以上的城镇劳动就业，90% 以上的企业数量"。[②] 另一方面，公有制经济在关系国计民生的关键领域仍然处于支配地位，仍然在国民经济中居于主导地位。公有制经济在国民经济中的支配地位，导致了公有制经济中就业人员的平均工资收入高于非公有制经济中就业人员的平均工资收入。根据国家统计局发布的调查数据"2017 年全国城镇私营单位就业人员年平均工资为 45761 元，而全国城镇非私营单位就业人员年平均工资为 74318 元"[③]，前者比后者低了近 40%。除此之外，在非公有制经济内部，企业主、大股东、企业高管的收入远远高于普通员工的工资收入，进一步拉大了城镇居民内部的收入分配差距。

　　第五，在改革开放之后，赵人伟和李实（1998）认为，中国从计划经济体制向市场经济体制转轨的过程中，体制变迁中的无序因素，也是影响中国城镇内部居民收入分配差距的重要因素。由于在体制转轨过程中，新旧两种体制并存，易于诱发诸多无序问题。例如，利用行政垄断权利进行寻租活动，形成了城镇高收入阶层，并拉大和其他城镇居民之间的收入差距；从 1993 年开始，国家明确提出以建立现代企业制度为方向，不断深化改革、完善国有企业新体制。在国有企业改制的过程中，一些国有企业的高管，利用"内部人"控制的特殊身份，侵吞国有资产，导致国有资本流失，青木昌彦和钱颖一（1995）认为，国有资产的大量流失同内部人控制有关，也是拉大城镇居民收入差距的重要因素；另外，在转轨的过程中，一些行业和部门利用行业

---

　　① 赵人伟，李实. 收入差距扩大的原因和价值判断［J］. 改革，1998（6）：75 – 78.
　　② 习近平. 在民营企业座谈会上的讲话. 2018 年 11 月 1 日，新华社.
　　③ 人力资源和社会保障部. 2017 年度人力资源和社会保障事业发展统计公报. 人力资源和社会保障部网站.

和部门垄断地位，获得远高于社会平均水平的收入，也是导致城镇居民之间收入差距扩大的重要因素。陈宗胜、周云波（2001）和张建刚[①]（2018）认为，在市场化改革、向市场经济过渡的体制转轨时期，行政垄断、司法腐败、干部任用与考核制度的不完善等"制度缺陷"是城镇居民隐性收入或非正常收入产生的制度性根源。陈宗胜和周云波[②]（2001）通过计算发现，各种非法非正常收入是导致城镇居民之间收入差距"非正常扩大"的主导因素。陈刚和李树[③]（2010）测算了腐败对中国城镇居民之间收入差距的贡献度，他们使用中国官方的统计数据，发现在2000~2007年，对城镇居民收入差距的贡献而言，腐败因素是仅次于经济增长因素之外的第二大影响因素。

综上所述，在中国经济体制转轨的过程中，部分因素扩大了城镇居民之间的收入差距，部分因素缩小了城镇居民之间的收入差距，多种因素的收入分配效应叠加，使得中国城镇居民之间的收入差距自改革开放以来呈现出持续缓慢扩大的趋势，并在2008年前后出现轻微缩小的态势。

6.2.2 城乡之间收入差距变动对整体收入差距的影响机制

通过前面第2章的"中国城乡之间收入差距的演变"分析，发现中国城乡之间的收入差距呈现以下演变规律：城乡之间的收入差距在前30年呈现出整体震荡扩大趋势，城乡收入比在2007年、2009年达到高峰期的3.33，此后，中国城乡收入差距开始持续改善，2017年城乡收入比降到2.71。但从国际视角来看，中国城乡之间的收入差距仍然处于高位，尚未得到根本性的扭转。城乡之间收入差距的这种变动规律就会通过式（6-11）中的k的变动（城乡收入比）来影响中国的整体收入差距。那又有哪些因素影响城乡之间收入差距的演变呢？

根据许多学者的观点，城乡二元结构体制造成的城乡分割，已经成为中国经济和社会发展的一个严重问题，其主要通过城乡之间的户籍壁垒，以户籍制度为基础的城乡壁垒和城乡之间两种不同资源配置制度三种方式表现出

① 张建刚. 改革开放以来我国居民收入分配变化趋势及其成因分析 [J]. 毛泽东邓小平理论研究，2018（4）：69-75.
② 陈宗胜，周云波. 非法非正常收入对居民收入差别的影响及其经济学解释 [J]. 经济研究，2001（4）.
③ 陈刚，李树. 中国的腐败、收入分配和收入差距 [J]. 经济科学，2010（4）.

来。因此，作者基于中国经济的"城乡二元结构"基本特征来分析城乡之间收入差距的演变对中国整体收入差距形成的影响，将分成两个阶段来展开。

在开始分析由于体制和政策因素产生的"城乡二元经济结构"对城乡收入差距的影响之前，笔者先从一个新古典生产函数理论出发，来构建一个"城乡二元经济结构"对城乡之间收入差距产生影响的数理分析模型。

6.2.2.1　一个数理模型的分析

由于城乡二元经济结构的存在，根据柯布—道格拉斯（Cobb-Douglas）生产函数，城镇和农村的 DPI（个人可支配收入）可表示为：

$$Y_1 = A_1 K_1^{\alpha_1} L_1^{\beta_1} \tag{6-12}$$

$$Y_2 = A_2 K_2^{\alpha_2} L_2^{\beta_2} \tag{6-13}$$

其中，L_1 和 L_2 分别为城镇和农村的劳动力投入数量；K_1 和 K_2 分别为城镇和农村资本投入数量；A_1 和 A_2 分别为城镇和农村的全要素生产率（或技术进步）；Y_1 和 Y_2 分别为城镇和农村个人收入。α_1、α_2、β_1、β_2 为参数，并且 $\alpha_1 + \beta_1 = 1$，$\alpha_2 + \beta_2 = 1$，即柯布—道格拉斯（Cobb-Douglas）生产函数为规模报酬不变。

以 Y_1^* 和 Y_2^* 代表城乡居民个人可支配收入，以 b_1，b_2 分别表示城乡总人口和劳动力存量的比值，将式（6-12）和式（6-13）两边分别除以 $b_1 L_1$、$b_2 L_2$，则左边得到城乡居民人均可支配收入，函数变为：

$$Y_1^* = \frac{Y_1}{b_1 L_1} = \frac{A_1}{b_1} K_1^{\alpha_1} L_1^{\beta_1 - 1} = \frac{A_1}{b_1} K_1^{\alpha_1} L_1^{-\alpha_1} \tag{6-14}$$

$$Y_2^* = \frac{Y_2}{b_2 L_2} = \frac{A_2}{b_2} K_2^{\alpha_2} L_2^{\beta_2 - 1} = \frac{A_2}{b_2} K_2^{\alpha_2} L_2^{-\alpha_2} \tag{6-15}$$

将式（6-14）和式（6-15）两边取自然对数，然后相减，可得式（6-16）：

$$LnY_1^* - LnY_2^* = LnA_1 - LnA_2 + \alpha_1 LnK_1 - \alpha_2 LnK_2 - \alpha_1 LnL_1 + \alpha_2 LnL_2 - Ln\frac{b_1}{b_2}$$

$$\tag{6-16}$$

由于"城乡二元经济结构"产生的壁垒导致城乡市场被分割，导致了劳动力和资本在城乡之间不能自由流动，使得 $\alpha_1 \neq \alpha_2$，$\beta_1 \neq \beta_2$。将式（6-16）变形为：

$$LnY_1^* - LnY_2^* = LnA_1 - LnA_2 + \alpha_1 LnK_1/L_1 - \alpha_2 LnK_2/L_2 - Ln\frac{b_1}{b_2}$$

$$LnY_1^* - LnY_2^* = LnA_1 - LnA_2 + \alpha LnK_1/L_1 - \alpha LnK_2/L_2 - Ln\frac{b_1}{b_2}$$

$$+ \left[(\alpha_1 - \alpha)LnK_1/L_1 - (\alpha_2 - \alpha)LnK_2/L_2 \right] \quad (6-17)$$

$$Ln\frac{Y_1^*}{Y_2^*} = Ln\frac{A_1}{A_2} + \alpha Ln\frac{K_1/L_1}{K_2/L_2} - Ln\frac{b_1}{b_2} + \left[(\alpha_1 - \alpha)LnK_1/L_1 - (\alpha_2 - \alpha)LnK_2/L_2 \right]$$

$$(6-18)$$

正是由于城乡"二元经济结构"产生的壁垒，导致资本和劳动力等要素难以在城乡之间自由流动，致使城镇和农村人均资本存量的边际报酬不同，从而导致了城乡居民之间的收入差异。这里用 $\left[(\alpha_1 - \alpha)LnK_1/L_1 - (\alpha_2 - \alpha) LnK_2/L_2 \right]$ 表示城乡人均资本存量的边际报酬差异。$Ln\frac{b_1}{b_2}$ 为常数，在模型中引入反映城乡"二元经济结构"的变量，说明城乡壁垒对收入差距的影响。

6.2.2.2 20世纪末中国城乡之间的收入差距形成机理

城乡之间的产业差异是导致城乡收入差距的首要原因。在中国，由于城乡产业分离，在农村，农民主要从事劳动生产率较低的传统农业，包括林业、副业、牧业和渔业，农民从事的产业性质也决定了其收入相对较低。而在城市，城镇居民主要从事劳动生产率较高的现代制造业，或是技术含量高的互联网、信息科技等产业，以及附加值高的金融、法律、会计等现代服务业，这也决定了城镇居民可以获得比从事农业的农民更高的收入。由此看来，正是城乡分割的二元产业结构在很大程度上决定了中国城乡居民之间的收入差距。因此，要想彻底解决城乡之间的收入差距，就要实现城乡一体化，一方面，将在农村从事传统农业的剩余劳动力转移到城市现代产业；另一方面，通过城市现代制造业等来改造农村传统农业，实现农业现代化。

另外，体制和政策性因素是导致中国城乡之间收入差距的根本性因素。在分析中国城乡收入差距的形成原因时，我们除了关注经济结构、体制变迁、经济增长对其影响之外，还必须考虑政府政策及其产生的分配效应。

改革开放到20世纪80年代中期之前，中国城乡收入差距经历短暂下降阶段，主要是由于中国改革始于农村，国家在这一阶段对农村全面推行家庭联产承包经营责任制，实施土地承包到户，极大地提高了农民生产经营积极性，使得农业生产大幅增加，农民普遍受益，显著地缩小了城乡之间的收入差距，城乡收入比从1978年的2.57降到1983年1.82。

在 1985 年之后的 20 余年时间里，中国城乡之间的收入差距呈现出持续扩大的趋势（偶有轻微波动）。这是因为，一方面，从 1985 年开始，中国政府将改革的重点由农村转向城市，财政资金以及政策均向城市倾斜，而农村的改革则处于停滞状态，从而扩大了城乡居民之间的收入差距；另一方面，由于原有导致城乡分割的"政策惯性"依然在持续，在改革开放之前实施的城乡有别的社会福利制度、劳动用工制度、户籍治理壁垒依然被沿袭，尽管改革之后部分政策在放松，但在此阶段尚未出现根本性改变。主要体现在以下几个方面。

对农民进城的种种限制在改革开放后很长一段时间依然在延续。另外，国家很少为农村居民的生老病死伤残提供保障，而且农民还要自己统筹上缴烈军属、五保户等困难户的补助救济，但是国家每年会给城镇居民提供上千亿元医疗、养老、救济、失业等各类社会保障。除此之外，在此阶段，随着市场化改革的深入进行，在市场经济利益的驱动下，农村的劳动力、资本和土地等生产要素也开始向城镇转移与集聚，以获得更高的收益和利润；与此同时，国家在教育和公共服务基础设施上持续增加对城市的投入，而对农村的投入却相当有限，导致城乡之间在公共服务设施和基础设施上的差距越拉越大，也加剧了城乡之间的收入差距。

城乡分离的工业化模式加剧了城乡之间的收入差距。20 世纪 80 年代中期开始，实行城乡分离的工业化模式，城市工业企业全面深化改革，加速工业化；农村乡镇企业也开始发展，以开展农产品加工业为主。一方面，由于农村乡镇企业农产品加工业加工、生产、流通没有形成完整的产业链，所以农民很难从农产品加工中获得增值而真正提高自己的收入水平；另一方面，农村乡镇企业几乎完全脱离于城市工业体系，自成体系，实行独立的行业治理体制，并且城市工业化和农村"离土不离乡"的工业化两者之间是并行竞争关系，受到城市工业产品的挤压，市场受限，由于乡镇企业产品质量不高，也难以与国际市场对接。因此，乡镇企业在此阶段的发展空间受到明显制约，难以吸收更多的农村剩余劳动力，使得大部分农民在此阶段难以享受到城市工业高速成长和国家经济高速增长的成果。使得农民的收入在此阶段得不到有效的提高，逐渐拉大了和城镇居民之间的收入差距。

城乡分割的市场体系进一步了加剧城乡之间的收入差距。首先，从产品市场来看，资金实力有限、组织化程度低的农民一般只能进入城市进行路边交易，或进入集贸市场进行小规模的现货交易，难以进入城市大规模批发市场、大宗商品交易、期货交易等，这些交易仍由城市国有垄断流通企业控制经营。其次，从生产要素市场来看，由于农业平均利润率低，为了追逐更高的利润，银行等金融机构主要为城市经济发展提供资金，而不愿意为农村经济发展提供资金，使得农村经济发展难以得到有效的资金支持；农村土地属于集体所有，农民只有承包使用权，难以市场化，农村土地商业化或转变为城市用地必须通过国家征用才能进入市场，农民难以分享土地增值的收益。

综上所述，正是由于城乡之间的产业差异和上述一系列体制性因素以及政府"政策惯性"，在相当长的一段时间内，事实上分割了中国工业化、城市发展与农业农村的发展，是导致中国城乡之间的收入差距在此阶段扩大的根本原因。

6.2.2.3 21 世纪初中国城乡之间的收入差距形成机理

在这个分析框架下，笔者把全国收入差距趋势的变动归结为基本经济动力与政府政策的变化。

第一，从经济发展的基本动力机制来看，自改革开放以来，随着中国农村剩余劳动力持续向城市转移，加之计划生育政策的实施，适龄劳动力的数量相对减少，农村劳动力的供给逐渐稀缺。如张、杨和王（Zhang，Yang and Wang，2011）[1] 指出的那样，中国的"二元经济"发展已经达到了"刘易斯拐点"（刘易斯第一拐点）[2]，农村富余劳动力逐渐枯竭，人口红利已经消失，

---

[1] Zhang. X，Yang. J，and Wang. S. China has reached the Lewis turning point [J]. China Economic Review，2011，22（4）：542－554.

[2] 理论界通常将刘易斯的"二元经济"发展模式分成如下两个阶段：第一个阶段是劳动力无限供给阶段，此时劳动供给曲线为无限弹性，劳动力供给过剩，边际生产率为零，劳动力的工资由维持工人生活所必需的生活资料的价值来决定，不会随着劳动需求的增加而提高；第二个阶段是劳动力供给短缺的阶段，由于此时现代工业部门已经完全吸纳了从传统农业部门转移出来的剩余劳动力，劳动力的工资由劳动的边际生产力来决定。劳动力的供给由第一阶段的剩余转变到第二阶段的短缺，劳动的供给曲线由第一阶段的水平开始向上倾斜递增，劳动力工资也开始随着劳动需求的增加而提高。第一阶段与第二阶段的交点被称为刘易斯转折点，即劳动力由无限供给转变为短缺的交点，也是后来的"刘易斯第一拐点"。

刘易斯在 1972 年《对无限劳动力的反思》一文中又提出了"刘易斯第二拐点"。在"刘易斯第一拐点"来临后，二元经济由劳动力无限供给的第一阶段步入劳动力供给短缺的第二阶段后，此后，伴随着农业部门劳动生产率的持续提升，农业部门的剩余产品也会随之增加，农业部门的剩余劳动力全部转移完毕，此时，现代工业部门的增长将超过人口的增长，导致工业部门的工资也开始上涨。一旦现代工业部门和传统农业部门二者的边际产品相等时，现代工业部门和传统农业部门将会获得大体相同的工资，标志着一个城乡一体化的经济已经形成，包括劳动力配置在内整个经济完全一体化了，"二元经济"状态终结，步入新古典学派的"一元经济"状态，标志着"刘易斯第二拐点"的来临，即"二元经济"和"一元经济"的交点。

农村劳动力出现供给短缺，中国已经步入了"二元经济"发展模式的第二阶段，劳动的供给曲线由第一阶段的水平开始向上倾斜递增①，劳动力工资也开始随着劳动市场对劳动需求的增加而提高，因此，农村普通农民工的工资开始大幅上涨，从而降低了城乡之间的工资收入差异。

第二，2000 年之后，为了促进城乡经济的协调发展，中国政府陆续实施了诸多政策措施与改革举措。例如，逐渐弱化城乡户籍壁垒，实施暂住证制度，降低农民从农村流入城市的成本，以增加城乡之间的劳动力的流动性；放开对农产品的流通和价格管制，大幅度提高政府收购农产品的价格；培育农村商品流通市场；将农民土地承包经营权长期稳定下来，并可以进入市场流转，分享土地增值收益；实施城镇化战略，积极发展小城镇，发展乡村旅游；2005 年 10 月，党的十六届五中全会提出了"建设社会主义新农村"，积极推进城乡统筹发展；自 2006 年 1 月 1 日起废止《农业税条例》，全面免除农业税，在中国延续两千多年的农业税正式终结。

第三，从 2000 年左右开始，政府也加大了对农村和落后地区的基础设施投资，这也会改善这些地方的经济活动并提高其收入水平，有助于缩小城乡以及地区之间的收入差距（Fan；Kanbur and Zhang，2011）。在其他条件相同情况下，这将会确定降低式（6 – 11）中 k（城乡收入比）值，因而会降低城乡之间收入差距。这与表 6 – 9 和图 6 – 1 所体现的城乡收入差距演进趋势相吻合，也与表 6 – 2 中所观察到的全国工资收入差距下降趋势相一致。

第四，政府所实行的一些社会保障措施也延缓、甚至扭转了城乡之间的收入差距。表 6 – 2 中所体现的工资收入差距的缩小、转移支付收入的日益公平也是政府政策变化的结果。例如，人力资源和社会保障部在 2003 年 12 月颁布并于 2004 年 3 月 1 日开始实施《最低工资规定》，要求各用人单位支付的工资不得低于当地最低工资标准，各地方要适时（每两年至少调整一次）调整最低工资标准②。在《最低工资规定》实施之后的 10 多年时间里，中国

---

① 当前，中国经济是否已经达到了"刘易斯第一拐点"，理论界尚存在争议。如蔡昉、巴曙松、刘煜辉、张捷等认为中国在 2010 年前后，刘易斯拐点已经来临，人口红利已经消失；美国投资银行美林、黄益平等认为随着中国劳动力成本稳步上升，在 2010 年前后，刘易斯拐点正在临近；高路易等认为现在断言中国剩余劳动力消失还为时过早，刘易斯拐点还没有来临；韩伟森、彭文生等认为"刘易斯拐点"是一个持续多年的渐进过程，中国的"刘易斯拐点"不会突然来临。但无论如何，当前中国的劳动力成本大幅上升已经是不争的事实。

② 中华人民共和国劳动和社会保障部令第 21 号，《最低工资规定》，2004 年 1 月 20 日。

各个地方的最低工资标准都得到了大幅度的提升①。李和林（Li and Lin，2016）认为，在此期间各用人单位也更为严格地执行了《最低工资规定》，违反最低工资标准的用人单位数量也从 11. 59% 下降到了 7. 32%，降低了 4. 27%。根据李和林（2016）的测算从 2004～2014 年，全国实际最低工资标准（剔除通货膨胀的影响）年均增长了 9.9%，快于同期居民人均实际可支配收入的增长速度。除此之外，自 2000 年之后，中国政府陆续实施了诸多覆盖城乡的社会保障工程。如始于 2004 年的农村新型合作医疗保险已经覆盖了 95% 以上的农村人口；2009 年开始实施的农村养老保险到目前也覆盖了大部分农村人口。不可否认的是，当前城市居民所享受的医疗保险和养老保险等社保的福利水平仍然远优于农村居民所享受的社保福利水平，但是这些社会保障工程项目客观起到了缩小城乡居民之间的实际收入差距的效果，为农村居民养老和疾病治疗提供了保障和支持。

综上所述，农村富余劳动力的逐渐枯竭，以及与农村城市之间的政府转移支付和管理体制更加公平，通过式（6 - 1）中的 L_1（农村内部收入差距）的变动、L_2（城镇内部收入差距）的变动和 k（城乡收入比）的变动来降低城乡之间的收入差距，这就解释了最近 10 余年来中国城乡收入差距的逐渐缩小。

当然，这些潜在的解释每一个都需要更为全面、更为深入的调查。但是对我们而言，这些解释似乎和我们从数据所观察到的最近 10 余年来城乡之间收入差距由扩大转向缩小的内在经济与政策驱动力相一致。如我们所知，要想确定一国收入差距的适度性，准确评估其收入差距是基础。

6.2.3　城镇化率的变动对中国收入差距形成的影响机制

6.2.3.1　城镇化对收入差距影响的理论传导机制

城镇化是一个国家和地区从以传统农业为主走向以现代工业为主的重要转变阶段，是一个动态的演进过程。城镇化的主要特征在于人口从农村流向城镇，从农业转向非农产业（王全意，2016）。城镇化的发展使得农村剩余

---

① 截至 2018 年 9 月，全国最低工资标准（第一档）最高地方是上海市，月最低工资为 2420 元；最低工资标准（第一档）最低地方是湖南省，月最低工资为 1390 元。上海、北京、广东、天津、江苏、浙江 6 省份的月最低工资标准（第一档）超过了 2000 元。

劳动力流向城市。由于人口从农村流入城市从事非农产业而促使人均收入水平的增长。新古典经济学认为,劳动、资本、土地、技术和管理等生产要素遵循利益最大化的基本原则在不同产业部门之间进行分配,要素总是从收益低的部门流向收益高的部门,即随着人们收入的增加,要素总由需求收入弹性低的农业部门流向需求收入弹性高的工业和服务业部门。从生产要素流动的视角来看,劳动和资本的流动会导致以下两种结果:由于工业部门劳动生产率较高,人们对工业品的需求收入弹性大于农产品的需求收入弹性,导致对工业部门的资本投入增加,使得工业部门的生产规模扩张,提供了更多的就业机会,从而吸引农业剩余劳动力先流向工业;根据 C. 克拉克的观点,尽管服务业部门的劳动生产率通常低于工业部门的劳动生产率,但人们对服务业产品需求的增长快于服务业劳动生产率的增长,且人们对服务业产品的需求收入弹性高于工业产品的需求收入弹性,因此,随着人们人均收入的增长,人们对服务部门产品的需求会增加,必然会吸引劳动力从工业部门逐渐流向服务业部门,进而在服务业内部,从一些行业转向另一些行业(王全意,2016)①。因此,城镇化所推动的劳动力在产业之间的动态转移,而不同产业的劳动生产率的差异必然会对人们的收入差距产生重要影响(见图 6 - 2)。

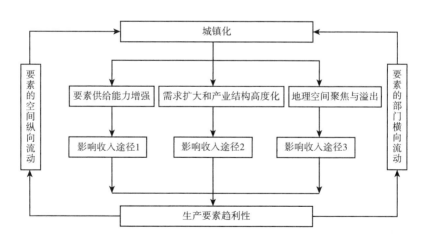

图 6 - 2 城镇化对收入分配的影响机制

① 王全意. 重庆市三峡库区产业结构演进与城镇化互动:理论机制与实证分析 [J]. 重庆理工大学学报(社会科学),2016(6):21 - 30.

如前面分析可见，式（6-11）的中 X（即城镇化率）对 L（整体收入差距）的影响十分复杂。保持其他因素不变，甘布和庄（Kanbur and Zhuang，2013）认为在某些条件下 L（整体收入差距）作为 X（即城镇化率）的函数，其影响轨迹像库兹涅茨（1955）假定的那样呈倒"U"形。在某一点之前（"库兹涅茨拐点"），城镇化会扩大收入差距，超过该点，城镇化会缩小收入差距。"库兹涅茨拐点"阐明了城镇化对收入差距的单纯、简化影响。拐点本身依赖其他收入差距参数，但正如甘布和庄（Kanbur and Zhuang，2013）[①] 认为的那样，中国的城镇化现在已经跨过了"库兹涅茨拐点"——进一步的城镇化会通过渠道 X（即城镇化率）的变动减小收入差距。通过第 2 章的分析，我们知道在中国，城乡之间的收入差距要大于农村内部的收入差距和城市内部的收入差距。随着城市化的进行，城镇化率［式（6-11）的 X］的提升会增加城镇人口数量，在城市内部的收入差距［式（6-11）的 L_2］和农村内部收入差距［式（6-11）的 L_1］保持不变的情况下，整体收入差距［式（6-11）的 L］中就会缩小。甘布和庄（2013）[②] 认为与印度等国家相比，中国的城镇化率已经越过了"库兹涅茨拐点"。

6.2.3.2 城镇化对中国居民收入差距影响的实证分析

我们在本部分将使用计量模型来实证分析城镇化对中国居民收入差距的影响。考虑到城镇化对收入差距的影响，以及吸收诸位学者对此问题的分析，在假定城市和农村内部收入差距不变的条件下，我们对计量模型设定如下：

$$Gini = \alpha_0 + \alpha_1 Urb + \alpha_2 Urb^2 + \alpha_3 \ln(perGDP) + \alpha_4 URGap + \varepsilon \quad (6-19)$$

其中，Gini 表示全国基尼系数，代表全国整体收入差距；Urb 为城镇化率，代表城镇人口数量占总人口数的份额，用来检验城镇化对收入差距的影响；Urb^2 表示城镇化率的平方，用来检验城镇化对收入差距的影响是否呈"U"形变化；$\ln(perGDP)$ 为人均 GDP 的自然对数，用来检验经济增长对全国收入差距的影响；URGap 为城乡收入比，用来检验城乡收入差距对全国收入差距的影响；α_0 为截距项；ε 为随机扰动项。城镇化率的数据来自历年《中国统计年鉴》，全国基尼系数和人均 GDP 的数据见第 2 章相应的数据（1978～2017 年中国人均 GDP 和居民基尼系数变动状况），城乡收入比的数据见第 2

①② Kanbur, R and Zhuang, J. Urbanization and Inequality in Asia [J]. Asian Development Review, 2013, vol. 30, no. 1: 131-147.

章相应的数据（1978～2017 年中国城乡居民间收入差距的变化状况）。

各个变量的描述性统计值如表 6-10 所示。

表 6-10　　　　　　　　　　各个变量的描述性统计值

变量	观察值	均值	标准差	最大值	最小值
Gini	40	0.3897	0.06234	0.491	0.286
Urb	40	38.51	7.56	58.52	17.92
perGDP	40	15678.87	956.11	59660	381
URGap	40	2.78	0.47	3.33	1.82

资料来源：根据相关数据计算所得，城镇化率的单位为%，人均 GDP 的单位为元。

使用 Eviews 软件利用最小二乘法对式（6-19）进行估计，我们先从模型中剔除城镇化率的平方项（Urb^2）和人均 GDP 的自然对数项 $\ln(perGDP)$，估计出的 DW 统计量很低，说明模型存在自相关，加入城镇化率的平方项和人均 GDP 的自然对数项后，自相关消失。这说明在 1978～2017 年，全国居民之间的收入差距、经济发展水平和城镇化之间不是线性关系，而是比较复杂的非线性关系，因此，在模型中加入城镇化率的平方项（Urb^2）是比较合理。由于模型中的变量都是时间系列数据，为了使得估计结果比较可靠，我们采用 ADF 检验方法对模型的残差进行单位根检验来判断其平稳性，检验结果表明其在 5% 的显著性水平上是显著的，模型的残差是平稳的，因而模型估计的结果是可靠的。我们使用 Eviews 软件进行回归，得到式（6-19）的估计结果如下：

$$Gini = -0.1126 + 0.0162Urb - 0.0178Urb^2$$
$$+ 0.0004\ln(perGDP) + 0.0813URGap \quad (6-20)$$

在回归方程（6-20）中：$R^2 = 0.9867$，调整后的 $\overline{R}^2 = 9989$；D. W. = 2.14；方程各系数的 t 检验在 5% 水平上都显著（常数项除外，其在 10% 水平上显著）；模型残差的 ADF 检验 T 统计量 = -4.45（ADF 检验 5% 显著性水平的临界值为 -2.99）；出现倒"U"拐点时的城镇化率的临界值为 45.37%。通过分析上述模型回归结果，在保持农村内部和城镇内部收入差距以及其他因素不变的情况下，我们发现：（1）经济增长，人均 GDP 的增加对全国收入差距的扩大有正向作用，人均 GDP 每增长 1%，基尼系数增加

0.04%；（2）城乡之间收入差距的变动对全国收入差距变动的作用最显著，当城乡收入比 URGap 每增加 1 单位会导致全国基尼系数 Gini 增加 0.08 单位左右，影响非常明显；（3）城镇化率的平方项（Urb^2）系数为负，且其 t 检验在 5% 水平上显著，表明在 1978~2017 年，全国收入差距变动与城镇化率变动之间表现出库兹涅茨倒"U"形关系。这说明中国的城镇化现在已经跨过了"库兹涅茨拐点"，开始起到缩小中国收入差距的作用，也证实 Kanbur 和张晓波在 2013 年的研究结论。因此，在城乡收入差距等保持不变的情况，人口从农村向城镇转移的城镇化进程会使得全国收入差距表现出先扩大后缩小的倒"U"形变化规律。通过对城镇化率求导数，可以进一步计算出倒"U"拐点对应城镇化率约为 45.37%，大概和 2005~2010 年的城镇化水平相当。

综上所述，城镇化的变动对中国总体收入差距的影响比较显著，其对中国收入差距的影响出现先扩大后缩小的倒"U"形变化轨迹，尤其是进入 2005 年之后，随着中国城镇化的快速增长，大量人口从农村迁移到城市，对减缓全国收入差距扩大的效应比较明显，如前面所述，在中国城市内部的收入差距要低于农村内部的收入差距，城市化的进行和城镇化率地提升会使得农村人口流向城镇，导致收入差距小的城镇人口在增加，而收入差距大的农村人口在减少，这会从两个方面影响全国收入差距：一方面减小了城乡之间的收入差距；另一方面由于城镇化移入城市的都是农村高收入的富裕人口，他们的移出也减缓了农村内部的收入差距（降低了极差），因此，城镇化在近年来减缓了全国收入差距。当然，由于影响收入分配差距的因素繁多而复杂，尽管中国的城镇化现在已经越过了"库兹涅茨拐点"，但并不意味着中国收入差距很快就会大幅下降，也许会持续很长时间，在新的情况出现时，其影响有可能超过城镇化的作用，甚至有可能出现反转。

6.3 教育和人力资本投资对中国收入差距演变的影响

6.3.1 教育和人力资本对收入差距影响的理论分析

6.3.1.1 教育和人力资本影响收入差距的理论机制

本部分将从人力资本和教育理论发展脉络中寻找人力资本和教育影响中

国收入差距的相关线索，为进一步的实证分析奠定理论基础。人力资本这一思想最早是由亚当·斯密（Adam Smith）于 1776 年的《国富论》中提出的，斯密认为人的才能和其他的资本一样，都是重要的生产手段；1906 年欧文·费雪（Irving Fisher）首次提出了"人力资本"这一概念；1957 年雅各布·明瑟（Jacob Mincer）首次提出教育程度和经济收益正相关；1959～1962 年，西奥多·舒尔茨（Theodore W. Schultz）则全面阐述了人力资本理论，他被称为"人力资本之父"；加里·贝克尔（Gary S. Becker）则发展了人力资本理论，并且分析了教育投资的报酬率。至此，人力资本和教育理论体系已经比较完善。人力资本是体现在人类自身的知识、技能、智力和健康等方面的汇总表现，其通常通过教育和培训的方式来提高劳动力的质量，可以改善人类获取收益的能力，其在现代经济增长中的作用超过物质资本的影响。不应把人力资本的再生产只是看作一种消费，这种消费在未来是有回报的，只是相对滞后一点，并不会在当期就产生巨大的影响，这应该看作一种投资，这种投资所带来的经济利益远远大于物质投资所带来的经济利益。而在人力资本投资当中，教育则是最主要的投资手段。当今世界竞争激烈，各个国家都需要不断地发展，拥有强大的竞争力，才能在这个环境中立足。

教育和人力资本投资通过以下方式对收入差距产生影响：大多数人的主要收入是工资，而工资间的差异主要是由受教育程度不同引起的，提高教育水平能够创造更加公平均等的机会，增加个人的收入，减少收入分配不均的现象。提高教育水平能够缩小因为受教育程度不同所带来的差异，促进经济的发展，缩小三大产业之间或城乡之间的收入水平的差距。增加教育和人力资本的投资，会相对地减少对于其他物质的投资，缩小财产性收入的差距，从而使得个人收入分配更加公平均等。人力资本理论打破了人们之前对于资本的狭隘看法，对资本的认识不只是局限于物质资本，还应当包含人力资本。说明了人力资本的重要性，特别是人力资本对于改善收入分配的重要作用。

教育和人力资本之间存在高度相关。教育是人力资本投资的重要途径，对于人力资本的投资可以看作对于教育的投资。人力资本有助于提高个人的劳动生产率，进而提高个人的收入水平。

图 6 - 3 是麦克马洪（McMahon）于 1998 年制作的关于教育的生命周期模型，以上的这些曲线都是人力资本收入曲线。在入学时间点 A 点，需要支付一定的直接成本（学费、住宿费和生活费等，需要扣除获得的奖学金、助学金和其他补助）和机会成本（比如参加工作所获得的收益）。在毕业点 B

点，受教育者所获得的收益明显要高于所受教育水平相对较低的人，这个会一直持续到退休点 C 点。而且，除了一般的收益，从毕业点 B 点开始，还会获得非货币性收益，这会一直持续到退休点 C 点以后的 L1 点。如果教育会对健康产生影响，那么甚至可能会延续到 L2 点。图 6 - 3 中，年龄越大，收益也呈现出了一个逐渐递减的增长趋势。这是因为，随着年龄的增长，个人的人力资本也逐渐耗尽。以上关于教育的人力资本模型反映出了受教育年限对于收益和就业的影响。在入学点 A 点到毕业点 B 点间，因为没有收入，还需要支付一定的费用，相对于直接工作的人，他们之间的收入差距较大，但等到前者毕业工作之后，他们之间的收入差距会缩小。而随着工作时间越长，他们之间的收入差距又会拉大。这说明，在接受教育的时候，所承担的直接成本和机会成本可能金额比较大，但这个成本和差距是确定的且可以预见的，与形成的滞后的收入差距之间形成了鲜明的对比。

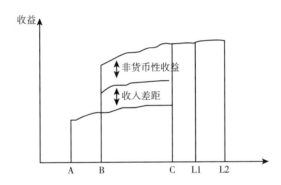

图 6 - 3　教育和人力资本投资对收入的影响机制

雅各布·明瑟于 1974 年提出的个体收入决定模型成为分析教育和人力资本对收入分配影响的经典模型。明瑟认为，在完全竞争的市场条件下，人力资本存量对于个人收入来说是非常重要的。人力资本主要包括从所受教育中获得的知识以及工作中的能力等。这个模型将一个人所获得的知识用受教育年限来表示，工作能力则由工作年限来表示，即：

$$\ln Y = \alpha + \beta_1 X_1 + \beta_2 X_2 + \beta_3 X_2^2 + \xi \tag{6-21}$$

以上就是明瑟方程，其中，Y 表示年收入；X_1 为受教育年限；X_2 为工作年限；α 表示截距；β_1 表示受教育年限的回归系数；β_2 表示工作年限的回归系数；β_3 表示工作年限平方的回归系数；ξ 表示误差项。其中，受教育年限的回归系数 β_1，也就是教育收益率，指的是不考虑教育成本的情况下，多接受一年教育的劳动者的收入相对于未接受这一年教育的劳动者的收入所增加的比率，其满足下列公式：

$$\beta_1 = \frac{\partial \ln \hat{Y}}{\partial X_1} = \frac{\partial \ln \hat{Y}}{\partial \hat{Y}} \cdot \frac{\partial \hat{Y}}{\partial X_1} = \frac{\partial \hat{Y}/\hat{Y}}{\partial X_1} \tag{6-22}$$

明瑟模型分析的是人力资本的知识水平和工作能力对收入的影响。他认为个人劳动生产率会影响劳动收入，而提高自己的教育水平，可以提高自己的劳动生产率，从而可以增加劳动收入。这个模型一直到现在都是适用的，它反映了教育投资对收入的重要性，能够促使人们重视并增加对教育的投资，提高人力资本的质量，从而增加收入。

6.3.1.2　教育和人力资本影响收入差距的实证基础

在实证分析中，人们通常以教育的基础数据构建人力资本的相关指标，或直接研究教育与收入差距之间的关系。教育不平等现象不只在中国，甚至在各个国家都是普遍存在的，国内外的一些学者也对教育不平等与收入差距的关系进行了分析，为缩小收入差距提供了理论依据以及建议。以下根据教育或人力资本对收入差距影响的方向不同，作者将国内外学者具有代表性的实证研究分为教育扩大收入差距、教育缩小收入差距、教育对收入差距的影响不确定三种情况进行梳理。

教育和人力资本投资缩小了收入差距。贝克和奇斯威克（Beker and Chiswick，1966）做了一个基于个人投资效用最大化理论的个体投资收益分布模型，他们利用这个模型，对美国南部地区和非南部地区居民收入的差距进行分解剖析，然后他们发现教育的不平等对于南部和非南部地区之间的差异大约能带来 18% 的影响，而教育发展能带来大概 33% 的影响。教育水平越低，教育越不平等，收入差距就会增大；反之，则收入差距就会减小。廷贝亨（Tinbergen，1972）用受教育年限的方差来进行计量分析，发现教育和收入差距之间存在显著正相关，教育的不平等会导致收入不平等，因而减少教育的不平等，会缩小收入的差距。马林·普萨卡罗普洛斯（Marin Psacharo-poulos，1976）和马丁·卡努瓦（Martin Carnoy，1996）分别对墨西哥和美国的居民收入差距进行分析，均发现教育的平等性，例如初级教育学历人口的增加、均等的受教育机会等都会缩小收入差距。格雷戈里奥和李（Gregorio and Lee，2002）对 1960～1990 年的 15 岁以上人口的平均受教育年限这一数据进行截面分析，发现教育不平等不利于收入分配实现公平。当然，国内也有学者持同样的观点。罗楚亮（2007）以我国 2002 年的城镇居民相关数据进行分位数回归分析，发现收入越高，教育收益率越低。教育的发展对低收入人口的收入增长更加有利，从而缩小与高收入人口间的差距。冯云（2014）采用 CGSS2006 微观调查数据和建立 Logit 模型进行实证分析，发现受教育程度对收入的提高具有促进作用，教育的差异会加大收入的差距。短期来看，私人教育的发展会导致收入差距的扩大。但是从长期来看，私人教育会间接地促进公共教育的发展，从而使收入分配更加公平。张世伟（2017）对我国 2005～2012 年的相关数据进行广义熵指数分析，发现教育的差异会引起收入的差距，教育的发展会提高劳动力的教育水平，从而提高生产力水平，并缩小收入差距。

教育和人力资本投资扩大了收入差距。达斯古普塔（Dasgupta，1979）对印度和哥伦比亚的教育与收入状况进行分析，发现私人教育的发展不仅不会缩小收入差距，反而会扩大收入间的差距，对收入差距造成负影响。黄潇（2011）采用 1996～2004 年的面板数据，用最小二乘法进行分析，发现我国教育不平等的减小并没有在短期和长期内减小收入分配的差距，而收入差距的加大反而会加大教育的不平等。

教育与收入差距之间存在非线性关系。倒"U"影响这一观点则和前面两个观点有些不同，前面两个观点认为教育对收入差距只具有单一的影响。而倒"U"则是随着教育的扩展，它对收入差距的影响是变化的，而不是单一的。拉姆（Ram，1990）根据对 94 个国家的截面数据进行分析，发现随着受教育年限的增加，教育不平等先是升高，然后到达顶点再下降，呈现出一种倒"U"关系。托马斯、范和王（Thomas，Fan and Wang，2003）对这一观点进行了证实，他们搜集了 140 个国家的截面数据进行分析，发现 15 岁以上人口的平均受教育年限和用它计算出的教育收益的标准差之间是存在倒"U"关系的，教育收益标准差先随着受教育年限的增加而增加，到达顶点之后，就随着受教育年限的增加而减小。孙百才（2009）对 1999～2005 年的截面数据用最小二乘法进行回归分析，没有充分证实教育扩展和收入分配之间的倒"U"关系，但是结果确实是一正一负，只是显著性检验没有通过。彭正宇（2009）运用相关数据进行了实证检验，发现随着教育的发展，基尼系数先是上升，到达顶点之后，基尼系数随着教育的继续扩展逐渐下降，表明收入差距和教育扩展之间存在着倒"U"关系。

6.3.2　教育和人力资本对中国收入差距的影响机制分析

6.3.2.1　城乡居民受教育水平的差异拉大了城乡收入差距

表 6 - 11 说明人口普查只是调查的 6 岁及以上人口受教育的程度,不足 6 岁的人口全部视为未上过学。因为人口普查是每 10 年更新一次,目前只有 2000 年和 2010 年进行的第五次和第六次的人口普查和数据,并没有每年的具体数据。从表 6 - 11 可知,2000 ~ 2010 年,这 10 年间,因为间隔时间较长,所以数据变动也比较大。城镇 6 岁及以上人口数增加 20131.7 万人,因为农村人口数量减少,这与农民进城务工也有关系。未上过学的城镇人数减少了 236.5 万人,而城镇在这 10 年间初中及以上人数增加较多,初中人数增加了 8222.6 万人,高中学历人数 4282.5 万人,大学专科及以上学历的人数增加了 6559.3 万人。初中学历人数增加值最大,而大学专科及以上人数的增加值也较多,占城镇 6 岁及以上人口的比重也从 2000 年的 9.32% 上升到 16.72%,所占比重有了较大幅度的上升。

表 6 - 11　　　　全国城乡 6 岁及以上人口受教育水平状况对比　　　　单位:万人

年份	6 岁及以上人口		未上过学		小学	
	城镇	农村	城镇	农村	城镇	农村
2000	43152.1	72517.9	2032.7	6930.3	10802.4	33358.9
2010	63283.8	60970.9	1796.2	4417.5	12514.4	23206.8

年份	初中		高中 (含中职)		大学专科及以上	
	城镇	农村	城镇	农村	城镇	农村
2000	16213.8	26024.9	9672.2	4156.2	4022.8	379.2
2010	24436.4	27381.2	13954.7	4710	10582.1	1255.4

注:(1) 数据来自中华人民共和国国家统计局第五次和第六次人口普查数据;(2) 将 2000 年人口普查里的扫盲班归入小学水平。

农村 6 岁及以上人口 2010 年相比于 2000 年有较明显的下降,减少了 11547 万人,主要是因为这 10 年来,城市经济发展速度加快,有更多的发展机会,以及更高的工资报酬,加上政府的政策,促使大量农村人口进城务工,使得农村人口减少,特别是农村大量劳动力的减少。农村人数减少了 2512.8

万人，未上过学的农村人数减少数远远高于城镇人数减少数，农村小学学历人数在 2010 年相比于 2000 年减少了 11820.6 万人，因为 2010 年数据里没有扫盲班，为了方便与 2010 年的数据进行对比，所以将扫盲班归入小学水平。而小学学历减少了这么多人，这应该与将扫盲班人数归入其中，以及农民工进城务工和初中及以上学历人数增加有关。农村初中学历的人数增加了 1356.3 万人，高中学历人数增加了 553.8 万人，大学专科及以上人数增加了 876.2 万人，接受过高等教育的人口，也就是大学专科及以上人口占 6 岁及以上人口数从 2000 年的 0.52% 上升到 2.06%，也有了较为明显的增加。

总的来说，从 2000~2010 年，我国城乡人口受教育程度都有了较大的提高，受教育程度逐渐上升，教育也在逐步发展中。但是，如果横向比较，也存在着一些问题，就是城乡之间受教育程度还是有很大的差距。农村虽然小学学历和初中学历人数比城镇人数多，但是高中及以上学历的人数却远低于城镇人数，2010 年城镇高中及以上学历人数是农村的 4.11 倍，2000 年城镇高中及以上学历人数是农村的 3.02 倍，说明高中及以上学历的人数，城镇和农村的差距越来越大，城镇这 10 年增加的数量明显多于农村所增加的数量。高中及以上，尤其是大学以上教育更能提高个人的劳动生产率，增加个人收入水平。城乡居民受教育水平的差异拉大了城乡之间的收入差距。

6.3.2.2 不同收入水平家庭的教育投资差异拉大了群体收入差距

在中国，不同收入水平的家庭教育投资差异很大，我们以 2012 年的数据为例来说明这个问题。从图 6-4 可以看出，2012 年城镇高收入家庭人均消费现金支出和人均教育消费现金支出都是最高的，达到 3441.85 元。而低收入户的人均消费现金支出和人均教育消费现金支出都是最低的，只有 701.78 元，可以看出收入越高，城镇居民家庭人均教育消费现金就越高。而从占比来看，随着收入的增加，教育消费的比重也增加，而且比重增加的幅度越大，高收入家庭的人均教育现金支出的占比已经超过了 10%，说明居民家庭收入越高，对教育的投入也越大。而教育的投入很大部分都是对孩子的教育投资，对孩子的教育投资越大，那么孩子所接受教育的机会也就会更多，各种教育资源也会更加的丰富，从而就会使孩子所获得的知识越丰富，接受教育的水平就会越高，使得人力资本水平就越高。

相反，如果教育投资较少，那么孩子所能够接受教育的机会以及教育资源就会相对较少，这就会使得人力资本的投资较少，人力资本的质量和水平就较低。这就会导致孩子之间的教育和人力资本质量的差异，而也会导致恶性循环，收入越高的家庭以后的收入也会较高，收入较低的家庭以后的收入也会较低。而因为是对孩子的教育投资，不可能在当期就产生收入，只有等到孩子接受教育之后，有能力、有知识，才能获得收入。那么教育投入对收入的影响存在滞后性，所以家庭教育的投入对收入差距也存在滞后的影响，这其实可以延伸到国家的教育投入，都存在滞后的影响，而且家庭教育的投入差距越大，则会使得孩子接受教育的机会和资源差距的扩大，从而使得人力资本的投入和质量的差异加大，最后导致不同收入水平家庭之间的收入差距进一步扩大，高收入家庭的收入水平越高，低收入家庭的收入水平越低。

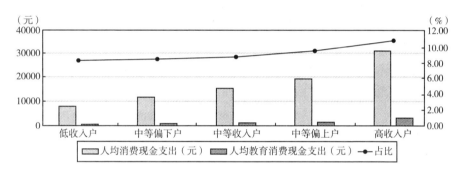

图 6 - 4　不同收入水平家庭教育投资情况

资料来源：《中国教育经费统计年鉴》。

6.3.2.3　城乡居民之间的医疗保健投入差异拉大了城乡收入差距

虽然人力资本中，最重要的是教育，但是还包括其他的，如医疗保健、迁移等。所以我们还对医疗保健对收入差距的影响进行了分析，但它对收入差距的影响是比不过教育的，也只对它进行了较为粗略的分析。从表 6 - 12 可知，尽管 2010～2015 年城乡家庭人均现金消费支出和人均医疗保健现金支出都在上升，但是城镇家庭的人均医疗保健现金支出增加值远远大于农村，城镇家庭的人均医疗保健现金支出基本上都是农村家庭支出的 2 倍以上，并且两者之间的绝对差距有进一步拉大的趋势，2010 年，两者之间相差 544.73 元，到 2015 年，两者之间的差距已经扩大到了 762 元。

表 6 - 12　　　　　2010 ~ 2015 年城乡居民家庭医疗保健现金消费情况　　　　　单位：元

年份	人均现金消费支出		人均医疗保健现金支出	
	城镇	农村	城镇	农村
2015	21392.4	7392	1443.4	681.4
2014	19968.1	6716.7	1305.6	614.9
2013	18022.6	5978.7	1118.3	573.2
2012	16674.32	5908.02	1063.68	513.81
2011	15160.89	5221.13	968.98	436.75
2010	13471.45	4381.82	871.77	326.04

资料来源：中华人民共和国国家统计局历年《中国统计年鉴》。

　　医疗保健的投入会影响人力资本的投入，对于劳动力来说，健康也是至关重要的，对医疗保健的投入有助于增强劳动力的体质，使劳动力有更好的劳动保障，从而提高他们的劳动生产率。特别是对于农村劳动力来说，本来农村的就业机会比城镇少，自然获得的收入就较少。农村大部分的工作都是属于体力劳动，所以健康对于他们来说是非常重要，一旦身体不健康了，就会降低他们的劳动生产率，从而影响他们的收入。本来农村获取收入的机会就比城市低，他们对于医疗保健方面的投入也低于城市，导致身体不健康的风险就更大，一旦出现问题，就会影响收入，更会加大农村居民与城市居民之间的收入差距。而医疗保健则有助于保持身体的健康，提高劳动生产率。而较少的医疗保健投入则会增加不健康的风险，从而影响收入的获得，扩大收入差距。所以医疗保健的投入越多，就越有利于身体健康，减少带来疾病的风险，从而提高人力资本的质量和水平，最后增加获得的收入。因此，医疗保健投入的多少，会造成人力资本的质量差异，从而影响收入，拉大城乡之间的收入差距。

6.3.2.4　教育经费投入的差异拉大了地区和城乡之间的收入差距

　　教育经费投入包括家庭投入和政府支出两部分。先来看政府教育支出情况。从表 6 - 13 可以看出，2000 ~ 2015 年，我国的教育经费支出一直在不断上升，国家逐渐开始重视教育，加大了对教育经费的支出，由 2000 年的 3849.08 亿元上升到了 2015 年的 36129.19 亿元，增加了 32280.11 亿元，比 2000 年增加了 8.39 倍。国家财政性教育经费[①]由 2000 年的 2562.61 亿元增

---

　　① 国家财政性教育经费主要包括政府性基金预算安排的教育经费、公共财政预算安排的教育经费、校办产业及社会服务收入用于教育的经费、企业办学中的企业拨款等几部分。

长到 2015 年的 29221.45 亿元，增加了 26658.84 亿元，比 2000 年增长了 10.4 倍。国内生产总值（GDP）也由 2000 年的 100280.1 亿元上升到 2015 年的 685505.8 亿元，增加了 585225.7 亿元，比 2000 年增长了 5.84 倍。

从表 6 - 13 可以看出，2000 ~ 2015 年，财政性教育经费投入占 GDP 的比重有轻微的波动，但是总体上来看，是呈上升趋势变动的，可以看出，2000 年所占的比重最低，在 2012 年达到最大比重。从表 6 - 13 可知，2000 年财政性教育经费投入所占比重是 2.56%，2012 年所占比重是 4.28%。从 2012 年开始，我国财政性教育经费支出占 GDP 的比重虽然存在着轻微的波动，但一直都保持在 4% 以上。中国政府在 2010 年提出"提高国家的财政性教育经费支出占 GDP 的比例，2012 年财政性教育经费支出占 GDP 比重达到 4%"①。但其实，早在 1993 年我国颁布的《中国教育改革和发展纲要》中就提到了"到 20 世纪末的时候，我国的财政性教育经费支出占 GDP 的比重要达到 4%"。可是，直到 2012 年之前，我国都还没能实现这一目标。虽然中国的财政性教育经费支出持续增长，所占 GDP 比重也大致呈现出上升的趋势，但是和发达国家相比，还是有很大差距的，中国还需要不断增加财政性教育经费的支出，大力发展教育。当前中国财政性教育经费的支出水平尚达不到 20 世纪 90 年代世界的平均水平。我国的教育支出虽然在不断增加，但与世界其他一些国家相比还有很大差距，我国还需要继续大力发展教育。

表 6 - 13　　　　　　　　我国 2000 ~ 2015 年教育经费支出情况

年份	教育经费支出 （亿元）	财政性教育经费支出 （亿元）	GDP（亿元）	财政性教育经费 占 GDP 比值（%）
2000	3849.08	2562.61	100280.1	2.56
2001	4637.66	3057.01	110863.1	2.76
2002	5480.03	3491.4	121717.4	2.87
2003	6208.27	3850.62	137422	2.80
2004	7242.6	4465.86	161840.2	2.76
2005	8418.84	5161.08	187318.9	2.76
2006	9815.31	6348.36	219438.5	2.89
2007	12148.07	8280.21	270232.3	3.06

---

① 2010 年 7 月颁布的《国家中长期教育改革和发展规划纲要（2010 - 2020 年）》。

续表

年份	教育经费支出 （亿元）	财政性教育经费支出 （亿元）	GDP（亿元）	财政性教育经费 占 GDP 比值（%）
2008	14500.74	10449.63	319515.5	3.27
2009	16502.71	12231.09	349081.4	3.50
2010	19561.85	14670.07	413030.3	3.55
2011	23869.29	18586.7	489300.6	3.80
2012	28655.31	23147.57	540367.4	4.28
2013	30364.72	24488.22	595244.4	4.11
2014	32806.46	26420.58	643974	4.10
2015	36129.19	29221.45	685505.8	4.26

资料来源：中华人民共和国国家统计局历年《中国统计年鉴》，第五列根据第三、四列数据计算所得。

尽管中国政府教育经费投入近年来大幅增加，但政府经费经费投入在城乡之间、地区之间存在严重的非均衡分布情况，非均衡的教育投入对拉大城乡之间和区域之间的收入差距起到了非常显著的作用。

首先，表现为政府对东部地区教育经费投入远超中西部地区教育经费的投入。据中央教科所教育督导与评估研究中心的调查数据，2009 年东西部地区教育事业经费支出生均之比初中为 2.62，小学为 2.43；东西部地区公用经费支出生均之比初中为 2.03，小学为 2.54；东中部地区中小学骨干教师之比为 1.24，东西部地区中小学骨干教师之比更是达到 3.73；东中部地区和东西部地区小学教师培训次数比分别为 2.33、3.49，东中部地区和东西部地区初中教师培训次数比分别为 1.53、2.15[①]。由于政府投入的长期差异，导致东部地区在教学设备、师资队伍、实验仪器设备等办学条件方面显著优于中西部地区。尽管政府近年来已经加大了对中西部地区的教育经费投入，力图推动公共教育的均衡发展，但短期之内仍然难以改变过去长期形成的历史问题。由于政府教育经费投入的区域不均导致了公共教育资源的区域分布不均，严重影响了中西部地区居民和东部地区居民均等的受教育机会，导致其难以接受更好的人力资本投资，拉大了中西部地区居民和东部地区居民之间的收入差距。

---

① 中央教育科学研究所教育督导与评估研究中心. 中国义务教育县域均衡发展报告 [J]. 中国教育报，2009（4）.

其次，城镇教育投入超过农村教育投入水平。从表 6 - 14 可以看出，在
2013 年之前，从小学到高中，政府对城镇生均教育投入都远超农村。例如在
2002 年时，对城镇初中生均教育经费投入为 1356. 23 元，农村为 953. 65 元，
前者比后者高出约 42%；对城镇初中生均教育经费投入为 1937. 75 元，农村
为 1129. 21 元，前者比后者高出了近 72%。尽管为了推动城乡教育的均衡发
展，政府近年来逐渐加大了对农村的教育投入力度，使得城乡各级学校之间
政府投入经费的差距逐渐缩小。例如，到 2013 年时，对城镇小学生均教育经
费投入为 8649. 70 元，农村为 8152. 16 元，前者比后者高出约 6%；对城镇初
中生均教育经费投入为 12826. 70 元，农村为 10996. 02 元，前者比后者高出
不足 17%，和 10 年前相比，差距都已大为缩小。杨娟和杨钰（2018）研
究发现在近 10 年内，尽管政府对城乡的教育投入差距在缩小，但是由于城
乡家庭教育支出差距的扩大导致了城乡之间的教育差距客观上不仅没有显著
缩小，反而呈现出进一步扩大的态势；他们进一步认为在改革开放之后所形
成的城乡之间巨大的教育差距不仅没有扭转，反而在城乡内部由于父辈与子
辈之间的教育代际流动出现固化的新趋势（"寒门再难出贵子"，985、211 等
重点大学农村学生数量的下降），有可能会阻碍城镇化的进程，并加剧城乡
之间的收入差距[①]。从表 6 - 15 可以看到（表中为 CHIP2002 和 CHIP2013 城
乡有 15 ～22 岁在读子女的家庭户调查数据，剔除了家庭教育投入大于家庭可
支配收入和家庭可支配收入为负的两类家庭数据），2002 ～2013 年，无论农
村还是城镇家庭教育投入都呈现出增长的趋势，农村家庭平均教育投入从
1867. 76 元增加到 6382. 78 元，增长了 4515. 02 元；城镇家庭平均教育投入从
2976. 38 元增加到 8115. 95 元，约增长了 5139. 57 元。但是在六个组别里，

表 6 - 14　　　　　　　　中国城乡教育经费支出（生均）情况　　　　　　　单位：元

阶段	2013 年		2007 年		2002 年	
	城镇	农村	城镇	农村	城镇	农村
小学	8649. 70	8152. 16	3038. 28	2463. 72	1356. 23	953. 65
初中	12826. 70	10996. 02	4043. 60	2926. 58	1937. 75	1129. 21
高中	14795. 75	10929. 07	6900. 67	4031. 41	—	3861. 70

资料来源：《中国教育经费统计年鉴》，2002 年高中数据没有城镇，只有农村。

---

① 杨娟，杨钰．教育代际流动的城乡差异分析［J］．教育经济评论，2018（8）.

表 6 - 15　　　　　　　城乡不同家庭教育经费投入对比　　　　　单位：元

比例	2013 年				2002 年			
	农村		城镇		农村		城镇	
	家庭数量	投入均值	家庭数量	投入均值	家庭数量	投入均值	家庭数量	投入均值
最高 10%	265	22807.67	143	26331.20	288	8959.50	170	10935.69
11%~30%	531	10870.88	287	13555.22	576	3211.15	340	4710.49
31%~50%	532	5288.76	288	7148.81	577	1314.45	340	2552.56
51%~75%	664	2157.13	359	2983.97	720	270.14	425	1398.95
后 75%	664	251.11	359	485.61	721	—	425	302.99
全部平均	2538	6382.78	1345	8115.95	2882	1867.76	1697	2976.38

资料来源：CHIP2002 和 CHIP2013，由杨娟和杨钰整理计算。杨娟，杨钰. 教育代际流动的城乡差异分析 [J]. 教育经济评论，2018（8）.

农村家庭的教育投入都显著低于城镇家庭的教育投入水平。如果城乡家庭教育投入差距进一步拉大，就会抵消政府在城乡教育投入的缩小效果，使得城乡之间的实际教育差距进一步拉大，进而会阻碍城乡之间收入差距的缩小。

6.4　收入分配制度变迁对中国收入差距演变的影响

6.4.1　中国收入分配制度变迁历程

研究收入分配和收入差距，必须了解政府行为，因为政府选择的经济制度、收入分配制度、制定的收入分配政策会对收入分配产生根本性的影响。对于政府的行为在学界存在较大的分歧。早期西方主流经济学通常认为政府行为的主要目标是消除市场失灵，是外生于经济的一个变量。但是，人们逐渐发现同其他的经济主体一样政府也追求自身效用的最大化，于是相关经济理论开始将政府行为内生于经济活动之中，把政府作为经济活动中的一个主体。随着制度经济学派的兴起，在理解政府行为目标、行为方式和行为效果时，人们开始在制度变迁过程中把政府看作行为主体，因此，伴随着制度的演进与变迁，政府行为的方式与作用机制也在持续发生变化。"制度变迁理论"的创立者、诺贝尔经济学奖获得者道格拉斯·诺斯（Douglass

C. North) 认为制度变迁中的政府行为在努力降低交易成本以促进整个社会产出最大化的同时，还需要在不同利益团体之间权衡以追求自身效用最大化。其进一步认为制度变迁可以分为自发性制度变迁和强制性制度变迁两种，政府在自发性制度变迁过程中主要通过为制度创新主体提供便利来间接地促进制度变革；政府在强制性制度变迁过程中通过保护产权来促进经济增长[1]。中国经济学家林毅夫 (2002) 从交易成本的角度将制度变迁分为强制性制度变迁和诱致性制度变迁，他认为政府命令和法律引入会导致强制性制度变迁，而个人或一群人响应获利机会自发倡导、组织和实施会导致诱致性制度变迁。

为了更全面地考察政府在收入分配过程的作用，以及更好考察收入制度演变在收入差距演变中作用，有必要考察中国收入制度的变迁过程。自 1978 年党的十一届三中全会中国推进对内改革、对外开放以来，中国社会发生了许多的制度变迁，如财政分权制度变迁、国有企业制度变迁、分配制度变迁等。毫无疑问，中国收入差距的变动会受到分配制度变迁的重大影响，体现了政府行为对收入分配的重大影响。

在 1978 年改革开放以前，中国基本上实施的是按劳分配制度。1956 年中国社会主义改造完成之后，确立了社会主义基本经济制度，国务院在《关于工资改革的决定》中宣布实施 "按劳取酬的原则"，标志着按劳分配制度的确立。但在其后多年间这一分配制度多遭波折，在 1958 年开始的 "大跃进" 和人民公社运动中，由于盛行 "吃大锅饭"，大力推行平均主义，严重破坏了按劳分配制度，在 "文革" 十年期间甚至遭到全盘否定与取缔，直至 "文革" 结束，按劳分配制度方得重新肯定与执行。

转轨之前中国实行的是单一的公有经济制度以及严格的计划经济体制，与之相对应的是在收入分配制度上实施的是单一的按劳分配制度。改革开放后中国经济步入转轨期，基本经济制度 (由单一公有制向多种所有制并存转变)、经济管理体制 (由计划经济体制向市场经济体制转轨) 开始发生变化，与之相对应在收入分配上逐渐开始确立实行 "按劳分配与按生产要素分配相结合" 的分配制度[2]。中国传统的按劳分配制度和按劳分配与按生产要素分配相结合的两种分配制度的差别如表 6 – 16 所示。

---

① [美] 道格拉斯·诺斯. 经济史中的结构与变迁 [M]. 陈郁，罗华平等译. 上海：上海三联书店，上海人民出版社，1994.

② 李萍，陈志舟，吴开超等. 转型期分配制度的变迁 [M]. 北京：经济科学出版社，2006.

表 6 – 16　　　　　　　　按劳分配制度与按劳分配和按生产要素
分配相结合的分配制度差异

项目	按劳分配制度	按劳分配与按生产要素分配相结合
分配原则	按劳动贡献分配	按劳动贡献和要素贡献分配
分配机制	计划化	市场化
分配决策	集权化	分散化
分配形式	简单化	多样化

资料来源：由作者整理相关资料所得。

从按劳分配制度向按劳分配与按生产要素分配相结合的分配制度的转变过程也是经过四次变迁而最终确立：首次变迁出现在 20 世纪 80 年代前半期，由于当时中国经济结构处于比较严重的城乡二元分割状态，在城镇国有企业实施按劳分配制度，但是政府通过给企业利润留成的方式来给职工发放奖金以激励职工的积极性，因此，和过去相比，给企业保留了少量分配决策权；在此期间，在农村大力推行家庭联产承包责任制。第二次变迁出现在 80 年代后半期，中国收入分配制度演变为"按劳分配为主体、其他分配方式为补充"的收入分配制度。第三次变迁出现在 90 年代前半期，中国收入分配制度演变为"按劳分配为主体、多种分配方式并存"的收入分配制度。第四次变迁出现在 90 年代后半期，中国收入分配制度演变为"按劳分配与按生产要素分配相结合"的收入分配制度。经历 20 余年的渐进式的演进，标志着"按劳分配与按生产要素分配相结合"的收入分配制度框架在中国的正式确立。可以看出经济、政治和社会等多种因素共同推进了中国收入分配制度的演变，其从最初被提出，到逐渐被确立，再到后续的发展，一直沿着已有的路径持续改进和完善。

在"按劳分配与按生产要素分配相结合"的分配制度演进过程，如何处理政府与市场在收入分配过程中的作用，如何处理效率与公平的关系也经历了类似的逐渐演进过程：从"效率优先，兼顾公平"，到"效率优先，更加注重公平"，再到"效率与公平并重"。表明中国政府从改革开放早期注重效率，到后来随着收入差距的逐渐拉大，而逐渐强调注重公平，并强调经济与社会的协调发展。可以看出随着中国社会经济、政治形势的变动，政府也在适时调整收入分配制度的侧重点。

制度变迁是政府行为的导向，体现了政府这只"看得见的手"对经济的干预，也可以将其看作国家提供的一种公共物品。以下从制度变迁视角考察政府行为对中国收入差距的影响。

6.4.2　收入分配制度变迁对中国收入差距的影响机制

改革开放之后，伴随着所有制和产权制度等基本经济制度而同步进行的收入分配制度的变革，改变了产出的分配方式和人们彼此之间的利益关系，一方面有利于效率的提升，促进经济发展；另一方面又会影响人们相互之间的收入差距的变动。中国的收入分配差距的演变和收入制度的变迁之间存在着很强的相关性和内在因果关系。

首先，按劳分配制度的实施影响居民内部的收入分配。始于农村的家庭联产承包责任制改革实际上也隐含着按劳分配的收入分配制度改革，干得好、干得多的农民，可以获得对自己生产的产品更多的"剩余索取权"，从而改善自己家庭的收入状况和生活水平。这种隐含的按劳取酬的制度改革方式，极大地激励了农民生产的积极性，普遍性提高了农民的收入水平。由于当时城市改革滞后，城镇居民收入增长缓慢。因此隐含着按劳分配的家庭联产承包责任制改革对当时的中国收入分配差距生产了双重影响，一方面缩小了农村和城镇之间的收入差距；另一方面扩大了农村内部的收入差距。随后，城市内部的收入分配制度的改革影响了城镇内部不同行业、不同企业之间的收入差距。按劳取酬，将企业的收入与企业的经营盈利状况挂钩，激励了城镇企业和职工生产经营积极性，使得城镇居民的收入水平得到了普遍提高，一方面重新拉大了城乡之间的收入差距；另一方面也拉大了城市内部不同企业、不同行业之间的收入差距。

其次，"按劳分配与按生产要素分配相结合"的制度改革，意味资本、土地、管理、技术等生产要素与劳动要素共同参与收入分配。由于中国二元经济结构下的劳动供给过剩和资本供给的相对短缺，多种要素参与分配必然会导致中国在改革开放后很长一段时间内，在收入分配上长期向资本倾斜，使得劳动要素所有者的收入长期得不到提高，拉大了资本要素所有者和劳动要素所有者之间的收入差距，使得劳动要素的报酬在国民收入中的份额偏低且难以得到提高。另外，在中国，由于资本要素的所有者往往也是管理和技术等要素的拥有者，而 90% 以上的普通劳动者主要依靠劳动要素获取收入。所以管理和技术等要素的参与分配，就使得资本所有者在凭借资本之外还可以凭借技术和管理等要素获得更多的收入，进一步会拉大居民之间的收入差距。

再其次，在分配制度改革的过程中，在处理效率与公平的关系时，中国长期推行效率优先的原则，对效率的关注超过了对公平的关注。当然这样的政策导向对推动改革开放之后中国经济的高速增长功不可没，但是在效率优先导向下的一系列改革，例如国有企业的减员增效、下岗分流改革，使得大批工人下岗失业，而政府的社会保障制度缺失和政府再分配制度的不完善，使得城市出现一批贫困阶层；而管理层并购，由于制度的不完善，又使得许多管理层通过权力寻租获得许多"灰色"收入，拉大城市内部的收入差距。

最后，先富带动后富的分配政策也从两个方向影响了中国的收入分配差距。一方面，这样的分配政策导向解放了人们的思想，使得那些能力强、效率高的人群首先富裕起来，在推动中国经济增长的同时，必然会拉大不同居民之间的收入差距，导致中国出现不同的收入阶层；另一方面，这样的分配政策导向使得国家将更多的资源和优惠政策都集中在地理区位比较优良的沿海地区，导致沿海地区的经济迅速发展起来，拉大了和中西部地区之间的经济差距，也拉大了沿海地区和中西部地区之间的收入差距。

6.5　对外贸易对中国收入差距演变的影响

6.5.1　对外贸易影响收入差距的理论机制

6.5.1.1　对外贸易对收入分配影响的理论基础

本小节沿着国际贸易理论发展的脉络寻找对外贸易与收入差距的相关线索，为进一步分析对外贸易对中国收入差距的影响奠定理论基础。

对外贸易与收入分配的关系一直是国际经济学家关注的热点，理论界很早就关注对外贸易对收入分配的影响。从贸易理论的发展上来看，斯密提出的绝对优势理论是贸易理论的起点，李嘉图在斯密的基础上提出比较优势理论解释了国际贸易的原因，随后穆勒又建立了相互需求理论，分析了贸易所得，古典贸易理论基本形成。新古典贸易虽对贸易模式、贸易所得进行了解释，但没有明确提出贸易开放的状态下，一国内部不同利益群体之间的收入是如何分配的。瑞典经济学埃利·赫克歇尔和他的学生伯尔蒂尔·俄林基于要素禀赋差异提出了 H-O 理论，认为国际贸易将会使得各国相同的商品价格都相等。美国经济学家萨缪尔森在 H-O 理论的基础上提出了要素价格均等化理论，认为在满足一定条件下，国际贸易将使得各国相同的要素获得相等的报酬，将 H-O 理论拓展为 H-O-S 理论。在此基础上，斯托尔珀和萨缪尔森提出了 S-S 定理，认为国际贸易会降低一国稀缺生产要素所有者的收入水平，而会提高一国丰裕生产要素所有者的收入水平。该理论迅速成为分析对外贸易影响收入分配的基石。由于发达国家资本要素比较丰裕而劳动要素比较稀缺，发展中国家刚好相反，因而根据该理论进行推论，国际贸易会使得发达国家的收入分配差距拉大，而使得发展中国家的收入分配差距缩小。萨缪尔森（Paul A. Samuelson）和琼斯（R. W. Jones）于 20 世纪 70 年代提出了特定要素模型，分析短期内国际贸易对一国国内收入差距的影响。该理论认为国际贸易会提高出口部门特定要素所有者的收入水平，而降低进口部门特定要素所有者的收入水平。考虑规模报酬的情况下，基于张伯伦的垄断竞争模型，克鲁格曼（Krugman，1979）构建了一个产业内贸易垄断竞争模型，提出两个要素禀赋相似的国家通过产业内贸易降低了贸易品生产中不使用的要素所有者的收入水平，提高了贸易品生产中所使用的生产要素所有者的收入水平。考虑到技术进步对国际贸易的影响，格罗斯曼（Grossman）和赫尔普曼（Helpman，1990、1991）将技术进步内生化，构建了一个基于研发（R&D）产生的比较优势的多国动态一般均衡贸易模型，认为要素通过研发（R&D）的分配引起差异化产品国际贸易，并对贸易国的国内收入分配产生影响。克鲁格曼（Krugman）和利瓦斯（Livas，1996），藤田（Fujita）、克鲁格曼（Krugman）和维纳布尔斯（Venables，1999）在新地理经济学的框架内分析了对外贸易与区域收入分配差距的关系，认为对外贸易会分散封闭经济环境下的区域经济中心的经济活动，因而会缩小区域收入差距。

6.5.1.2　对外贸易对收入分配影响的实证基础

当前，理论界关于对外贸易对收入分配的影响实证研究结论存在分歧，大致可以分为对外贸易缩小了一国的收入分配差距、对外贸易扩大了一国的收入分配差距、对外贸易对一国的收入分配差距的影响呈现倒 "U" 形关系三种观点。

第一种观点，对外贸易缩小了一国的收入分配差距。克鲁格（Krueger，1983）和巴格瓦蒂（Bhagwati，2002）基于 S-S 定理，认为贸易自由化通过提高发展中国家非熟练劳动力（即低收入群体）的收入而缩小了发展中国家的收入分配差距。魏尚进（Shang-jin Wei，2001）、何帆和覃东海（2003）等的研究发现对外贸易缩小了中国的收入分配差距。第二种观点，对外贸易扩大了一国的收入分配差距。利纳（Learner，2000）认为国际贸易通过技术进步拉大了美国的收入差距。芬斯特（Feenstra）和汉森（Hanson，2001）认为国际贸易通过提高高技能劳动力的工资，降低低技能劳动力的工资而拉大了一国的收入分配差距。安德烈亚斯·萨维德斯（Andreas Savvides，1998）、古德伯格（Goldberg，2004）等的研究发现贸易自由化扩大了发展中国家国内的收入分配差距。雷谢夫（Reshef，2005）分析得出贸易开放引起了技能工人工资的上涨而扩大了一国的收入分配差距。万广华（Guanghua Wan，2007）、黄灿（2016）等的研究发现对外贸易扩大了中国地区之间的收入差距。王少瑾（2007）、魏浩（2012）等的研究发现对外贸易扩大了中国收入分配差距。第三种观点，对外贸易对一国的收入分配差距的影响呈现倒"U"形关系。持此种观点有伍德（Wood）、拉姆洛甘（Ramlogan）、多布森（Dobson）和颜银根等。

6.5.2　对外贸易影响中国收入分配差距的形成机制

如前面所述，中国经济非均衡增长的一个重要体现是城乡之间显著的二元经济结构特征。根据诺贝尔经济学奖获得者刘易斯的二元经济结构理论，存在城乡二元经济结构的国家，在工业化的进程中，农业部门剩余劳动力将向工业部门转移，在这个过程，会减少低收入群体在整个国民收入分配所占有的份额，进而会使其基尼系数增加，收入分配差距扩大。由于在改革开放后中国的工业化进程是在二元经济结构的背景下伴随对外开放来进行的，我们就可以借鉴刘易斯的二元经济结构理论来分析对外贸易对中国收入分配的影响和传导机制。

经历过中华人民共和国成立之后前期的几个五年计划建设，中国通过进口替代战略在城镇已经建立了初步的工业体系，由于严格的户籍制度和限制人口自由流动、自由迁徙的政策，使得中国出现了二元经济结构，近70%的人口被束缚在耕地资源有限的农业部门，随着农业劳动生产力的提升，农业部门出现了大量剩余劳动力。在1978年党的十一届三中全会之后，中国借鉴"亚洲四小龙"经济腾飞的发展经验，确立了对内改革和对外开放的基本国

策，用出口导向战略（或称面向出口的战略）代替前期的进口替代战略，充
分利用中国的劳动力资源禀赋丰富的比较优势，面向世界市场优先发展加工
贸易。几乎与此同步，中国启动了对中国经济发展和收入分配影响深远的几
项改革举措：一是充分利用自己大量廉价劳动力的比较优势，积极实施对外
开放战略，鼓励出口，发展对外贸易；二是充分利用沿海地区的区位优势，
在对外开放过程中，容许部分地区先富起来，实施非均衡增长战略；三是鼓
励非公有制经济发展战略，允许民营企业和外商投资企业的发展；四是在工
业化进程中，实施轻工业优先发展战略。这四大改革举措中，轻工业优先发
展战略和鼓励非公有制经济发展战略，为农村富余劳动力向城镇转移创造了
大量就业岗位，而面向世界市场，鼓励出口，发展对外贸易战略为中国的工
业制成品提供了广阔的世界市场，这几大改革举措的配合实施，一方面迅速
推动了中国经济的高速增长；另一方面也迅速拉大了中国的收入分配差距。

　　改革开放初期，为了配合出口导向战略，考虑到当时中国存在储蓄和外
汇短缺的两缺口，而劳动力资源禀赋相对比较丰富的现实国情，中国工业化
战略的侧重点由进口替代战略下的优先发展重工业转变成优先发展轻工业。
在此阶段，中国面向世界市场，大力发展"两头在外"的"三来一补"（来
料加工、来样加工、来件装配和补偿贸易）加工贸易，由此推动了劳动力大
规模由农业部门向工业部门转移，由于这些农业剩余劳动力边际生产力为零，
起初农业部门剩余劳动力的供给相对为无限大，所以工业部门只需要支付这
些劳动力维持生活的最低工资即可。大量廉价劳动力的存在，大幅降低了中
国工业制成品的成本和价格，使得中国制造的劳动密集型产品在全球市场极
具价格竞争力，通过大规模地参加国际分工，中国的人口红利优势逐渐显现
和全方位地释放出来。

　　中国对外贸易从 1980 年起开始高速增长，远超同期 GDP 的平均增长速
度。中国建立在劳动力资源比较优势基础上的出口导向发展模式逐渐对外部
市场需求产生了严重的依赖性，伴随外部市场竞争的加剧，在出口产品质量
和技术性能难以得到有效提高的情况下，大部分出口企业都选择了在海外市
场的低价竞销策略，使得中国对外贸易的价格贸易条件［价格贸易条件 =（出
口价格指数/进口价格指数）×100%］大部分年份都出现了恶化[1]，图 6 - 5 给

---

① 贸易条件 >100，称为改善，意味着出口单位商品可以换回更多的进口商品；贸易条件 <
100，称为恶化，意味着出口单位商品换回的进口商品减少了。

出了 2000 ~ 2016 年中国价格贸易条件的变动情况（可以看出，除了少数年份，中国的价格贸易条件大部分年份都小于 100）。由于同期中国出口数量的大幅增加，部分弥补了价格贸易条件恶化的影响，中国的收入贸易条件［收入贸易条件 = 出口贸易量 ×（出口价格指数/进口价格指数）× 100%］绝大部分年份并没有出现恶化，图 6 - 6 给出了 2000 ~ 2015 年中国收入贸易条件的变动情况（可以看出，除了少数年份，中国的收入贸易条件大部分年份都大于 100），林桂军和张玉芹①（2007）、李汉君和孙旭②（2009）等的研究也证实了这一点。尽管大部分年份收入贸易条件没有恶化，并且对外贸易也推动了 GDP 的飞速增长（见图 6 - 6），应该说中国的对外开放战略和大力发展对外贸易举措增加了整体国民福利，中国是获利丰厚的，也印证了古典和新古典自由贸易理论的核心观点，自由贸易可以增加贸易参与国的福利水平。但是这绝不意味着对外贸易增加了中国所有居民的收入和福利水平。一方面，在中国出口商品的质量长期得不到提高的前提下，大部分出口企业务实地选择了低价竞销策略，使得出口商品价格长期难以得到提高（见图 6 - 5），出口企业利润稀薄，其就有了被迫压低工人工资的外在竞争压力；另一方面，在二元经济结构背景下，在刘易斯拐点来临之前，劳动力供给相对于需求无限大的情况下，在劳动力市场上，劳动要素处于无力议价的弱势一方，资本处于强势的一方。两相结合，出口企业就必然会选择压低工人工资的办法来

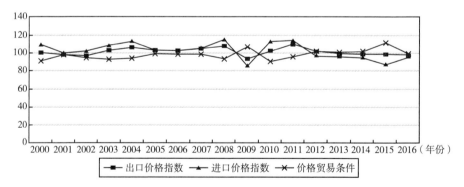

图 6 - 5　2000 ~ 2016 年进出口价格指数和价格贸易条件变动趋势

资料来源：根据历年《中国统计年鉴》的相关数据整理和计算获得。

---

①　林桂军，张玉芹. 我国贸易条件恶化与贫困化增长 [J]. 国际贸易问题，2007 (1)：3 - 9.

②　李汉君，孙旭. 中国价格贸易条件变动趋势与出口商品结构 [J]. 国际贸易问题，2009 (3)：37 - 40.

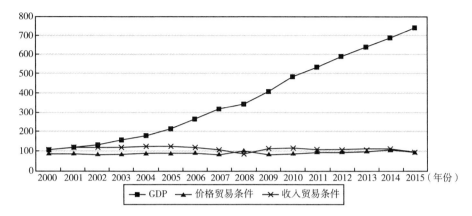

图6-6 2000~2015年价格贸易条件、收入贸易条件和GDP的变动趋势

资料来源：根据历年《中国统计年鉴》的相关数据整理和计算获得。

维持自己的利润，在改革开放初期到2008年之前近30年的时间，劳动要素占国民收入的份额长期处于下降趋势，得不到有效提高（具体见第3章）。因此，在改革开放前30年（刘易斯拐点来临之前），对外贸易在二元经济结构和出口企业低价竞销策略的双重夹击之下，以"牺牲"劳动要素所有者利益的方式拉大了中国的收入分配差距。中国作为一个发展中国家，并不符合S-S定理的推论：国际贸易会使得发达国家收入分配差距拉大，而使得发展中国家收入分配差距缩小。

改革开放之前，中国实行的严格计划经济、单一的公有制和按劳分配原则。改革开放后，对内搞活，中国逐渐容许非公有制经济的发展，逐渐建立起了"公有制为主体，多种所有制并存"的经济制度，在分配制度上逐渐向按劳分配和按要素分配相结合的分配制度的转变。大量的非公有制企业发展起来，对国民经济的贡献越来越大。在此同时，中国大量利用外资来弥补国内资本的不足和增加就业，以中外合资企业、外商独资企业和中外合作经营企业为代表的外商投资企业发展起来，成为推动中国经济增长的重要力量，大量外资的流入和外商投资企业的建立成为推动中国出口贸易扩张的重要力量，具体如图6-7所示。二元经济结构劳动力供给相对于需求无限大的情况下，在民营企业、个体企业和外商投资企业等非公经济里，在分配上也必然向资本要素倾斜，外商直接投资的流入和对外贸易扩张的交相作用，会进一步扩大国内的收入分配差距。

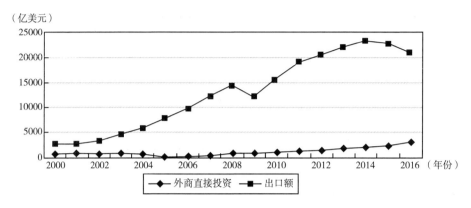

图 6 – 7 2000 ~ 2016 年中国外商直接投资、出口额变动趋势

资料来源：根据历年《中国统计年鉴》的相关数据整理和计算获得。

自新中国成立到改革开放之前，为了建立独立的民族工业体系，鼓励民族工业的发展，中国一直实施的是进口替代战略和本币高估的汇率政策，一方面使得中国建立了比较完备的工业体系；另一方面进口替代战略长期实施的结果是导致储蓄不足，产生了储蓄缺口，本币高估的汇率政策影响了出口，产生了外汇缺口。因而在改革开放之初，在国内存在双缺口[①]的背景下，如果将资本和外汇在全国进行均衡分布，便会出现资本和外汇供给不足，不利于整体经济的发展。因此，当时中国采取了非均衡增长战略，为了更充分利用国内、国外两个市场和国内、国外两种资源，又将非均衡增长战略和对外开放战略结合起来，将大量资源和优惠政策集中在具有良好区位优势的沿海地区。利用沿海地区优越的地理位置，将国内外优势资源汇集到此地区，积极发展对外贸易，大量吸引国外企业到此投资设厂，将沿海地区长三角、珠三角等地打造成为区域经济增长极，然后再通过这些增长极的扩散效应来带动中西部地区的发展。但是这样的非均衡发展战略，虽然沿海地区因为资源和优惠政策集聚而发展迅速，但是中西部地区却因资源供给不足和缺少政策倾斜而增长缓慢，使得中国出现了严重的区域增长失衡，区域经济增长差异扩大了中国地区收入差距。万广华、陆铭和陈钊（2005）等的研究也证实了这一点，他们认为在全球化背景下对外贸易发展和外资流入的差异是导致中

---

① 20 世纪 60 年代，发展经济学家钱纳里与斯特劳特提出两缺口模型，即一国储蓄小于投资（S－I＜0），出现储蓄缺口；出口小于进口（X－M＜0），出现外汇缺口。

国地区收入差距的重要原因①，而如前面第 2 章所述，地区之间的收入差距是影响中国整体收入差距的重要因素。总之，对外贸易通过中国区域经济的非均衡增长经济战略扩大了中国收入分配差距。

综上所述，在中国从"二元经济"向"一元经济"转变的过程中，建立在比较优势基础上（劳动力资源比较丰富）的对外贸易通过区域经济的非均衡增长、民营企业和外商投资企业等非公有制经济的发展、鼓励劳动密集型轻工业优先发展三条途径影响了改革开放之后的中国收入分配差距，并且三条途径相互影响、相互作用，进一步放大了它们对中国收入分配差距的影响。

---

① 万广华，陆铭，陈钊. 全球化与地区间收入差距：来自中国的证据［J］. 中国社会科学，2005（3）：17–26.

第7章 中国收入差距适度性的预警机制及拟合预测

通过前面的分析，本书基于"五大发展理念"的视角构建的综合评价指标体系，使用因子分析和Topsis方法综合评价中国收入差距的适度性后，发现中国当前整体的收入差距仍然处于较为适度的水平；然后作者又基于问卷调查数据分析发现，当前中国的收入差距仍处于居民的主观承受力和可接纳的安全范围之内。但是正如作者在第2章所分析的那样，尽管自改革开放以来持续扩大的中国收入差距大约在21世纪前10年的后半期已经出现了下降趋势，但是难以否认的是，中国当前的整体收入差距仍然处于较高的水平，因此，如果中国政府对中国收入分配领域存在的问题不能妥善解决而中国的收入差距继续扩大，且在当前收入分配领域存在的一些不公平问题得不到改善，一旦触及民众的容忍底线，超出民众的主观承受力范围，将会影响社会稳定，引发一些社会问题。因此，在中国共产党带领全国人民跨越中等收入陷阱，并努力将中国在2020年全面建成小康社会的关键时期，构建中国收入差距适度性的预警系统，对中国的收入差距适度性进行预警监测，并制定合适的调控机制对中国的收入差距进行干预调控，具有重要的理论和实践意义。

7.1 经济预警理论与预警方法分析

7.1.1 经济预警理论

预警是指通过构建关注某种不测或突发事件的指标体系以防范其发生并对其进行监测、预报、监控、评价的全过程。预警从范围上可以分为微观预警和宏观预警；依据时间的长短，预警又可以分为长期预警和短期预警；依据性质，也可以将预警分为经济预警与非经济预警（军事预警、社会预警等）。经济预警是指为防范某种不测或突发经济事件的发生而综合运用一些数理方法和理论方法对该经济事件进行全程监测、预报、监控的一门科学。目前，经济预警如同经济预测一样，都没有一套成熟、统一的标准理论体系和方法，不同的学者、不同经济领域的研究者对其看法差异颇大。国外对于经济预警理论和预警方法的研究始于 19 世纪末期法国经济学家福里利《社会和经济气象研究》的论文，在该论文中，福里利用黑、灰、淡红和大红等几种不同色彩测定法国 1877～1887 年的经济波动，起步远早于中国。国内理论界为了研究经济的周期循环波动问题，于 20 世纪 80 年代中期才开始研究经济预警理论和预警方法，先从宏观经济领域开始，到 90 年代时逐渐扩展到微观经济领域。中国的经济预警理论主要围绕预警方法的拓展、预警系统的构建、预警调控机制的设置等来展开。通过相关文献梳理发现，国内的收入差距预警理论产生更晚，随着中国收入差距的逐渐拉大，只是在近年来，才有少数几位国内学者开始探索收入差距预警理论，因此，目前中国理论界在该领域尚处于起步探索阶段，没有成熟的理论和方法可资借鉴，但好在国内理论界在其他经济预警理论领域产生了较多的成果可资借鉴，因此，我们首先从一般的经济预警理论和预警方法出发，来寻找收入差距适度性的预警研究方法和系统构建程序等。尽管学者们对经济预警理论和方法看法各异、意见不一，但是对于以下问题，意见基本达成了统一。

预警逻辑是一种采用从结果到原因，再到结果的分析思路。经济预警通常包括明确警义（或明确警情）、寻找警源、分析警兆、划分警限、预报警度等步骤。明确警情是预警的前提和基础；寻找警源、分析警兆和划分警限是使用一些专门的数理统计方法分析事件的影响因素并定量化；预报警度是预警的目标。

7.1.1.1　明确警义

明确警义也被称为确定警情，即是明确监测预警的对象，在本书中，警情就是中国收入差距的适度性。警义通常包括警素和警度两个方面，前者是构成警情的指标（在收入差距方面的警素指标常用的有基尼系数、泰尔指数、阿特金森指数、变异系数等）；后者是指警情程度。单指标警素通常被运用于自然预警中，而人们在经济预警中通常使用多指标警素，因此，在研究收入差距适度性预警系统时，将单一的指标"基尼系数""泰尔指数""阿特金森指数""变异系数"等作为唯一的警素，就有诸多的缺陷和不足，因而需要改善，需要从多方面考虑，使用多指标警素。经济预警理论通常由重到轻将警度分为巨警警度、重警警度、中警警度、轻警警度和无警警度五个等级，与之相对应，也可以将警素指标的数量变化区间分为巨警警限、重警警限、中警警限、轻警警限和无警警限五种情况。一旦我们明确了警素、警度之后，就可以对收入差距的变动状况进行警情监测，为政府进行收入分配预警提供参照。

7.1.1.2　寻找警源

明确警义之后，就需要寻找警源，警源是警情产生的根源。可以根据警源的生成机制，把警源分成外生警源、内生警源、自然警源三种。例如，在收入分配方面，各个方面自然环境和自然资源的差异以及自然灾害导致的收入差距扩大就可以看作自然警源；而由于教育和人力资本投资的差异，以及分配关系的不公平、不公开和不公正而引发的一系列主体之间的收入差距就是内生警源；一国由于对外开放而发生的对外贸易、对外投资等导致的国内收入差距的扩大就可以看作外生警源。不同方式的警源一旦发生之后，往往交织在一起，相互影响。

7.1.1.3　分析警兆

分析警兆是经济预警过程中最关键的一环。所谓警兆就是指从确定警源（"火种"）存在到警情（"火灾"）爆发这一过程所表现出来的各种先兆，也被称为先导指标，其是警素精炼的结果，因此，当警素不同时，通常警兆也就不同。警素的异常变化在警情发生之前总有一定的先兆表现出来。警源和警兆两者之间既可以是显性关系，也可以是隐性的未知关系。我们可以从经验入手来确定警兆，也可以从警源入手确定警兆。可以将经济警兆分为动向警兆和景气警兆两类，收入差距警兆属于动向警兆。本书所要研究的"收入差距适度性警兆是在对收入差距警源的描述和归纳的基础上，运用一定的方法所精选出来的最能反映警情指标变化的警素"[①]（马骊，2011）。

---

① 马骊. 我国行业收入差距监测预警系统的构建与实证 [J]. 统计与决策，2011（9）：15 – 18.

7.1.1.4　划分警限和预报警度

分析警兆之后，下一步就是分析警素与警兆之间的数量关系，即划分警限。警限既可以指按一定的方法把多个警兆指标进行综合后的预警指标的警限或警级，也可以指警兆指标的变化范围。划分警限就是找出与警素的"巨警警限、重警警限、中警警限、轻警警限和无警警限"五种警限相对应的警兆区间，再借助于已经划分的警兆区间来预报警素的警度。

预报警度就是根据上一步已经划分的警兆区间和警兆的变动情况采用一定的方法（如模型法、回归方法、定性定量相结合的方法等）来预报实际警情的严重程度，其通常是预警的目的所在。为了提高经济预警结果的可靠性，在预报警度时，要注意选择恰当的预报方法。常用的警度预报方法有两类：一类是采用等级回归技术，建立关于警素的警度模型，由警兆的警级直接预测警素的警度；另一类是先作出预测，建立关于警素的普通模型，然后根据警限转化为警度。

7.1.2　经济预警方法

依据预测的机制不同，可以将经济预警方法划分为黑色预警方法、黄色预警方法、红色预警方法、绿色预警方法和白色预警方法五种方法。

7.1.2.1　黑色预警方法

根据警素的时间序列波动规律进行直接预警的方法，被称为黑色预警方法。这种方法简单易行，只考察警素指标的循环波动特性和时间序列变化规律，不需要引入警兆等自变量。由于警素本身呈现递增、递减等循环波动的特征，因而不需要再使用时间序列模型对警素变动趋势和变动规律进行预测。这种预警方法在农业周期循环指数、工业周期循环指数、经济波动图、经济扩散指数、商业循环指数、预期合成指数以及各种商业指数中广泛采用。本书在后面将会使用到这种预警方法。

7.1.2.2　黄色预警方法

黄色预警方法也被称为灰色分析，是所有预警方法中最常用的一种，它是依据警兆的警级来预报警素的警度，由内因或外因到结果的一种预警方法。

黄色预警方法又可以根据具体操作的差异被分成模型预警系统、指数预警系统和统计预警系统：（1）统计预警系统。统计预警系统方式是先使用统计学的相关分析技术来处理警兆与警素之间的关系，然后再依据警兆的警级来预报警素的警度。其操作程序如下：第一步是使用统计学的相关分析技术来分析警兆与警素之间的相关关系以确定先导长度和先导强度；第二步是根据警兆的变动状况和警兆的重要性来确定警兆的警级；第三步是根据警级预报警度。（2）指数预警系统。指数预警系统是指综合若干个警兆指标成为一个指数的方式来对某一个警素进行预警的方法。指数预警根据指数综合形式的差异又可以进一步分为扩散指数和合成指数两种形式。前者于 20 世纪 30 年代产生于美国，盛行于 50 年代，后者是在 60 年代由美国商务部开发的。当综合指数中全部警兆指标个数中处于上升的警兆指标个数超过 50% 时，扩散指数 >0.5，意味着警素指标也将会上升；当综合指数中全部警兆指标个数中处于下降的警兆指标个数超过 50% 时，扩散指数 <0.5，意味着警素指标也将会下降。容易受到随机因素的干扰且不能反映经济的波动幅度是扩散指数的缺点。合成指数可以避免这些缺陷。它是采用标准化的加权综合方式来处理所有警兆指标的变动值，以编制警兆合成总指数，该指数也被称为先行指数，我们依据该指数的变动状况就可以判断警素的变动状况。指数预警方式和统计预警方式侧重点各异，前者的指标综合比较规范化、程序化，对入选警兆指标的条件要求比较宽泛；而后者对指标的综合方法无规范性要求，但是要求对入选为警兆指标的进行统计显著性检验。（3）模型预警系统。模型预警系统是指在统计预警方式和指数预警方式的基础上建立以警兆为自变量的滞后回归模型进行预测的一种方法。

7.1.2.3 红色预警方法

红色预警方法是一种环境社会分析方法，是依据各种环境社会因素和警兆进行估计预警的方法，它与黑色预警方法、黄色预警方法相比，比较重视定性分析。其操作程序如下：第一步是将影响警素变动的因素分为不利因素和有利因素，并进行全面分析，这一步是整个方法的核心；第二步是将影响因素做不同时期的比较分析；第三步是把其他有关专家学者的估计和预测者的直觉、经验结合起来进行预警。这种方法尽管以定性分析为主，但实际效果也比较良好。

绿色预警方法主要是依据警素的生长态势借助于遥感技术来预测的方法，

多用于农作物生长的预测；白色预警方法是使用计量技术进行预测的方法，但前提条件是要求预测者掌握警因，当前尚处于探索阶段。要想做到准确监测预警，通常需要综合使用多种预测方法。没有合乎逻辑的理论假设和科学的预警理论指导，所有的预警模型和预警方法都难以得到理想的预警结果，因此，所有的经济预警都需要在科学经济预警理论指导下来完成。

7.2　中国收入差距适度性预警系统的设立

在当前全面建成小康社会的背景下，政府除了应该关注经济和自然领域的风险管控外，也应该关注民生和社会领域的风险管控。收入分配作为涉及全体居民利益的民生领域，要求政府相关部门必须做好风险管控。因此，为了更好地掌握中国收入差距适度性在未来的进一步演变规律，更科学、合理地监测和防范居民收入差距是否仍然在适度的范围之内，就需要对中国收入差距适度性进行预警监测，就需要在科学的理论指导下，使用一定的模型方法对中国收入差距变动状况和变动趋势进行评价、监测和预测，在此基础上划分收入差距的警限，对中国收入差距偏离适度、正常、有序和合理状态的警情和警度进行及时预报，对收入差距不适度，尤其是收入差距过大超过居民心理承受能力范围而可能引发的社会问题及时发出警报，以帮助政府相关部门精确地判断警情，并据此采取合理的应对措施。

为此，有必要考查相关领域的已有研究成果，以兹借鉴。纵观已有文献，目前国内有关收入差距的监测、预警研究始于 2005 年之后，尚处于起步阶段，代表性成果较少。陆铭和田士超（2007）从如何设定预警警戒线、如何选择预警的基准指标，以及如何设计预警信号三个方面来探索收入差距的预警体系的构建；梁纪尧[1]（2006）、王波和梁纪尧[2]（2008）结合基尼系数和库兹涅茨拐点探讨了中国居民收入差距预警合理警戒线的设定，并以此为基准，构建了收入分配差距预警系统，并对中国收入分配差距进行了监测、预

---

[1]　梁纪尧. 我国收入分配差异预警分析 [J]. 财经科学，2006（6）：66 - 72.

[2]　王波，梁纪尧. 我国居民收入分配差距监测及预警分析 [J]. 工业技术经济，2008（3）：126 - 130.

警；梁纪尧、宋青梅①（2008）在基尼系数、城乡收入比双重"警戒线"的基础上构建了中国城乡收入分配差距的双重指标预警系统，在此基础上对改革开放以来中国城乡居民收入分配差距进行了监测、预警；孙敬水、何东②（2010）运用泰尔指数单指标预警和综合指数预警对中国东中西部地区间的收入差距进行了监测、预警；张乐③（2013）监测分析了浙江省城乡居民收入差距；王培暄、刘芳（2017）使用2005～2015年的数据，使用因子分析方法对江苏省居民收入差距进行了监测、预警研究。

但是，目前国内外有关经济预警和风险控制机制构建的理论研究较为深入。施罗特和格尔纳（Schrodt and Gerner, 2000）④构建了地中海沿岸东部地区政治风险预警模型；姜向荣、司亚清⑤（2007）使用时差相关分析法遴选有超前经济运行特征的、代表性的先行经济指标；刘雪燕⑥（2010）为对中国宏观经济波动转折点进行预警，构建了扩散及合成指数，并使用峰谷对应法和时差相关分析法来遴选经济景气先导、同步和滞后指标；许阳千⑦（2013）运用时差相关分析法筛选先导、同步和滞后指标并基于景气指数理论构建了广西壮族自治区区域经济预警系统。

本书将吸收借鉴上述相关研究成果，首先使用基尼系数、泰尔指数单指标预警；其次基于"五大发展理念"构建综合指标体系来对中国的收入差距进行监测预警，并据此针对性地提出预警响应和调控机制。

7.2.1 基于传统的基尼系数和泰尔指数单指标监测预警

在基于传统的基尼系数和泰尔指数单指标监测预警时，本书使用前面提出的黑色预警方法进行预警，根据警素指标（基尼系数或泰尔指数）的时间序列波动规律进行直接预警，不再引入警兆等自变量。

① 梁纪尧，宋青梅. 我国城乡居民收入差距双重评价研究 [J]. 山东财政学院学报（双月刊），2008（3）：53–58.
② 孙敬水，何东. 我国地区收入差距监测预警研究 [J]. 经济问题探索，2010（8）：53–59.
③ 张乐. 浙江省城乡居民收入差距演变特点及影响因素分析 [J]. 湖南农业科学，2013（3）.
④ SCHRODT P A, GERNER D J. Cluster-based early warning indicators for political change in the contemporary levant [J]. American Political Science Review, 2000, 94（4）.
⑤ 姜向荣，司亚清，张少锋. 景气指标的筛选方法及运用 [J]. 统计与决策，2007（2）.
⑥ 刘雪燕. 我国经济周期波动转折点分析与预测 [J]. 中国物价，2010（6）.
⑦ 许阳千. 基于景气指数理论框架的广西区域性经济预警系统构建 [J]. 广西经济管理干部学院学报，2013（2）.

7.2.1.1　基于基尼系数的单指标监测预警

当前，理论界对收入分配差距进行测度的指标较多，例如基尼系数、泰尔指数、阿特金森指数法、极值差、极值比、变异系数和相对离差等多种指标，其中基尼系数和泰尔指数是两种最常用的单指标测度方式。其中，最为流行的指标是基尼系数。下面首先简单介绍使用基尼系数进行监测预警的国际通行方法，并分析这种通行方法在对中国收入差距进行预警时存在的问题，然后提出本书的改进方法。

当前，国际上在使用基尼系数作为收入差距的警限指标来构建监测预警体系时，首先，以 0.4 作为收入差距"警戒线"的标准；其次，以 0.1 为组间距，进一步划分预警区间，其对预警区间的具体划分以及其对应的预警状态如表 7 - 1 所示；最后，在预警体系预报出警情程度后，为了形象地提示警情程度，使用交通信号灯来发出警情信号。通常使用蓝灯、浅蓝、绿灯、黄灯和红灯来反映收入差距的警情程度，分别对应着无警、轻警、中警、重警和巨警五种预警状态[①]，具体如表 7 - 1 所示。

表 7 - 1　　　　　　　　　通行的基于基尼系数划分的预警区间

预警状态	无警	轻警	中警	重警	巨警
区间	$[0, 0.2)$	$[0.2, 0.3)$	$[0.3, 0.4)$	$[0.4, 0.5)$	$[0.5, 1)$
分配状况	平均	相对平均	差距较大	差距过大	差距悬殊
信号等	蓝灯	浅蓝	绿灯	黄灯	红灯

由于在计算基尼系数时采集的样本和测算方法各异，不同的研究机构和部门计算出来的基尼系数差异较大，使用表 3 - 7 中 1997 ~ 2015 年的基尼系数数据（其中 2003 ~ 2015 年的基尼系数是由中国国家统计局计算出来的官方基尼系数），根据表 7 - 1（通行的基于基尼系数划分的预警区间），可以发现从 1997 ~ 2015 年间[②]，中国除了 1997 年、1999 年和 2001 年为"中警"状态外（信号灯则显示为绿灯），其余 16 年全部处于"重警"状态（信号灯则显示为黄灯），这表明，在此期间，除少数年份外，中国收入差距整体处于黄

[①]　也有使用蓝色、绿色、黄色、红色和深红色五种信号灯来对应无警、轻警、中警、重警和巨警五种预警状态。

[②]　此处使用 1997 ~ 2015 年的数据，是为了便于和前面中国收入差距适度性的测度，以及后面的综合指数监测预警的时间维度相对应。

灯区，处于"重警"状态，具体情况如表 7 - 2 所示，很明显，根据这种预警方法预报的警情，依据第 5 章对中国收入差距适度性的评价结论，显然夸大了中国的收入差距的警情程度，结果值得商榷！

表 7 - 2　　　　　　　　1997 ~ 2015 年中国收入差距的警度值
（基于国际通行的基尼系数方法）

年份	基尼系数	信号	监测结果
1997	0.397	绿灯	中警
1998	0.403	黄灯	重警
1999	0.397	绿灯	中警
2000	0.417	黄灯	重警
2001	0.384	绿灯	中警
2002	0.454	黄灯	重警
2003	0.479	黄灯	重警
2004	0.473	黄灯	重警
2005	0.485	黄灯	重警
2006	0.487	黄灯	重警
2007	0.484	黄灯	重警
2008	0.491	黄灯	重警
2009	0.490	黄灯	重警
2010	0.481	黄灯	重警
2011	0.477	黄灯	重警
2012	0.474	黄灯	重警
2013	0.473	黄灯	重警
2014	0.469	黄灯	重警
2015	0.462	黄灯	重警

资料来源：基尼系数数据来自表 3 - 7。

这种预警方式的关键是将基尼系数等于 0.4 确定为"警戒线"，而将 0.4 作为划分中国收入差距的"警戒线"在国内引发了诸多争议。考虑到中国幅员广阔、人口众多、东中西部区域发展不均衡、城乡二元经济结构，再加上中国处于从计划经济向市场经济转轨过程中，基于这种特殊的现实国情，大多数国内学者和专家倾向于中国基尼系数预警"警戒线"的标准应该比国际通行标准稍高一些，如葛霖生（2002）、白书祥（2002）、赵人伟（2003）、厉无畏（2005）、陈向华（2005）等都持这种观点，我们将之称为中国基尼系数预警"警戒线"标准的"乐观派"（或"特殊国情派"）；但也有少数国内学者和专家认为，由于中国现行统计调查制度存在诸多问题，官方是依据居民的显性收入来计算基尼系数，对高收入群体正常途径之外的收入、"灰色"收入，对普通居民的兼职收入、实物收入等难以统计出来，因此，计算出来的基尼系数值有可能低估了中国的实际收入差距。基于数据缺陷导致中国的基尼系数值被低估，这一部分专家、学者就倾向于中国基尼系数预警"警戒线"的标准应该比国际通行标准稍低一些，例如陈南岳（2002）等，我们将之称为中国基尼系数预警"警戒线"标准的"悲观派"（或"数据缺陷派"）。

笔者认为针对基尼系数单指标预警而言，很难划分一个固定的"警戒线"标准，然后依照此标准，再以 0.1 为组间距来划分警限。原因如下：首先，基尼系数是以累计一定百分比的人口占有累计一定百分比的收入来表示的，是一个相对数，以基尼系数作为收入差距的预警指标，因此，其"警戒线"标准和警限也是相对的，不应该完全固定不变。例如，当研究者计算出某一国总体基尼系数偏大，像拉丁美洲和非洲部分国家，那么其"警戒线"标准和警限也相对较高；反之亦然。其次，由于基尼系数的计算受到数据来源、计算方法影响非常大，因此，其"警戒线"标准和警限也不能固定。比如同一个国家，在某一时刻只有一种分配状况，由于研究者使用不同来源的数据、或不同的计算方法来计算该国的基尼系数，计算出来的基尼系数可能会差异较大。如果按照传统固定的"警戒线"标准和警限进行预警，那么对这同一分配状况，我们就可能得出完全不同的预警警情结论。

因此，笔者认为基尼系数 0.4 的"警戒线"通行标准，以及依赖于此标准的警限划分方法应该动态化，那么就有必要对其进行改进。经过大量文献梳理，本书借鉴顾海兵和王亚红[1]（2009）、孙敬水和顾晶晶（2010）、马骊（2011）、王培暄和刘芳（2017）等学者利用误差理论的 3σ[2] 方法（即 3 倍标准差法则，是一种利用 3 倍标准差法来划分警限的方法）来改进基尼系数的预警方法。

依据统计学正态分布的基本原理，若随机变量 X 服从一个数学期望值为 μ、方差为 σ^2 的正态分布，则变量值落在距离均值 1 个标准差之内区间的概

[1] 顾海兵，王亚红. 中国城乡居民收入差距的警度警情分析［J］. 学习与探索，2009（1）.
[2] σ 为标准差。

率为 68.26% ；变量值落在距离均值 2 个标准差之内区间的概率为 95.44% ；变量值落在距离均值 3 个标准差之内区间的概率为 99.73%。则划分警限的 3 倍标准差法操作原理如下：根据经济预警原理，警素指标的数量变化区间通常被分成无警警限、轻警警限、中警警限、重警警限和巨警警限五种情况，依据 3 倍标准差法，则对应的预警区间分别为 $(-\infty, \mu - 3\sigma)$、$[\mu - 3\sigma, \mu - \sigma)$、$[\mu - \sigma, \mu + \sigma)$、$[\mu + \sigma, \mu + 3\sigma)$、$[\mu + 3\sigma, +\infty)$[①] 五个区间，然后将这五个区间分别与蓝灯区、浅蓝灯区、绿灯区、黄灯区、红灯区五种交通信号灯方式对应匹配，依次表示收入差距适度性处于无警、轻警、中警、重警、巨警五种不同状况。

根据 1997～2015 年中国的基尼系数，作者使用 Excel 软件计算出在此期间基尼系数的均值 $\mu = 0.456684$；标准差 $\sigma = 0.036621$。根据 3 倍标准差法和综合少数原则，划分出 1997～2015 年基尼系数预警区间，具体如表 7－3 所示，可以将本表与表 7－1 相比较，发现根据 3 倍标准差法计算出来的中国基尼系数预警"警戒线"的标准应该比国际通行标准要高一些，由 0.4 提高到 0.4933，比较接近前面提到的中国基尼系数预警"警戒线"标准的"乐观派"（或"特殊国情派"）。

表 7－3　　中国居民收入差距警限区间（基于改进后基尼系数预警）

预警状态	预警区间	预警信号
无警	$(-\infty, \mu - 3\sigma)$ $(-\infty, 0.3468)$	蓝灯区
轻警	$[\mu - 3\sigma, \mu - \sigma)$ $[0.3468, 0.4201)$	浅蓝灯区
中警	$[\mu - \sigma, \mu + \sigma)$ $[0.4201, 0.4933)$	绿灯区
重警	$[\mu + \sigma, \mu + 3\sigma)$ $[0.4933, 0.5665)$	黄灯区
巨警	$[\mu + 3\sigma, +\infty)$ $[0.5665, +\infty)$	红灯区

注：（1）1997～2015 年：$\sigma = 0.456684$，$\sigma^2 = 0.036621$；（2）1978～2017 年：$\mu = 0.402925$，$\sigma = 0.070558$；（3）本表分析的是 1997～2015 年的预警，1978～2017 年可做类似分析。

---

① μ 为数学期望值或均值。

根据新的"警戒线"和警限划分方法，笔者计算出 1997～2015 年中国收入差距的警度值（基于改进后基尼系数预警）和各年的预警监测结果，具体如表 7 - 4 所示。观察表 7 - 4 可以发现，在 1997～2015 年，从 1997～2001 年这前 5 年为"轻警"状态外（信号灯则显示为浅蓝灯区），从 2002～2015 年这 14 年全部处于"中警"状态（信号灯则显示为绿灯区），但是这其中 2008 年、2009 年两年的基尼系数分别为 0.491、0.490，已经无限接近进入"重警"区（如若警限的划分临界值保留两位小数，则这两年已经进入重警区），具体情况如表 7 - 4 所示。这表明，在此期间，除少数年份，中国收入差距整体处于绿灯区，处于"中警"状态，结合前文对中国收入差距适度性的评价结果，以及后面即将使用的综合指数（指标体系）监测预警的结论，根据这种改进后预警方法预报的警情程度，更接近中国的收入分配差距的真实状况。

表 7 - 4　　　1997～2015 年中国收入差距警度值（基于改进后基尼系数预警）

年份	警度值（基尼系数）	信号	监测结果
1997	0.397	浅蓝灯区	轻警
1998	0.403	浅蓝灯区	轻警
1999	0.397	浅蓝灯区	轻警
2000	0.417	浅蓝灯区	轻警
2001	0.384	浅蓝灯区	轻警
2002	0.454	绿灯区	中警
2003	0.479	绿灯区	中警
2004	0.473	绿灯区	中警
2005	0.485	绿灯区	中警
2006	0.487	绿灯区	中警
2007	0.484	绿灯区	中警
2008	0.491	绿灯区	中警
2009	0.490	绿灯区	中警
2010	0.481	绿灯区	中警
2011	0.477	绿灯区	中警
2012	0.474	绿灯区	中警
2013	0.473	绿灯区	中警
2014	0.469	绿灯区	中警
2015	0.462	绿灯区	中警

资料来源：基尼系数数据来自表 3 - 7；信号和监测结果，根据表 7 - 3 得出。

7.2.1.2　基于泰尔指数的单指标监测预警

如前面所述，度量收入差距的指标种类繁多，最常用的指标除了基尼系数之外，还有就是泰尔指数，其优点是可以测度组间收入差距和组内收入差距对总收入差距的贡献。使用泰尔指数计算收入差距的公式如下：

$$T = \frac{1}{n} \sum_{i=1}^{n} \left(\frac{y_i}{\bar{y}} \right) \log \left(\frac{y_i}{\bar{y}} \right) \qquad (7-1)$$

其中，n 表示收入分组数；y_i 表示第 i 组居民的平均收入，$\bar{y}$ 为全体居民的平均收入。按照人口比重加权和收入比重加权计算的全国人均收入差距的泰尔指数和泰尔分解如表 7-5 所示。

表 7-5　　　　　　　　　全国人均收入差距的泰尔指数

年份	人口比重加权			收入比重加权		
	总指数	带间指数	带内指数	总指数	带间指数	带内指数
1997	0.1141	0.0165	0.1077	0.1449	0.0164	0.1384
1998	0.1108	0.0153	0.1055	0.1420	0.0153	0.1367
1999	0.1244	0.0226	0.1018	0.1652	0.0222	0.1430
2000	0.1262	0.0234	0.1028	0.1681	0.0228	0.1453
2001	0.1223	0.0229	0.1043	0.1677	0.0223	0.1445
2002	0.1316	0.0243	0.1074	0.1781	0.0235	0.1547
2003	0.1334	0.0247	0.1087	0.1804	0.0238	0.1565
2004	0.1307	0.0229	0.1078	0.1739	0.0221	0.1518
2005	0.1323	0.0233	0.1090	0.1747	0.0226	0.1522
2006	0.1394	0.0240	0.1174	0.1812	0.0243	0.1591
2007	0.1367	0.0226	0.1151	0.1805	0.0230	0.1555
2008	0.1293	0.0296	0.1037	0.1720	0.0186	0.1634
2009	0.1171	0.0172	0.0999	0.1531	0.0166	0.1365
2010	0.1142	0.0159	0.0983	0.1485	0.0153	0.1331
2011	0.1119	0.0154	0.0965	0.1445	0.0148	0.1297
2012	0.1079	0.0144	0.0935	0.1377	0.0137	0.1240
2013	0.1042	0.0131	0.0911	0.1320	0.0125	0.1195
2014	0.1010	0.0122	0.0888	0.1267	0.0115	0.1152
2015	0.0991	0.0117	0.0874	0.1237	0.0110	0.1127

（1）资料来源：《2016 年中国统计年鉴》[M]. 中国统计出版社，2016；（2）按人口比重加权泰尔总指数：$\mu = 0.120347$，$\sigma = 0.012480$；按收入比重加权泰尔总指数：$\mu = 0.157626$，$\sigma = 0.019567$。

由表 7 - 5 可以看出，1997 ~ 2015 年，无论按照人口比重加权和收入比重加权计算全国人均收入差异的泰尔指数（包括带间指数和带内指数）都呈现先上升、后递减的变化趋势，1999 ~ 2008 年都处于比较高的水平，表明在此期间，全国收入差距较大，大概在 2006 年达到峰值，然后开始递减。

笔者使用按照人口比重加权计算的泰尔总指数作为监测预警指标，仍然采用前面提到的误差理论的 3σ 方法来确定预警警限和划分预警区间，将预警区间长度设定为 2σ（即 2 倍标准差），将大于样本均值 3 倍标准差的区域划定为巨警区，小于样本均值 3 倍标准差的区域划定为无警区。作者使用 Excel 软件计算出按人口比重加权泰尔总指数的均值 $\mu = 0.120347$；标准差 $\sigma = 0.012480$。根据泰尔指数划分的预警区间具体情况如表 7 - 6 所示。结合表 7 - 5 和表 7 - 6，我们计算出了 1997 ~ 2015 年中国收入差距的警度值（基于人口比重加权的泰尔总指数）和各年的预警监测结果，具体如表 7 - 7 所示。

表 7 - 6　　　　中国居民收入差距警限区间（基于泰尔指数预警）

预警状态	预警区间	预警信号
无警	$(-\infty, \mu - 3\sigma)$ $(-\infty, 0.082907)$	蓝灯区
轻警	$[\mu - 3\sigma, \mu - \sigma)$ $[0.082907, 0.107867)$	浅蓝灯区
中警	$[\mu - \sigma, \mu + \sigma)$ $[0.107867, 0.132827)$	绿灯区
重警	$[\mu + \sigma, \mu + 3\sigma)$ $[0.132827, 0.157787)$	黄灯区
巨警	$[\mu + 3\sigma, +\infty)$ $[0.157787, +\infty)$	红灯区

注：$\mu = 0.120347$，$\sigma = 0.012480$。

表 7 - 7　　　1997 ~ 2015 年中国收入差距警度值（基于人口比重加权的泰尔总指数）

年份	警度值（泰尔指数）	信号	监测结果
1997	0.1141	绿灯区	中警
1998	0.1108	绿灯区	中警
1999	0.1244	绿灯区	中警
2000	0.1262	绿灯区	中警

续表

年份	警度值（泰尔指数）	信号	监测结果
2001	0.1223	绿灯区	中警
2002	0.1316	绿灯区	中警
2003	0.1334	黄灯区	重警
2004	0.1307	绿灯区	中警
2005	0.1323	绿灯区	中警
2006	0.1394	黄灯区	重警
2007	0.1367	黄灯区	重警
2008	0.1293	绿灯区	中警
2009	0.1171	绿灯区	中警
2010	0.1142	绿灯区	中警
2011	0.1119	绿灯区	中警
2012	0.1079	绿灯区	中警
2013	0.1042	浅蓝灯区	轻警
2014	0.1010	浅蓝灯区	轻警
2015	0.0991	浅蓝灯区	轻警

资料来源：泰尔指数数据来自表7-5；信号和监测结果，根据表7-6得出。

观察表7-7可以发现：在1997~2015年，中国整体收入差距的警度值监测结果都处于轻警警限、中警警限、重警警限三个预警区间内，没有处于无警的预警区间的年份，也没有处于巨警的预警区间的年份。但是，不容忽视的是，在2003年、2006年、2007年处于重警区，在2013年、2014年、2015年处于轻警区间外，而另外的13年则全部处于中警区间。说明在此期间，除少数年份之外，中国的收入差距适度性整体上处于绿灯区，处于"中警"状态，这也表明当前中国的收入差距整体上尚处于风险可控范围之内，并且近年来逐渐出现减轻的趋势。

为了对未来收入差距的变动引发的警情进行预测，起到警示和防范作用，就需要使用样本内数据对未来的警度值作出拟合预测。通过对时间系列数据未来值进行预测的方法比较，借鉴相关文献，并进行多次试算，作者选择简单、实用的指数平滑法来进行预测，指数平滑模型如下：

$$F_{t+1} = F_t + \alpha(A_t - F_t) = F_t + \alpha e_t \qquad (7-2)$$

其中，F_{t+1}是$t+1$期预测值；F_t是t期预测值；A_t是t期实际值；e_t是t实际

值减去预测值；α 是平滑系数；0≤α≤1。经过多次试算，当 α = 0.8 时，模型的平均绝对误差值最小，因此，作者选择 α = 0.8 对 2016 年的泰尔指数进行平滑，得到预测值为 0.1023，处于轻警区。

7.2.2 基于五大发展理念的综合指数监测预警

我们不仅可以使用单指标对中国的收入差距适度性进行监测预警，也可以构建多指标体系合成的综合指数来进行监测预警。综合指数监测预警的含义就是把经济活动作为一个整体来考察，在科学的经济预警理论指导下，使用一定的数据处理方法从一组综合指标体系中筛选出能够反映警情变化敏感性的警兆指标，然后运用一定的数理方法将其合成为一个综合性的指数，并运用该综合指数来对经济活动作出综合性的评价。该方法可以有效弥补单指标方法的缺陷。在基于"五大发展理念"的综合指数（指标体系）监测预警时，本书将使用前面提出的黄色预警方法进行预警，根据黄色预警方法中的统计预警系统和指数预警系统来进行预警。

本部分作者将使用前面所构建的基于"五大发展理念"的综合指标体系来进行中国收入差距适度性的预警系统研究。所谓预警系统就是为了预防风险的发生而在其发生之前设立的监测、预警系统，收入差距适度性预警系统就是为了预防收入差距不适度所带来的社会风险而专门构建的监测、预警和调控系统。有助于政府相关部门精确地把握由于收入差距不适度而引发的风险警情，并合理应对。因此，在本部分，作者根据上节所介绍的经济预警理论与预警方法，从明确警情、寻找警源、分析警兆、划分警限和预报警度等流程环节对中国收入差距的适度性构建预警系统。本书将从预测、预警和调控等方面来设立中国收入差距适度性的预警机制。本书将基于前面所介绍的经济预警体系设立的一般过程和方法，来建立中国收入差距适度性的预警系统和预警调控机制。

7.2.2.1 明确警义（或警情）

在研究中国收入差距适度性的预警机制时，警义或警情就是中国居民的收入差距是否存在过大或过小的风险（即监测居民的收入差距是否仍然在合理、适度的范围之内，仍然没有超出居民的承受力范围）。收入差距过小，过度平均分配，容易引起资源配置效率的恶化、劳动生产率下降的风险，不利于经济增长；收入差距过大，影响社会公平，一旦超出社会公众的心理承受力，就会有社会不稳定的风险。在当前背景下，尤其是应该监测收入差距过大的风险。警义或警情通常包括警度和警素两个方面，警度是警情的严重程度，警素是反映警情的指标。我们在研究收入差距的适度性时，可以像过去众多学者的研究那样，使用基尼系数或库兹涅茨拐点等单一指标来度量收入差距是否过大或过小、是否公平等。但是，基尼系数或库兹涅茨拐点等单一指标存在较多局限性，权衡（2008）、孙敬水和顾晶晶（2010）认为它们难以反映整体中各个个体，或者整体的各个构成部分（例如，在研究中国收入差距时，农村内部收入差距，城镇内部收入差距）以及整体各个构成部分之间（例如在研究中国收入差距时，城乡之间的收入差距）的收入差距大小，却只能简单地反映整体的收入分配差距的大小[①]，意味着基尼系数这些单一指标不能反映收入差距的来源。为克服基尼系数等单一指标的局限性，作者考虑构建综合指标体系作为测度指标。

7.2.2.2 寻找警源

当前中国收入差距适度性风险预警系统的构建，必须考虑现阶段中国特色社会主义新时代的基本国情、社会公众的心理承受力和发展理念。本书基于"五大发展理念"来构建收入差距适度性的风险预警系统，从"创新发展、协调发展、绿色发展、开放发展、共享发展"五个方面遴选出城乡收入比、义务教育普及率、每十万人高等教育学生人数和每万人拥有病床数等18个指标作为影响中国收入差距适度性的警源指标，指标的具体遴选理由和依据请见第4章，指标体系的具体构成及其情况说明如表7-8所示，各指标的统计数据来源于1997~2015年的历年《中国统计年鉴》。

表7-8　　基于五大发展理念的收入差距适度性综合评价警源指标体系

一级指标	二级指标	指标说明
共享发展	城乡收入比（X_1） 义务教育普及率（X_2） 每十万人高等教育学生人数（X_3） 每万人拥有病床数（X_4）	反映分配的公平程度 反映起点公平 反映教育公平 反映医疗公平

---

① 权衡. 收入流动与自由发展 [M]. 上海：上海三联书店出版社，2008（79）；孙敬水，顾晶晶. 行业收入差距监测预警研究——以浙江省为例 [J]. 财经论丛，2010（9）：6-11.

续表

一级指标	二级指标	指标说明
创新发展	R&D 投入占 GDP 比重（X_5） 人力资本投入（X_6） 每万人拥有专利数量（X_7）	反映创新能力来源 反映创新能力来源 反映创新成果
绿色发展	单位碳排放（X_8） 国家治理污染投入（X_9） 人均森林覆盖率（X_{10}）	反映污染控制 反映污染治理 反映环境保护
开放发展	外贸依存度（X_{11}） FDI 占 GDP 比重（X_{12}） 高新技术产品出口比重（X_{13}）	反映开放规模 反映开放规模 反映开放结构
协调发展	二三次产业就业人员比重（X_{14}） 消费投资比（X_{15}） 城镇化率（X_{16}） 社会保障覆盖率（X_{17}） 城镇登记失业率（X_{18}）	反映结构协调 反映总量协调 反映城乡协调 反映社会稳定 反映社会稳定

资料来源及相关情况说明：（1）根据"五大发展理念"的内涵和目标等设计遴选；（2）2013 年 9 月 9 日，中国首次向外公开了调查失业率的有关数据，在此之前，中国政府通常公布城镇登记失业率；（3）表 7-8 和表 4-1 的差异：为了将反映中国整体收入分配状况的基尼系数作为先导指标，此处将基尼系数从共享发展中删除，而在创新发展中加入"人力资本投入"，其他指标保持不变，总指标数仍然为 18 个。

7.2.2.3　分析警兆

分析警兆是整个收入差距适度性预警过程中最关键的一环，为了确保整个预警结果的可靠性，通常要求警兆指标的选取必须符合下述基本原则：首先，具有先导性，要求警兆指标在与警情指标相比时具有较好的超前性；其次，具有相关性，要求警兆指标和警情指标两者之间显著相关或者是具有较强的因果关系，警情指标的发生或者变化是由警兆指标直接或者间接变化所导致的；再其次，具有经济敏感性，要求警兆指标必须能够较好地反映当前中国收入差距变化的真实情况或者由其引发的社会问题；最后，具有较好的可操作性和可得性，要求警兆指标的数据必须易于获得，且准确客观。

依据上述基本原则，本书从表 7-8 中的 18 个警源指标中甄别最能反映收入差距过大或过小的风险警情变化的警兆指标。考虑到时差相关分析法在经济预警甄选警兆指标方面具有的一些优点，如精确性高、简单易行、便于操作、结果可靠等，因此，本书在研究过程中使用时差相关分析方法来确定警兆指标。

在经济预警的研究过程中，从警源指标中甄选先行（先导）指标、一致（同步）指标或滞后指标时，时差相关分析法被经常采用，该方法是利用变量之间的相关系数来验证两组时间序列变量之间的先行（先导）、一致（同步）或滞后关系的方法（王培暄、刘芳，2017）[①]。时差相关分析法的基本原理如下：第一步选择一个能够反映当前经济活动的敏感指标作为基准指标，常用的做法是选择一致（同步）指标作为基准指标；第二步，再将其他被选择的指标相对基准指标滞后或超前 n 期；第三步，计算滞后或超前指标和基准指标之间的相关时差系数；第四步，比较不同时差或延迟数的相关系数并选择。在选择警兆指标的时候，通常要求计算多个不同时差或延迟数的相关系数，然后将它们相互进行比较，被选指标与基准指标的时差相关关系一般由最大的时差相关系数来反映，因此，最大的相关系数对应的延迟数就是该指标延迟或超前的期数。

假设指标 y 为基准指标，$y = \{y_1, y_2, \cdots, y_n\}$；而指标 x 是被选择指标，$x = \{x_1, x_2, \cdots, x_n\}$；指标 x 和指标 y 都是时间系列；$r_l$ 为时差相关系数，则 r_l 可以由式（7-3）计算出来：

$$r_l = \frac{\sum_{t=t'}^{nl}(x_{t+l} - \overline{x_t})(y_t - \overline{y})}{\sqrt{\sum_{t=t'}^{nl}(x_{t+l} - \overline{x_t})^2 \sum_{t=t'}^{nl}(y_t - \overline{y})^2}} \qquad (7-3)$$

其中，$l = 0, \pm 1, \pm 2, \cdots, \pm L$；$t' = \begin{cases} 1, & l \geq 0 \\ 1-l, & l < 0 \end{cases}$；$r_{l'} = \max_{-l < l' < l}(r_l)$。l 是时差或延迟数，其表示相应指标的滞后期数或者是超前期数：①当 l 取正数值的时候，意味着相对于基准时间系列指标 y 而言，时间系列指标 x 是滞后指标；②当 l 取负数值的时候，意味着相对于基准时间系列指标 y 而言，时间系列指标 x 是先行（先导）指标。nl 则表示数据取齐后的数据个数。L 则表示最大时差数或延迟数。$r_{l'}$ 为最大的时差相关系数。l' 为最大的时差相关系数对应的延迟数。另外，对变量之间的时差相关系数分析，当两个时间系列变量都表现出很

---

① 王培暄，刘芳. 江苏省居民收入差距的预警系统及控制机制 [J]. 苏州大学学报：哲学社会科学版，2017 (2)：113-119.

强的趋势时，计算出来所有延迟数的时差相关系数都大，表明时间序列数据之间的滞后或者超前关系不明显，这时为了消除两个变量的各自趋势，需要通过适当的变量变换来使得变量之间的滞后或者超前关系变得更明显。

在统计学中，先行（先导）指标和滞后指标之间通常是一种因果关系，先行（先导）指标是滞后指标出现的原因，而滞后指标是先行（先导）指标出现的结果。因此，在经济预警理论中，具有先行（先导）功能的指标通常被作为警兆指标，以体现警兆指标（事件的原因）对警情的超前监测功能。在此基础上，再将先行（先导）指标通过一定的方法合成综合预警系统。作者借鉴这种处理方式，使用1997~2015年的相关统计数据，运用时差相关分析法，从表7-8中的18个警源指标中来挑选对中国收入差距具有表征功能的警兆指标。

根据经济预警理论的要求，基准指标要有较强的预警能力，能够比较敏感地反映当前经济活动，且经济性质具备明确、肯定的先行关系的指标来充当。根据这些要求，本书选择了能够比较敏感地反映全国居民收入分配状况变化的基尼系数作为基准指标，为了和表7-8中的警源指标相匹配，笔者使用1997~2015年全国居民的基尼系数来做时差相关系数分析。笔者使用MATLAB软件，根据前面所介绍时差相关分析法的基本原理和计算程序，计算出基准指标基尼系数和表7-8中的18个警源指标之间的前后3年时差相关系数，具体计算结果如表7-9所示。在选择不同时差或延迟数的相关系数时，不需要考虑系数符号的正负，通常只要求有效时差相关系数>0.5，但是要求选取绝对值最大的时差相关系数。在判断一个指标是滞后指标还是先行（先导）指标时依据以下标准：在指标延迟期计算出来的指标对应的相关系数是最大的，则该指标就应该被归类为滞后指标；在指标超前期计算出来的指标对应的相关系数是最大的，则该指标应该就被归类为先行（先导）指标，具体归类情况如表7-9所示。

表7-9 18个警源指标相对于基准指标基尼系数的归类情况

指标归类	警源指标	先导强度	先导长度
先行（先导）指标	义务教育普及率（X_2）	-0.6918	-2
	每万人拥有病床数（X_4）	-0.7845	-2
	R&D 投入占 GDP 比重（X_5）	0.5948	-2
	人力资本投入（X_6）	0.6439	-2

指标归类	警源指标	先导强度	先导长度
先行（先导）指标	单位碳排放（X_8）	0.2967	-3
	外贸依存度（X_{11}）	0.6875	-1
	消费投资比（X_{15}）	-0.7634	-2
	城镇化率（X_{16}）	-0.9276	-3
一致（同步）指标	城乡收入比（X_1）	0.7247	0
	社会保障覆盖率（X_{17}）	-0.7387	0
滞后指标	每十万人高等教育人数（X_3）	0.8841	2
	每万人拥有专利数量（X_7）	0.9883	3
	国家治理污染投入（X_9）	-0.6752	3
	人均森林覆盖率（X_{10}）	-0.8897	2
	FDI 占 GDP 比重（X_{12}）	-0.9179	2
	高新技术产品出口比重（X_{13}）	-0.8326	2
	第二三产业就业人员比重（X_{14}）	-0.9742	3
	城镇登记失业率（X_{18}）	0.9575	1

资料来源：由作者使用 MATLAB 软件计算所得。

7.2.2.4 中国收入差距适度性的综合预警指数的合成

笔者根据第 4 章所介绍的因子分析方法运用 Spss 22.0 软件对 1997～2015 年中国的相关指标的时间序列数据进行因子分析，以便于对那些比较复杂多变的问题进行降维处理，从而分析出可以解释这些问题的因子。

1. 变量的 KMO 检验和 Bartlett 检验

笔者首先运用 Spss 22.0 软件将表 7-9 中的先导指标全部进行因子分析检验（与 topsis 方法不同的是，当使用 SPSS 软件进行因子分析，SPSS 软件会自动将指标数据进行标准化处理），经过多次检验，结果发现此矩阵不是正定矩阵。因此，作者最终从 8 个先行（先导）指标确定了其中 7 个先行指标进行因子分析。这 7 个被确定的先行指标依次如下：义务教育普及率（X2）、每万人拥有病床数（X4）、R&D 投入占 GDP 比重（X5）、人力资本投入（X6）、外贸依存度（X11）、消费投资比（X15）和城镇化率（X16）。

如第 4 章所述，当我们在因子分析过程中，判断该变量是否适合做因子分析时，需要对变量间的相关性进行 KMO 检验和 Bartlett 检验，若变量间为弱相关，则不适合做因子分析。利用 KMO 检验变量间的偏相关性，当 KMO 超过 0.6 的标准，Bartlett 检验结果显著时，则适合做因子分析。作者使用 1997 ~ 2015 年的时间系列数据进行检验，KMO 检验结果大于 0.6 的标准，Bartlett 球形检验结果的相伴概率为 0.001，拒绝 Bartlett 零假设，可以判断相关系数矩阵不是一个单位阵，即选取的指标数据适合做因子分析，检验结果如表 7 - 10 所示。

表 7 - 10　　　　1997 ~ 2015 年时间系列数据的 KMO 检验和 Bartlett 检验结果

KMO 度量		0.631
Bartlett 球形检验	近似卡方	48.452
	df	23
	Sig.	0.001

资料来源：由 Spss22.0 软件计算的结果整理所得。

2. 公共因子的提取

运用因子分析法，提取前 m 个特征值大于 1 的公共因子，并且以累计方差贡献率大于 80% 为标准。作者对 1997 ~ 2015 年的时间系列数据运用该方法提取的前 3 个公因子能够解释说明变量，而其他公因子的影响较小，可不予比较。根据表 7 - 11 可得，1997 ~ 2015 年提取了前 3 个特征值大于 1 的公共因子，累计方差贡献率达 91.614% 以上（当提取前 2 个特征值时，旋转平方和载入方差累积贡献率为 63.5%；提取平方和载入方差累积贡献率为 75.7%，都低于 80% 的标准），因此提取前 3 个公共因子可以满足分析要求，各个变量的信息损失较少，这 3 个公共因子解释效果较为理想，解释率达到 91.614%。

3. 公共因子得分的计算

需要对被确定的 7 个先行指标的 1997 ~ 2015 年数据因子载荷矩阵采取 Kaiser 标准化的正交旋转法。尽管各指标体系的因子载荷量有所差别，但因子载荷量的不同对各公共因子的细化和解释并不会产生影响。作者使用回归法来计算上一步所提取的 3 个公共因子的得分系数，下一步计算三个公共因子得分计算公式所赋予 7 个先行指标的权重由成分得分系数矩阵（见表 7 - 12）给出。

表 7 – 11   7 个先行指标因子分析的特征值和总方差贡献率

成分	初始特征值			提取平方和载入			旋转平方和载入		
	合计	方差的贡献率（%）	累积贡献率（%）	合计	方差的贡献率（%）	累积贡献率（%）	合计	方差的贡献率（%）	累积贡献率（%）
1	3.398	48.543	48.543	3.398	48.543	48.543	2.256	32.229	32.229
2	1.901	27.157	75.7	1.901	27.157	75.7	2.189	31.271	63.5
3	1.114	15.914	91.614	1.114	15.914	91.614	1.968	28.114	91.614
4	0.235	3.357	94.971						
5	0.188	2.686	97.657						
6	0.105	1.5	99.157						
7	0.059	0.843	100						

资料来源：由 Spss 22.0 软件计算的结果整理所得。

表 7 – 12   各指标因子得分系数矩阵

指标	成分		
	1	2	3
义务教育普及率（Z1）	0.128	0.119	0.261
每万人拥有病床数（Z2）	0.427	-0.997	-0.106
R&D 投入占 GDP 比重（Z3）	0.138	0.071	0.317
人力资本投入（Z4）	-0.089	-0.198	0.697
外贸依存度（Z5）	0.427	-0.091	0.008
消费投资比（Z6）	-0.007	0.481	-0.199
城镇化率（Z7）	0.218	-0.498	0.151

注：此表中为 Spss 22.0 软件自动将指标数据进行标准化处理后的数值，Z1、Z2、Z3、Z4、Z5、Z6、Z7 为经过 Spss 22.0 软件标准化后的原始数据。

7.2.2.5 中国收入差距预警系统的构建

基于以上分析，作者利用 Spss 22.0 软件得出的因子载荷量，进一步分析各变量的综合水平，运用因子分析法对数据进行线性回归，根据表 7 – 12 中的因子得分系数矩阵计算出三个公共因子得分函数，计算三个公共因子得分函数的具体步骤和结果如下。

$$F_1 = 0.128(Z1) + 0.427(Z2) + 0.138(Z3) - 0.089(Z4) + 0.427(Z5)$$
$$- 0.007(Z6) + 0.218(Z7)$$

$$F_2 = 0.119(Z1) - 0.997(Z2) + 0.071(Z3) - 0.198(Z4) - 0.091(Z5)$$
$$+ 0.481(Z6) - 0.498(Z7)$$

$$F_3 = 0.261(Z1) - 0.106(Z2) + 0.317(Z3) + 0.697(Z4) + 0.008(Z5)$$
$$- 0.199(Z6) + 0.151(Z7)$$

根据三个公共因子旋转平方和载入方差的贡献率为权重来计算综合因子得分函数 F，可得到式（7-4）：

$$F = \frac{(32.229\%) \times F_1 + (31.271\%) \times F_2 + (28.114\%) \times F_3}{91.614\%} \quad (7-4)$$

将三个公共因子得分函数 F_1、F_2 和 F_3 代入因子综合得分函数 F，计算后可得到式（7-5）：

$$F = 0.1598(Z1) + 0.0989(Z2) + 0.1711(Z3) + 0.0662(Z4)$$
$$+ 0.1316(Z5) + 0.1201(Z6) - 0.0597(Z7) \quad (7-5)$$

使用 Spss 22.0 软件计算出公共因子 F_1、F_2 和 F_3 的得分，然后代入综合因子得分函数 F，计算出 1997~2015 年各年的综合因子的分值，即为各年的综合警度值，计算结果如表 7-13 所示。

表 7-13　　　　　　　F_1、F_2、F_3 和 F 的各自得分

年份	F_1	F_2	F_3	F（综合警度值）
1997	-2.01235	-0.57917	0.21432	-0.9924
1998	0.90124	0.61583	-0.498021	0.4942
1999	-1.18647	-0.29979	-0.90012	-0.7856
2000	-0.71258	-0.47584	0.28786	-0.3891
2001	-1.86215	-0.70215	0.22756	-0.7473
2002	0.24729	-1.15792	-1.10341	-0.4785
2003	0.58752	0.68976	-0.45781	0.5761
2004	0.59342	0.66241	-0.48951	0.4976
2005	-1.69785	-0.67912	0.17012	-0.8786
2006	-0.73124	-0.50012	0.41021	-0.3598
2007	0.65132	0.56895	-0.46978	0.5205

年份	F_1	F_2	F_3	F（综合警度值）
2008	−0.20987	1.30112	1.02998	0.6451
2009	0.78315	0.68714	−0.26572	0.6347
2010	0.75892	1.10204	−0.38765	0.5554
2011	0.90102	0.59781	−0.49257	0.4945
2012	−1.10056	−0.29378	−0.79981	−0.6878
2013	0.37756	−0.62134	2.31278	0.4816
2014	1.59971	−1.10245	−0.13257	0.2604
2015	0.16773	−1.4329	−1.00271	−0.6987

资料来源：由 Spss 22.0 软件计算的结果整理所得。

7.2.2.6　划分警限

科学、合理地划分警限，有助于我们对中国收入差距的适度性的变动趋势作出准确的预判，会影响我们所构建的中国收入差距预警机制能否准确、客观地反映中国收入差距真实演变状况。笔者同样根据前面所提出的误差理论中的 3 倍标准差法来划分警限，作者将中国收入差距按综合预警指数（及依据其计算出来的均值和方差）划分的具体警限区间总结在表 7 - 14 中。

表 7 - 14　　　　中国收入差距适度性警限区间及对应的预警信号

预警状态	预警区间	预警信号
无警	$(-\infty, \mu-3\sigma)$ $(-\infty, -1.8112)$	蓝灯区
轻警	$[\mu-3\sigma, \mu-\sigma)$ $[-1.8112, -0.6235)$	浅蓝灯区
中警	$[\mu-\sigma, \mu+\sigma)$ $[-0.6235, 0.6235)$	绿灯区
重警	$[\mu+\sigma, \mu+3\sigma)$ $[0.6235, 1.8164)$	黄灯区
巨警	$[\mu+3\sigma, +\infty)$ $[1.8164, +\infty)$	红灯区

资料来源：由 Spss 22.0 软件计算的结果整理所得。

7.2.2.7　预报警度及结果分析

作者结合表 7 - 13 中 1997 ~ 2015 年各年的综合预警指数 F 和表 7 - 14 中的无警、轻警、中警、重警、巨警各自的预警区间和信号，计算出 1997 ~ 2015 年中国每一年的预警信号灯和监测结果，具体情况如表 7 - 15 所示。

表 7 - 15　　　　　　1997 ~ 2015 年中国收入差距适度性的各年的
综合警度值及监测结果

年份	综合警度值（F）	信号	监测结果
1997	- 0.9924	浅蓝灯区	轻警
1998	0.4942	绿灯区	中警
1999	- 0.7856	浅蓝灯区	轻警
2000	- 0.3891	绿灯区	中警
2001	- 0.7473	浅蓝灯区	轻警
2002	- 0.4785	绿灯区	中警
2003	0.5761	绿灯区	中警
2004	0.4976	绿灯区	中警
2005	- 0.8786	浅蓝灯区	轻警
2006	- 0.3598	绿灯区	中警
2007	0.5205	绿灯区	中警
2008	0.6451	黄灯区	重警
2009	0.6347	黄灯区	重警
2010	0.5554	绿灯区	中警
2011	0.4945	绿灯区	中警
2012	- 0.6878	浅蓝灯区	轻警
2013	0.4816	绿灯区	中警
2014	0.2604	绿灯区	中警
2015	- 0.6987	浅蓝灯区	轻警

资料来源：综合警度值数据来自表 7 - 13；信号和监测结果，根据表 7 - 14 得出。

观察表 7 - 15 的测算结果可以发现，1997 ~ 2015 年，中国居民的收入差距适度性的综合警度值监测结果都处于轻警警限、中警警限、重警警限三个预警区间内，没有处于无警和巨警的预警区间的年份。在 1997 ~ 2015 年的19 年，除了 1997 年、1999 年、2001 年、2005 年、2012 年和 2015 年这 6 年的预警监测结果处于轻警区间外，在 2008 年和 2009 年曾经短暂进入重警区间，而另外的 11 年则全部处于中警区间，表明目前中国的收入差距整体上处于中警区，尚处于可控范围之内。但是，不容忽视的是，由于多种因素的影响，在此期间中国收入差距整体上已经处于比较高的水平，应该引起政府的足够重视，采取相应措施来预防收入差距的进一步扩大，以避免中国收入差距的适度性再次跌入重警区间，甚至是进入巨警区间，超出了人们的主观心理承受力的范围，可能会引发较严重的社会问题。如果从综合警度值来看，自 2008 年、2009 年以来，中国收入差距预警的综合警度值整体呈现下降趋势，表明自 2008 年、2009 年之后，中国经济形势的新变化，如经济增长逐渐从高速增长转变为中高速增长，进入新常态；中国政府采取的"调节结构、稳增长"，供给侧结构性改革，推动城市化进程的加速等一系列政策措施；以及在收入分配方面采取的"限高提低"、收入倍增计划、增加农村的教育医疗养老等社会保障的覆盖率、在农村的精准扶贫等措施初步见成效，缓解甚至逆转了中国收入差距自改革开放以来前 30 年持续扩大的趋势。

7.2.3　中国收入差距适度性的综合警度拟合预测

在构建收入差距的预警系统时，防患于未然，就需要依据收入差距的过去运行状况与综合警度对收入差距的未来可能变动与综合警度作出预测与预报，而选择一个恰当的预测模型会影响预测结果的精确性。考虑到本书的样本容量不大，并结合已有相关文献，作者决定借鉴孙敬水和顾晶晶（2010）、王全意[①]（2011）、李江南和陈彤[②]（2014）在此方面的相关研究成果，决定采用灰色预测 GM（1，1）模型（Grey Mode1）来进行预测。

灰色系统理论是我国学者邓聚龙等于 20 世纪 80 年代提出的，灰色系统是指相对于一定的认识层次，系统内部的信息部分已知，部分未知，即信息不完全的系统。灰色系统理论认为，由于各种环境因素对系统的影响，使得表现系统行为特征的离散数据呈现出离乱，但是这一无规的离散数列是潜在的有规序列的一种表现，系统总是有其整体功能，也就必然蕴含着某种内在

[①] 王全意. 重庆直辖以来城乡居民收入差距变化趋势预测——基于灰色模型 GM（1，1）的实证分析 [J]. 重庆理工大学学报（社会科学），2011（1）：45–50.

[②] 李江南和陈彤. 新疆城乡居民收入差距预测与预警机制的设立 [J]. 新疆农业科学，2014，51（2）：356–362.

规律。因而任何随机过程都可看作在一定时空区域变化的灰色过程，随机量可看作灰色量，通过生成变换可将无规序列变成有规序列。

作为灰色系统理论核心和基础的灰色模型（Grey Model，GM），该模型概括而言具有以下三个特点：（1）建模所需信息较少，通常只要有四个以上数据即可建模；（2）不必知道原始数据分布的先验特征，对无规或不服从任何分布的任意光滑离散的原始序列，通过有限次的生成即可转化成为有规序列；（3）建模的精度较高，可保持原系统的特征，能较好地反映系统的实际状况。

灰色模型预测建模和求解过程如下：

$$\hat{Y} = (\hat{Y}(1), \hat{Y}(2), \cdots, \hat{Y}(n))$$

$$\hat{K} = (\hat{K}(1), \hat{K}(2), \cdots, \hat{K}(n))$$

$$\hat{L} = (\hat{L}(1), \hat{L}(2), \cdots, \hat{L}(n))$$

GM(1, 1) 对模拟值 $\hat{Y}$、$\hat{K}$、$\hat{L}$ 求解过程。

GM(1, 1) 模型为：

$$x^{(0)}(k) + az^{(1)}(k) = b \qquad (7-6)$$

则其白化方程为：

$$\frac{dx^{(1)}}{dt} + ax^{(1)} = b \qquad (7-7)$$

其中：$x^{(0)}(k)$ 是原生数据（观察值）的第 k 个数据，$k = 1, 2, 3, \cdots, n$，$x^{(1)}(k)$ 是原生数据（观察值）的一次累加数据，即 $x^{(1)}(k) = \sum_{i=1}^{k} x^{(0)}(i)$，$k = 1, 2, 3, \cdots, n$，$z^{(1)}(k)$ 是一次累加数据的均值数据，即 $z^{(1)}(k) = \frac{1}{2}[x^{(1)}(k) + x^{(1)}(k-1)]$，$k = 2, 3, \cdots, n$。通过以上数据，运用 (7-2) 式进行回归，求出回归系数 a 和 b，即：

$$a = \frac{\sum_{k=2}^{n} z^{(1)}(k) \times \sum_{k=2}^{n} x^{(0)}(k) - (n-1)\sum_{k=2}^{n} z^{(1)}(k)x^{(0)}(k)}{(n-1)\sum_{k=2}^{n} (z^{(1)}(k))^2 - \left(\sum_{k=2}^{n} z^{(1)}(k)\right)^2} \qquad (7-8)$$

$$b = \frac{\sum\limits_{k=2}^{n}(z^{(1)}(k))^2 \times \sum\limits_{k=2}^{n}x^{(0)}(k) - \sum\limits_{k=2}^{n}z^{(1)}(k) \times \sum\limits_{k=2}^{n}z^{(1)}(k)x^{(0)}(k)}{(n-1)\sum\limits_{k=2}^{n}(z^{(1)}(k))^2 - \left(\sum\limits_{k=2}^{n}z^{(1)}(k)\right)^2} \quad (7-9)$$

然后计算时间响应方程,做预测有:

$$\hat{x}^{(1)}(k) = \left[x^{(1)}(0) - \frac{b}{a}\right]e^{-a(k-1)} + \frac{b}{a}, k = 1,2,3,\cdots,n \quad (7-10)$$

其中,a 被称为"发展灰度";b 被称为"内生控制灰度"。然后通过数据还原,得到原生数据(观察值)的预测值,即:

$$\hat{x}^{(0)}(k) = \hat{x}^{(1)}(k) - \hat{x}^{(1)}(k-1), \quad k = 2,3,\cdots,n \quad (7-11)$$

$$\hat{x}^{(0)}(k) = \hat{x}^{(0)}(1), \quad k = 1 \quad (7-12)$$

在通过 GM 模型得到预测值后,为判断预测结果是否可靠,需要对模型做残差检验,即 GM(1,1) 模型的预测精确度检验(Gray model prediction accuracy test),具体情况如表 7-16 所示。

表 7-16   灰色模型预测精确度检验相关参数[①]

检验指标	优	良	合格	不合格
模型精确度 P	>0.95	>0.80	>0.7	≤0.70
后验参数[②]C	<0.35	<0.45	>0.55	≥0.65

注:①即为 Gray model prediction accuracy test References
②即为 Posterior References C
资料来源:邓聚龙. 灰色预测与决策 [M]. 武汉:华中理工大学出版社,1988.

使用 MATLAB 软件对中国收入差距适度性的综合警度值构建灰色 GM(1,1) 模型,并对样本外的 2016 年、2017 年的综合警度值进行模拟预测。通过 MATLAB 软件的运算,计算出"发展灰度" a = -0.015,"内生控制灰度" b = 2.8524,作者可以得到 GM(1,1) 模型的时间响应函数为:

$$\hat{x}^{(1)}(k) = 188.415e^{0.015k} - 186.658 \quad (k = 2,3,\cdots,n) \quad (7-13)$$

作者对灰色模型预测精确度进行相应检验,发现模型精确度概率 P = 98.83%,残差后验参数 C = 0.1157 < 0.35,对照表 7-16,GM(1,1) 模型预测精确度为优,拟合度较好,适合对中国收入差距适度性的综合警度进行

预测。然后对式（7 - 13）进行累加还原，可以得到样本外的 2016 年、2017
年的综合警度拟合预测值分别为：0. 2531、0. 2468。

　　将 2016 年、2017 年的综合警度拟合预测值和表 7 - 14 中的中国收入差
距适度性的警限区间及对应的预警信号进行比对，可以发现 2016 年、2017
年中国的收入差距还将处于"中警区"，依然会处于收入差距较大的"绿灯
区"，并且这种状况在未来若干年仍然有可能持续下去。因此，在未来若干
年内，政府仍需要高度关注中国收入差距的变动状况，并采取切实可行之政
策措施以防收入差距的重新扩大和阶层利益固化危及社会的稳定性，并影响
改革开放的深入进行。则必须尽快构建中国收入差距的预警响应和调控机制，
以将中国收入差距调控到轻警（蓝灯区）、甚至是无警（浅蓝灯区）状态
之下。

7. 2. 4　中国收入差距适度性预警的响应和调控机制

7. 2. 4. 1　收入差距适度性预警的响应机制

　　经过前面的测算结果我们知道，在 1997 ~ 2015 年这 19 年，中国居民的
收入差距的综合警度值有 6 年处于浅蓝灯区的轻警状态、有 11 年处于绿灯区
中警状态、有 2 年处于黄灯区的重警状态，尚没有出现浅蓝灯区的无警和红
灯区的巨警状态的年份，又通过灰色 GM（1，1）模型预测 2016 年、2017 年
两年仍将处于绿灯区的中警状态。针对这种预警结果，笔者提出以下预警响
应机制。

　　1. 综合预警值在浅蓝灯区时，需微调

　　当测度的综合预警值处于浅蓝灯区时，说明收入差距适度性处于轻警状
态，居民收入差距与经济社会发展的协调出现了轻微的偏离趋势，需要对收
入分配进行微调，根据综合指标的向下或向上偏离趋势进行反向调节，以确
保收入分配差距不会进一步偏离正常轨道，进入绿灯中警区。

　　2. 综合预警值在绿灯区时，需要措施得力

　　当测度的综合预警值处于绿灯区时，说明收入差距适度性处于中警状态，
居民收入差距与经济社会发展的协调出现了较大的偏离，就需要对综合指标
体系中各项分项指标进行深入分析，找出收入差距适度性出现较大偏离的根
源，然后对症下药，采取得力措施进行调控，极力避免收入分配差距进一步

恶化,进入黄灯重警区。

3. 综合预警值在黄灯区时,需要多管齐下

当测度的综合预警值处于黄灯区时,说明收入差距适度性处于重警状态,居民收入差距与经济社会发展的协调出现了严重的偏离,显得很不协调。一旦收入分配出现这种状况,就应该引起政府的高度警觉,应该多管齐下、多措并举对收入分配进行调节和干预,全力避免收入分配差距进一步恶化,进入危险的红灯巨警区,促进居民收入分配差距重回与经济社会协调发展的健康轨道。

具体而言,应该通过以下收入差距适度性预警的调控机制来实施。

7. 2. 4. 2 收入差距适度性预警的调控机制

收入差距预警的调控机制运行原理如下:在经济预警理论中,先行(先导)指标中的警兆指标(或其代表的同类经济因素)和基准指标(或其代表的同类经济因素)之间通常是一种因果关系,警兆指标是基准指标出现的原因。在本书中,基准指标是全国收入差距的基尼系数(代表全国整体收入差距的变动状况),警兆指标所代表的影响因素是全国收入差距的基尼系数(代表全国整体收入差距的变动状况)演变的根源。那么通过对这些指标所代表的影响因素进行实时调节和控制,就可以调控全国收入差距的基尼系数(代表全国整体收入差距的变动状况),因此,后面将围绕义务教育普及率(X2)、每万人拥有病床数(X4)、研发(R&D)投入占 GDP 比重(X5)、人力资本投入(X6)、外贸依存度(X11)、消费投资比(X15)和城镇化率(X16)这七个警兆指标及其代表的同类经济因素来分析中国的收入差距适度性预警的调控机制。但是,需要注意的是,在经济预警分析时,先行(先导)指标和警兆指标会随着经济环境、地域和时间的变化而发生变化,预警系统测算出来的警源指标相对于基准指标的先导强度、先导长度和正负号都会有较大差异。因此,经济预警调控机制的调控方向、调控强度和调控内容会随着经济环境、地域和时间的变化而相应地发生变化,但是经济预警调控机制的运行原理却不会发生变化,具有普遍适用性。为了展示预警调控机制的一般使用方法,笔者在此处仅围绕前面监测出的 1997～2015 年的 7 个警兆指标提出调控对策。

1. 大力强化免费义务教育的普及率,减少收入分配起点的机会不公平

根据表 7-9 汇报的测算结果,义务教育普及率(X2)指标的先导强度

为 - 0.6918，符号为负，强度中等（0.3 < 先导强度绝对值 < 0.7）。表明义务教育普及率和基准指标基尼系数呈现出中等强度的负相关，随着义务教育普及率的提升，居民的收入差距会缩小。教育和收入差距之间关系密切，一般而言教育和个人的收入水平正相关，随着个人教育水平的提高，其平均收入水平也会提升。但是，义务教育普及率的提升，有利于扩大教育机会均等，而均等的教育机会却可以改善整个社会的收入公平程度。尤其是义务教育，具有很强的公共物品的性质，具有很强的正外部性，义务教育的普及，可以大幅减少收入分配的起点的机会不公平。贝克尔（Becker，1966）[①]，格雷戈里奥和李（Gregorio and Lee，2002）[②] 等的研究都证实教育程度的提升有缩减收入差距的效应，公平的教育机会可以改善收入分配的恶化；拉维库马尔（Ravikumar，2001）[③] 的研究则发现公共教育会使收入差距缩减得更快，当一国或地区绝大多数居民的收入水平低于平均收入水平，收入差距过大时，选择公共教育体制会对减小收入差距更有利。因此，当前中国政府应该加大对义务教育的转移支付，大力强化免费义务教育的普及率，努力将目前只涵盖小学、初中的九年义务教育改为涵盖整个小学、初中和高中的 12 年义务教育。

2. 增加政府对医疗等公共服务的投入，完善社会保障体系

根据表 7 - 9 汇报的测算结果，每万人拥有病床数（X4）指标的先导强度为 - 0.7845，符号为负，强度高（先导强度绝对值大于 0.7）。说明每万人拥有病床数和基准指标基尼系数呈现出高等强度的负相关，随着政府对医疗等公共服务的投入越大，社会保障体系越完善，收入分配差距越小，表明政府对医疗等公共服务和社会保障等民生方面的加大投入可以有效减缓收入分配差距。

近年来，中国政府逐渐加大对医疗等公共服务和社会保障等投入力度，根据《人民日报》的统计数据，中国的社保覆盖范围从 2012 ~ 2016 年连续 5 年在扩大，到 2016 年底，全国的生育保险参保人数达 1.85 亿人，工伤保险

---

① Becker, G. S. B. R. Chiswick. Education and the Distribution of Earnings [J]. American Economic Review, 1966 (56).

② Gregorio, J. D. Lee, J. W. Education and Income Distribution: New Evidence From Cross-country Data [J]. Review of Income and Wealth, 2002 (48).

③ B. Ravikumar Gerhard Glomm. Human Capital Accumulation and Endogenous Public Expenditures [J]. Canadian Journal of Economics, Canadian Economics Association, 2001, 34 (3).

参保人数达 2.19 亿人，失业保险参保人数达 1.81 亿人，基本养老保险参保人数达 8.88 亿人，而城乡居民基本医疗保险参保人数更是超过 13 亿人，覆盖人数已经占全国总人口数量的 95% 以上，全民医保制度框架已经初步建立，并建成了全球最大的医保网。全国超过 10 亿的城乡居民受惠于大病医疗保险，国家政策规定的大病医疗保险支付比例不低于 50%[①]，大大改善了普通家庭因病致贫的情况。此外，社会保障的便捷性和公平性也得到了显著的提升，将过去长期存在的企业和机关事业单位的养老保险双轨制（机关事业单位的养老保险金远高于企业的养老保险金）进行了并轨，已经初步建立了全国统一的城乡居民基本养老保险制度，并且将过去长期分离两条线的城乡居民基本医疗保险制度进行了整合。这一系列措施有力地缓解了近年来中国的收入差距，使得中国收入差距在 2008 年、2009 年后出现逐渐减缓的趋势。今后，政府还需要进一步加大在这方面的投入。

3. 在研发投入方面，增加对劳动密集型技术研发投入力度

根据表 7-9 汇报的测算结果，R&D 投入占 GDP 比重（X5）指标的先导强度为 0.5948，符号为正，强度中等（0.3 < 先导强度绝对值 < 0.7）。说明 R&D 投入占 GDP 比重和基准指标基尼系数呈现出中等强度的正相关，显示出 R&D 投入增加时，居民收入分配差距扩大。研发投入是科技创新的主要来源，是推动科技进步的主要动力，其主要通过科技进步来影响收入分配差距。科技进步对收入分配的影响比较复杂，国内外诸多学者对科技进步影响收入分配差距作用机理进行了深入探讨，尽管结论有分歧，但多数研究都证实 R&D 投入的增加和科技进步会拉大收入分配差距，例如罗序斌（2011）、李斌（2012）和余菊（2014）等的研究都发现科技进步和收入差距正相关，技术进步是造成收入差距扩大的重要原因。但是技术进步可以分为劳动密集型技术进步、节约劳动型技术进步和技能偏向型技术进步，节约劳动型科技进步和技能偏向型技术进步会通过就业排挤效应扩大收入差距；而劳动密集型技术进步则不会产生就业排挤效应而扩大收入差距。因此，考虑到当前中国劳动力资源禀赋相对较为丰富，并且劳动力技能普遍偏低的现实情况，国家在研发投入方向上应该适当向劳动密集型技术进步倾斜，增加对劳动密集型技术进步的投入力度，以实现技术进步和中国的劳动力技能、劳动力禀赋相匹配，并抑制因为节约劳动型科技进步和技能偏向型技术进步导致失业的大

[①] 资料来源：人民日报 2017 年 10 月 05 日。

幅增加，并进而导致收入差距的扩大。

4. 强化人力资本的均衡投入，增加向农村和中西部等落后地区人力资本投入力度

　　根据表 7-9 汇报的测算结果，人力资本投入（X6）指标的先导强度为0.6439，符号为正，强度中等（0.3＜先导强度绝对值＜0.7）。人力资本投入和基准指标基尼系数呈现出中等强度的正相关，显示出人力资本投入增加时，居民收入分配差距扩大。人力资本投入对收入分配差距的影响是经济学重要议题之一，美国经济学家舒尔茨（Schultz）首次全面阐述人力资本理论。现代经济学通常认为人力资本是对劳动力质量的反映，杨建芳，龚六堂，张庆华（2006）认为人力资本是在劳动力身上凝聚的具有一定经济价值的能力、知识、技术等素质构成[1]。而贝克尔（Becker，1962）则首次将教育、在职培训、迁移、健康等看作人力资本投入的主要形式。在实证研究中，有关人力资本投入究竟是扩大了还是缩小了收入分配差距，理论界并没有取得一致意见。但很多研究都证实受到更好的教育、接受更多培训等人力资本投入的劳动力收入会远高于普通劳动力的收入水平，倾向于扩大两者之间的收入差距，如墨菲和韦尔奇（Murphy and Welch，1993）[2]、张车伟[3]（2006）、刘生龙[4]（2008）等持此观点。由于人力资本投入存在边际报酬递减，因此，富有的人群和地区倾向增加人力资本投入，投入回报会使得其更富有；而贫穷的人群和地区因投入成本的增加倾向减少人力资本投入，投入的减少会使得其持续贫穷。当前中国人力资本投入分布极度不均衡，主要集中在大城市以及东部沿海发达地区；相反广大农村地区、中西部地区人力资本投入甚少，人力资本投入的这种非均衡分布，拉大了城乡之间、东部与中西部地区之间的收入分配差距。要抑制当前的这种收入分配差距，就要增加向农村和中西部等落后地区人力资本投入力度，提高农村和中西部等落后地区教育和培训的水平和质量，才能改善中国当前城乡之间、地区之间的收入分配状况。

---

　　① 杨建芳，龚六堂，张庆华. 人力资本形成及其对经济增长的影响——一个包含教育和健康投入的内生增长模型及其检验［J］. 管理世界，2006（5）.

　　② Murphy K. M. Welch F. Occupational Change and the Demand for Skill，1940-1990［J］. American Economic Review Papers and Proceedings，1993，83（2）.

　　③ 张车伟. 人力资本回报率变化与收入差距："马太效应"及其政策含义［J］. 经济研究，2006（12）：59-71.

　　④ 刘生龙. 教育和经验对中国居民收入的影响——基于分位数回归和审查分位数回归的实证研究［J］. 数量经济技术经济研究，2008（4）.

5. 加强中西部地区和沿海发达地区之间的交流与合作，国家在资金投入、产业发展和经济政策等方面要向中西部地区倾斜

根据表 7 - 9 汇报的测算结果，外贸依存度（X11）指标的先导强度为 0.6875，符号为正，强度中等（0.3 < 先导强度绝对值 < 0.7）。外贸依存度和基准指标基尼系数呈现出中等强度的正相关，显示出对外贸易开放度提高时，居民收入分配差距扩大。对外贸易对收入分配的影响是国际经济学经典议题，对外贸易主要通过生产要素的流动对收入分配产生影响。传统的 H-O-S 定理、S-S 定理（斯托尔帕—萨谬尔森定理）和特定要素模型等经典理论都宣告对外贸易会对一国内部不同要素所有者的收入分配差距产生重要影响。罗宾斯、赫尔普曼、梅斯基和维瓦雷利（Robbins，1995、1996、1999；Helpman，2008；Meschi et al.，2009）[1] 的实证研究都证实对外贸易扩大了一国内部的收入分配差距。改革开放以来，中国对外贸易快速发展，对外贸易的平均增长速度远高于同期 GDP 的增长速度，同样，中国对外贸易的发展也是非均衡的，东部沿海地区的对外贸易增长速度远超过中西部地区对外贸易增长速度，因而也扩大了东部沿海地区和中西部地区之间的收入分配的差距。因此，中西部地区和沿海发达地区之间应该加强交流与合作，积极承接沿海地区由于土地、劳动力成本上升而需要转移出去的加工贸易，同时，国家在资金投入、产业发展和经济政策等方面要向中西部地区倾斜，以此来缩小中西部地区和沿海发达地区之间的收入差距。

6. 增加居民可支配收入在国民收入分配中的比重，提高消费投资比

根据表 7 - 9 汇报的测算结果，消费投资比（X15）指标的先导强度为 -0.7634，符号为负，强度高（先导强度绝对值大于 0.7）。消费投资比和基准指标基尼系数呈现出高等强度的负相关，显示出消费投资比提高时，居民收入分配差距缩小。根据《中国统计年鉴》的数据，在 1978 年、1990 年、2000 年与 2014 年，中国的消费支出占国内生产总值的比例分别为 62.1%、63.3%、63.7% 与 51.4%，固定资本形成占国内生产总值的比例分别占 38.2%、34.0%、33.9% 与 45.9%，其余是净出口，表明中国的总消费与总投资的比例从 2000~2014 年出现了大幅下降[2]。从全球范围来看，中国消费

① Meschi, E. and M. Vivarelli, Trade and Income Inequality in Developing Countries, World Development, Vol. 37, 2009：287 - 302.

② 邹至庄. 中国总消费与总投资比例近年为何下降？[J]. 经济资料译丛，2016（4）.

率明显偏低，如在 2002 年，中国的消费率为 58.2%，世界平均水平为 80.1%，高收入国家为 81%，中上等收入国家为 75.2%，中下等收入国家为 72.4%，低收入国家为 80.7%[①]。消费率偏低，致使中国消费投资比处于失调状态。主要原因有两个方面，一方面，消费是居民可支配收入的增函数，而中国居民人均可支配收入增长速度低于 GDP 的增长速度，这就导致消费增长乏力，低于投资的增长速度，降低了消费投资比；另一方面，根据凯恩斯的边际消费倾向递减规律，改革开放以来中国收入分配差距的扩大也降低了整个社会的消费总量，降低了消费投资比。因此，随着中国人均 GDP 的增加，中国已经变成一个中等偏上收入国家，中国应当调整发展目标，将过去追求 GDP 的增长目标转向追求居民可支配收入提高的目标，增加居民可支配收入在国民收入分配中比重，既可以提高消费投资比，扩大内需，也可以抑制收入分配差距的扩大。近年来，中国已经开始向这个方向转变。

7. 加快小城镇建设，提高城镇化率水平

根据表 7 - 9 汇报的测算结果，城镇化率（X16）指标的先导强度为 - 0.9276，符号为负，强度高（先导强度绝对值大于 0.7）。城镇化率和基准指标基尼系数呈现出高等强度的负相关，显示出城镇化率提高时，居民收入分配差距会缩小。如前面所述，城镇化的变动对中国整体收入差距的影响比较显著，其对中国收入差距的影响表现出先扩大后缩小的倒 "U" 形变化轨迹，尤其是进入 2005 年之后，随着中国城镇化的快速增长，大量人口从农村迁移入城市，吸纳了大量的农村劳动力转移就业，对减缓收入差距的扩大作用显著。根据国家统计局的统计数据，2017 年中国常住人口城镇化率达 58.52%，而户籍人口城镇化率为 42.35%，与发达国家普遍超过 80% 的城镇化率相比（如 2016 年，美国的城镇化率为 82%；英国的城镇化率为 83%；德国的城镇化率为 76%；法国的城镇化率为 80%；日本的城镇化率为 94%；甚至韩国的城镇化率也高达 83%）[②]，中国的城镇化率仍有较大的上升空间，对进一步吸纳大量的农村剩余劳动力转移就业，缩小城乡收入分配差距，仍有较大潜力。另外，在城镇化过程中，也要注意大中小城市和中小城镇的协调发展，大力提升户籍人口城镇化率水平，提升城镇聚集人口和经济支撑的综合功能。根据各个地区的自身特点，以民营企业和乡镇企业为主

①　李健. 中国消费率持续下降的主要原因：国民收入失衡［J］. 经济研究信息，2006（2）.

②　资料来源：http：//www.chyxx.com/industry/201801/607062.html.

要载体，探索开放式、多层次的小城镇网络结构体系，吸纳更多的村劳动力就业。

7.2.5 三种预警方法结论的对比总结

当前，相对于国内比较成熟的宏观经济波动预警理论而言，对收入差距适度性预警的研究还不够深入，尚处于探索阶段。本书借鉴一般经济预警理论的研究方法和程序试图对 20 世纪 90 年代中期以来的中国收入差距的变动进行预警研究。作者首先使用通行的基尼系数单指标进行预警，由于该预警方法机械地将 0.4 的基尼系数值作为"警戒线"；其次以 0.1 为组间距来划分预警区间（意味着预警区间也固定为 0.1），而没有考虑到基尼系数的相对性，预警结果发现，自 20 世纪 90 年代中期以来中国收入分配差距整体上已经处于重警区（绝大部分年份处于重警区，信号灯为黄灯，个别年份处于中警区，信号灯为绿灯）。

考虑到基尼系数的相对性，作者在原来的基础上进行了改进，将预警警限区间的划分动态化，使用 3 倍标准差法来划分预警警限区间（警限区间将会随着警兆指标的均值和标准差的变化而动态调整），预警结果发现，自 20 世纪 90 年代中期以来中国收入分配差距整体上处于中警区（绝大部分年份处于中警区，信号灯为绿灯；少数年份处于轻警区，个别年份处于中警区，信号灯为浅蓝灯；其中有两年无限接近重警区）。为了对这两种预警结果的可靠性进行检验，作者又使用泰尔指数单指标和构建综合指数（基于五大发展理念构建的综合指标体系）的方法进行预警，预警的结果同样发现，自 90 年代中期以来中国收入分配差距整体上处于中警区（依然是绝大部分年份处于中警区，信号灯为绿灯；少数年份处于轻警区和重警区），仍然处于居民的主观心理承受力范围之内，整体风险仍然可控。但不可否认的是，尽管自改革开放以来，中国的经济建设取得了伟大的成就，人均收入和人们的物质生活水平实现了巨大飞跃，但在收入分配领域也积累了较多的问题和矛盾，对整个经济社会的发展产生了一定程度的消极和负面影响。

另外，几种预警方法还同时显示，2002～2008 年是中国收入差距最大、警情程度最严重的一个阶段，大概在 2008 年之后，中国的收入差距出现了一定程度的下降，警情程度出现轻微变轻的趋势，收入差距的适度性得到了一定程度的改善，但整体形式仍然不容乐观，作者使用灰色 GM(1，1) 模型进行拟合预测，发现 2016 年、2017 年中国的收入差距还将处于"中警区"，依然会处于较为危险的绿灯区，并且这种状况在未来若干年仍然有可能持续下去。由于收入差距的变动关乎民生和民心向背的社会大局，尤其是在此全面建成小康社会的关键时期，必须引起政府的足够重视，随时监测收入差距的变动，及时发出预警，避免中国收入差距再次扩大重新回到重警区，甚至是收入差距出现大幅恶化而进入重警区。

第8章 促进中国收入适度分配的整体思路和对策建议

基于前面的研究结论，为了促进中国适度收入分配体系的形成，解决当前存在于中国收入分配领域的诸多问题，必须在马克思主义的收入分配理论和习近平总书记新时代中国特色社会主义理论的指导下，基于效率与公平统一的视角，立足于全局性、长期性和可操作性考虑，来探讨促进中国收入分配合理适度的对策建议。

8.1 促进中国收入适度分配的整体思路

党的十八大之后，为了适应经济进入新常态、社会发展进入新阶段要求，党中央提出了"创新、协调、绿色、共享、开放"五大新发展理念，深刻阐释了现阶段中国社会发展中的公平与效率命题。财政部、国家发展和改革委员会在《关于深化收入分配制度改革的若干意见》中提出："继续完善初次分配机制；加快健全再次分配调节机制；推动形成公开透明、公正合理的居民收入分配秩序。"因此，要想促进中国收入的适度分配，必须通过深化收入分配的体制机制改革，基于"五大发展理念"构建合理有序的收入分配体系，以突破收入分配领域改革难题。

8.1.1 处理好效率与公平的关系

效率与公平之间的关系是一对矛盾体。如何处理好效率与公平的关系是一个国家和地区在经济社会发展过程中面临的一大难题，"效率与公平难以兼顾"表明两者在经济社会发展过程中常常存在难以克服的矛盾。实现效率与公平的有机统一是五大发展理念在经济社会发展过程的必然要求，也是合理有序的收入分配格局的基本特征。坚持效率与公平的统一，就是要求在经济社会发展过程中，在处理收入分配问题时，既要注重提升效率，让社会充满活力，也要坚持公平正义。在市场经济发展过程中，即使在社会提供的制度、规则和机会均等的情况下，由于不同的劳动者客观上所处的生活和家庭环境、资源禀赋、能力和受教育程度等方面的差异，主观上个人努力和勤奋程度等方面的差异，就会导致不同的劳动者之间存在较大的收入差距。但是这种收入差距由于存在一定的客观性和合理性，如果保持能够在一个合理的、人们可接纳的范围之内，不仅没有危害，反而会激励人们去努力工作，提高效率，进而推动经济更快、更好地增长，做大"蛋糕"，为改善收入分配公平提供强大的物质基础；相反，如果收入差距过大，超出了人们的主观心理承受力和接纳程度，危及社会公平底线，就会影响社会稳定，降低经济效率。因此，效率与公平是相互联系、相互影响和相互制约的，两者对一个经济社会持续、稳定、有序和良态发展同等重要。改革开放以来，效率与公平是在人们的争论声中由分离逐渐向统一靠近，从改革开放初期的只要公平、不要效率的平均主义，到党的十四届三中全会首次提出"效率优先、兼顾公平"的原则；再到党的十六大提出"初次分配注重效率，再分配注重公平"；再到党的十七大提出"初次分配和再分配都要处理好效率与公平的关系，再分配更加注重公平"。这表明效率与公平的关系在我们国家不同时期的演变过程和人们对其重视程度的逐渐增加，但在实际执行的过程中，仍然存在很多问题。因此，在未来实际经济发展和分配过程中，如何更好地结合实际情况处理好效率与公平的关系仍有待进一步改进。另外，尤其需要注意的是公平的完整含义，公平包括起点公平（机会公平）、过程公平和结果公平。在市场经济条件下，我们应该更关注机会公平，政府应该创造条件让所有的经济主体尽可能机会均等地参加经济活动，而不是去直接干预微观经济主体的经济活动过程，或者对经济主体创造的财富直接实施平均分配，这反而会破坏公平。因此，构建合理有序的收入分配格局，促进收入的适度分配，就必须处理好效率与公平的关系，一方面关注效率，做大"蛋糕"；另一方面关注公平，分好"蛋糕"。

8.1.2　经济发展成果由全体人民共享

实现收入的适度分配，构建合理有序的收入分配格局，在公有制为主体多种所有制经济共同发展的经济体制下，经济发展成果应惠及全民、由全体人民共享。改革开放40年，一方面，我国的经济增长保持了年均9.6%的速度，人们的整体物质生活水平得到了极大提高，目前正处于全面建成小康社会时期；另一方面，不可否认的是，在此期间，在收入分配领域存在很多问题，如部分群体凭借特权和垄断攫取了过多的经济发展成果；导致不少底层弱势群体难以共享经济快速发展的成果。因此，党的十八大之后，提出了共享发展的新理念，通过加大民生投入和精准扶贫来改善底层弱势群体的生活状况，要让全体人民共享经济发展成果，实现共同富裕。如果收入差距过大，出现严重的两极分化，经济发展的主要成果被少数群体所独占，绝大部分人都难以从中受益，必然使得改革和发展得不到大多数人的支持而失去动力；相反，如果能够让全体人民共享经济发展成果，就会提高大家对改革和发展的认同感，得到多数人的支持，形成一种良性互动氛围，从而会促进经济更好地发展。但是，由全体人民共享经济发展成果，并不意味着实行平均主义和平均分配，同样也要追求效率与公平的统一，保持适度的收入分配差距。

8.1.3 必须与中国的发展阶段相适应

库兹涅茨倒"U"形曲线假设告诉我们，在经济发展的不同阶段，收入分配差距本身会出现不同的变化；另外，在经济的不同发展阶段，会遇到不同的难题，要求解决不同的发展目标，会面临不同发展条件的制约，因此，必定要求政府的收入分配调节政策与发展阶段相适应，在不同的发展阶段呈现不同的阶段性特征。当前，中国的经济正处于新常态，人均GDP已经接近10000美元的中等偏上收入国家的收入水平，经济增长已经从高速增长转成中高速增长，又面临调结构、去产能过剩、外部需求疲软等诸多阶段性问题。党的十九大提出"中国特色社会主义进入新时代，我国社会主要矛盾已经转化为人民日益增长的美好生活需要和不平衡不充分的发展之间的矛盾"。因此，要构建合理有序的收入分配格局，必须立足于当前阶段的主要矛盾和经济新常态的基本现实，推动经济结构优化升级、塑造经济发展新动力、激发创新创业活力，通过合理的收入分配政策来引导和释放内部消费需求，以应对当前的经济下行压力以及外部环境的约束，才能更好地实现收入分配改革的目标。

8.1.4　适度的收入分配与适度的经济增长相互促进

在经济新常态下，经济发展的重点已经从过去单纯追求 GDP 的增长，追求发展速度和发展规模向追求质量和效益转变，向可持续发展转变，这意味着中国经济将转入一个强调结构优化升级、协调发展的新阶段，因此，在经济社会发展过程中，要坚持"创新、协调、绿色、开放、共享"五大新理念。但是，这并不意味着在经济新常态下，经济增长的速度就不再重要。一旦经济增长的速度过低，甚至是停滞增长，突破一定的底线，就会引发系统性风险和诸多社会问题，因此，必须保持经济的适度增长，经济适度增长是解决失业、社会稳定、收入分配不公平等诸多问题的前提和基础。这就要求政府制定科学合理的收入分配调节政策，做到效率与公平相容，既有利于适度的收入分配差距、规范的收入分配秩序和合理有序的收入分配格局的形成，又有利于保持经济的适度增长，通过经济的适度增长避免各种负面因素的扰动和防范各种风险，形成适度的收入分配与适度的经济增长相互促进的良好局面。

8.1.5　注重收入分配改革的可行性和渐进性

当前的收入分配格局和收入差距的现状是经过长期形成的，是多方长期博弈形成的一种纳什均衡结果，涉及方方面面和多方利益。因此，推进收入分配改革，构建合理有序的收入分配格局，会受到一些既得利益阶层的阻挠，可能会引发一些新的社会矛盾，这种由于收入分配引发的矛盾，既有不同收入阶层之间、劳资之间的矛盾，也有城乡之间、地区之间、不同所有制之间、行业之间的矛盾，这些矛盾并非独立，而是相互交叉、相互影响的，解决起来难度极大。因此，在处理收入分配改革时，必须把握好"度"的问题，不能操之过急，循序渐进地推行，处理好改革、发展与稳定之间的关系。另外，为了达到预期目标，收入分配改革不能孤军推进，必须与其他的配套改革同步推进、相互配合。还要充分考虑改革措施在当前的制度和社会环境中的可行性，不能超出经济新常态和现阶段中国基本国情的约束。

8.1.6　厘清市场与政府在初次分配和再分配领域中的作用

在市场经济条件下，初次分配主要是指劳动、资本、土地等生产要素根据其在社会生产过程所作出的边际贡献大小来获得报酬，主要是在企业内部进行，是微观经济主体的市场行为。其分配的主要依据是各生产要素在生产过程中的效率高低和贡献大小，效率高、贡献大的生产要素所有者获得更高的收入和报酬，反之则相反。初次分配的结果体现为劳动者报酬在国民收入中所占份额、资本所有者获取的企业净营业盈余在国民收入中所占份额、政府税收在国民收入中所占份额。再分配是指在初次分配的基础上，政府通过税收、转移支付等方式对国民收入进行的再调节过程。政府再分配的手段通常包括个人所得税、财产税、社会缴款、社会福利和其他转移支付。根据国际通行经验，初次分配的主要依据是经济效率，再分配的主要依据是社会公平。初次分配主要是一种微观经济行为，各种生产要素的价格和报酬主要由市场供求状况来决定，由市场机制自发的形成，而政府在初次分配领域只需要通过法律和制度来规范分配秩序，不宜直接进入市场干预初次分配，以免破坏和影响市场机制的正常运行，造成生产要素价格扭曲。但市场机制存在盲目性、滞后性，可能发生市场失灵，为了矫正由于市场失灵导致的初次分配不公等问题，保持社会稳定，维护社会公正的基本机制，就需要政府通过再分配对国民收入初次分配形成的格局进行必要的宏观管理和适度调节，因此，再分配主要由政府调控机制起作用。

党的十六大报告提出"初次分配注重效率，发挥市场的作用，鼓励一部分人通过诚实劳动、合法经营先富起来。再分配注重公平，加强政府对收入分配的调节职能，调节差距过大的收入"。科学合理地界定了市场和政府在分配中不同作用领域，以及按效率分配与按公平分配各自主要适用领域和范围，同时也是对"效率优先、兼顾公平"原则[①]的深化。

在当前阶段，初次分配注重效率，发挥市场机制的作用，适度拉开收入差距，可以激发不同要素所有者的工作热情和勤奋程度，鼓励他们通过市场竞争来提高效率，节约成本，创造更多的社会财富，从而实现稀缺资源的优化配置，提高整个国民经济的运行效率。改革开放初期提出的让一部分人先富起来，先富带动后富的实践经验也充分证实了这一点。在市场经济中，由于不同人群对生产要素占有的多寡不同，其拥有资源的禀赋也各异，按照由市场机制决定的要素价格来分配会导致不同群体之间的收入差距产生，当收入差距过大超出社会成员的心理承受力范围，就会影响社会稳定。更进一步

---

① 中共十四届三中全会首次提出。

的是，收入失衡会导致消费和投资失衡，进而会影响宏观经济结构失衡，宏观经济结构失衡又会影响微观企业的运行效率。因此，必须发挥政府再分配对国民收入的调节功能，以矫正初次分配存在的问题，通过税收、社会保障和财政转移支付等手段来缩小不同群体之间过大的收入差距，将高收入群体的部分收入通过再分配转移给低收入弱势群体。这样，再分配注重公平，就可以照顾到多数普通劳动者的利益，从而调动其积极性，此时，公平就会转化为效率。

　　另外，明确市场和政府在分配领域各自功能，也能有助于处理效率与公平之间的矛盾。如果完全听任市场机制按照效率原则进行分配，而不进行政府的二次调节分配，就会产生过大的收入差距，背离了社会主义共同富裕和共享发展的本质要求，也与公平相矛盾；相反，如果政府过度强调公平，调节过度，扰乱了市场机制的初次分配，导致效率低下，也背离了社会主义共同富裕和共享发展的本质要求。初次分配注重市场调节效率，再分配注重政府调节公平，将效率与公平两者有机地统一成一体：初次分配优先考虑市场效率，以效率和贡献大小取酬，即适度扩大了收入差距，这本身也是一种公平；再分配优先考虑政府调节公平，照顾了多数人的利益，从而普遍提高了其积极性，这本身也是一种效率。

　　总之，在初次分配时，政府通过制定相关法律、制度以营造公平竞争的环境，充分发挥市场机制的调节功能，促进效率提升和经济发展；在再分配时，强化政府调节的主导作用，以实现社会公平的目标，稳定经济持续发展的社会基础。

8.2　促进中国收入适度分配的对策建议

　　伴随着中国经济 40 年的高速增长和转型发展，收入分配格局也同步发生了巨大的变化，从改革开放初期的平均分配方式，到如今体现出较大收入差距的分配方式。如前面所述，不仅收入分配的制度规范、政策机制等发生了很大的变化，而且收入分配差距也全方位地体现在劳资之间、城乡之间、地区之间、行业之间、不同群体之间等多个领域，要想促进中国收入的适度分配，须从以下多个方面入手。

8.2.1 完善初次分配和再分配的对策建议

8.2.1.1 完善初次分配的要素市场和相应的制度法律保障

在社会主义市场经济中，市场在资源配置中起决定性作用，这意味着初次分配主要由市场来进行，政府不需要进行过多的干预，只需要为要素的分配提供一个公平、完善的要素市场和相应的制度保障。在市场经济中，一个完善、公平的生产要素市场是合理优化配置各种稀缺要素、充分发挥各种生产要素效能的前提和基础。在一个完善的要素市场，在市场机制的调节下由市场供求决定要素价格，从而形成一种合理的要素价格决定机制，并且可以提供一个自由竞争的市场环境，使得所有生产要素的所有者平等参与竞争，按照贡献的大小公平地获得报酬，从而可以打破类似于凭借特权获得的垄断收入等各种不公平、不合理的收入。

首先，健全和完善劳动、资本、土地、管理、技术和知识等要素的价格和报酬由市场决定的机制。根据经济学基本原理，消费者的收入水平在很大程度上由其拥有的要素禀赋数量和要素的价格来决定，而生产要素的价格主要由要素的边际生产力以及各种要素的供求共同来决定，而要素的供求主要是由市场机制来决定和调节的。在传统的数量型增长模式下，经济增长主要依赖资本、劳动、土地等初级生产要素的投入数量来推动；而在当前知识经济时代，集约型的增长模式下，经济增长主要依赖技术、知识、人力资本和管理等高级生产要素的推动。由于中国的市场经济脱胎于改革开放前的计划经济，起步较晚，受过去计划思维模式影响较大，因而在中国要素市场还存在诸多问题。例如，在改革开放过程中，曾长期出现重视物质资本、轻视知识和人力资本的现象，所谓"搞导弹的，不如卖茶叶蛋的"，一个大学教授的收入不如一个街边摊贩的收入；也曾长期出现"轻劳动要素，重资本要素"的问题，导致自改革开放之后很长时间，中国劳动报酬占国民收入的份额偏低且持续下降；也由于在转轨过程中，要素市场不完善，行政权力过度干预初次分配的要素市场，出现了权力和资本相勾结寻租的现象，既败坏了社会风气，又拉大了收入分配差距，破坏了社会公平。因此，健全和完善劳动、资本、土地、管理、技术和知识等生产要素市场，形成一种良态、竞争的资源优化配置机制，基于各生产要素在生产过程中的边际生产率和贡献多寡取酬的分配制度，充分利用与发挥各种生产要素的效用。

　　其次，规范初次分配秩序，完善收入分配调控机制和相应的制度保障，为各个微观经济主体提供一个公平的竞争环境和平等的竞争机会，消除垄断和腐败。由于在转轨的过程中，制度的不完善、不健全，导致在初次分配领域，政府过度参与和干预初次分配而产生的垄断和腐败是破坏初次分配公平的重要原因。因此，需要通过完善法律和制度来规范政府在初次分配的行为，限制政府对市场的参与程度，减少政府对市场初次分配的过度干预，降低"灰色收入"、规范清理隐性收入等各种不公平性质的收入，打破阻碍生产要素自由流动的城乡壁垒、行业壁垒和区域壁垒，将全国的生产要素市场建设成为一个公平、公正、顺畅的统一大市场，推动生产要素自由地在城乡之间、行业之间和地区之间流动，以实现优化配置。总之，为保证市场机制流畅、有序地运行，政府也必须积极进行相应的配套改革，为市场机制的运行构建一个合理的制度环境。

　　最后，通过立法的方式，建立与市场经济体制相适应的工资协商形成机制。要想改善当前劳动力市场上"强劳动，弱资本"的局面，就需要对企业工资的形成机制进行改革，强化企业工会在工资协商谈判和劳资纠纷仲裁上的职能，建立和谐的劳资关系，保障劳动者的合法权益和收入，使得劳动者能公平共享劳动成果；适时制定《收入分配法》，通过立法的方式来保障收入分配的调节机制，建立与市场经济相适应的初次分配体系；通过《工资条例》等立法的方式保障普通劳动者的工资收入与国民经济的同步增长，建立其工资正常增长机制；通过《最低工资法》对保障普通劳动者权益起到兜底作用；通过《反垄断法》《反不正当竞争法》《个人所得税法》《工资条例》等立法来限制垄断行业的高收入。

8.2.1.2　通过政府再分配来矫正初次分配的失衡

　　由于初次分配主要是市场机制在自发地调节收入分配，由于市场机制主要是依据经济效率原则来决定收入分配，根据国际通行的经验，初次分配的结果往往收入差距都很大，例如自称收入分配"高度平等""90% 的国民都是中产阶级"[①]的日本，在 2014 年初次分配的基尼系数高达 0.5704，再分配

---

　　① 桥本寿朗等著. 现代日本经济 [M]. 戴晓芙译，上海：上海财经大学出版社，2001；森武麿等. 现代日本经济史 [M]. 东京：有斐阁，2006.

之后的基尼系数降为 0.3515①。再加上市场失灵的存在，导致初次分配也存在一些不公平、不公正的地方，因此，要想形成一种适度的收入分配差距，就需要政府通过再分配来进行调节和矫正。借鉴和吸收国际通行经验，依据中国的经济社会发展阶段和基本国情，在不破坏效率的前提下，通过税收、财政转移支付、社会保障和公共服务均等化等方式来对初次分配的结果进行调节与再分配，以形成适度的收入分配差距和合理有序的国民收入分配格局。

1. 通过综合性的税收制度来进行调节

作为政府宏观调控手段之一的税收也是政府进行再分配调节的主要手段。由于当前中国税收体系不健全、不完善，以及税制的设置与税收征收不甚科学、不甚合理导致作为再分配主要手段的税收没有有效发挥出调节收入差距的功能。因此，必须建立完善的综合性税收制度和科学的税收征管体系来强化税收收入再分配的调节功能。

第一，优化税制结构，构建一个以所得税等直接税为主体的、间接税为辅的税制结构。当前，中国的财政收入一直高度依赖增值税等间接税，由于间接税税负可以转嫁，使得其调节收入差距的功能比较弱。当前世界上主要发达国家财政收入主要依赖所得税、财产税等直接税，其税收调节收入差距的功能也比较强。个人所得税是所有税种里收入调节功能较强的一种税，要加强个人所得税税制改革，基于税负公平原则，建立考虑个人和家庭负担的分类与综合相结合的个人所得税制，使得不同收入阶层的群体合理分担税负，高收入者多交税，中低收入者少交税或不交税，在作费用扣除时，可以与 CPI 挂钩进行指数化。第二，健全税制，考虑征收遗产税等财产税。目前，中国尚缺乏这类财产税。而影响人们收入差距的因素，除了产生流量收入之生产要素的数量和质量差异外，还有拥有存量财产差异的财产性收入。很多学者的研究发现，财产性收入已经成为影响中国收入差距的一个重要原因。因此，应该尽快开征遗产税等财产税，构建流量收入和存量财产并存的税收体系。第三，构建科学的税收征管和调控体系。由于高收入阶层收入来源渠道多元化，在当前的税收征管体系下，除工资薪金外，其很多收入来源都无法征税，这对调节收入差距是非常不利的。

①　李晓. 日本收入分配的结构性特点及其启示［J］. 清华大学学报：哲学社会科学版，2018（4）：169 - 179.

2. 通过科学、合理的财政转移支付进行调节

科学、合理的财政转移支付制度应当能够起到平衡不同地区、不同群体收入差距的作用。当前中国的财政转移支付制度始于 1994 年分税制财政管理体制改革，改革划分了中央和地方各自的财权和事权，中央通过财政转移支付（采用税收返还、专项转移支付和一般转移支付三种形式）的方式对地方实施经济调控。而其中的税收返还方式由于沿海等发达地区财力比较充足，对其比较有利，却拉大了其与欠发达地区的收入差距；专项转移支付实行专款专用，也难以起到平衡地区收入差距的作用；而真正能够起到平衡地区收入差距的一般转移支付在总财政转移支付中占比过小，因而其平衡地区收入差距的作用也非常有限。因此，亟须构建一种科学、合理的财政转移支付机制来平衡不同群体、不同地区之间的收入差距。

第一，改变当前转移支付的形式，减小税收返还和专项转移支付的规模，增加一般转移支付的比重；第二，借鉴发达国家的经验，依法规范财政转移支付形式、内容、支付标准、监管形式等，加强监督，提高财政转移支付使用的透明度；第三，加大对贫困人口等低收入群体的转移支付力度，除保障其基本生活外，还要适当保障其子女教育、技能培训等，以使得其提高自身技能和其子女的受教育程度，改变他们未来的收入水平，以缩小他们与高收入群体之间的收入差距；第四，增加对中西部地区的一般转移支付的规模，缩小区域收入分配差距；第五，增加对农村的转移支付力度，实施"工业反哺农业，城市反哺农村"，以缩小城乡之间的收入差距。

3. 通过完备的社会保障来进行调节

社会保障是为了保障全体社会成员最基本的生活和生存需要，因而其对收入分配的调节作用是最直接、最显著的。社会保障包括最低生活保障、社会保险、社会福利、社会救助和社会优抚等方式。发达国家都非常重视社会保障对收入分配的调节作用，纷纷把其作为调节收入差距的最主要手段。例如，根据李晓（2018）的研究，社会保障是日本再分配基尼系数改善的主要贡献者，1962 ~ 2014 年，相对初次分配的基尼系数，日本的再分配基尼系数改善程度平均值达到了 17.91%，税收的改善程度平均值只有 3.6%，社会保障的改善程度平均值却高达 14.8%[①]，表明在此期间，日本税收对收入差距

[①]　李晓 . 日本收入分配的结构性特点及其启示 [J]. 清华大学学报：哲学社会科学版，2018（4）：169 – 179.

的调节力度远远小于社会保障的调节力度。由第 2 章可知，当前中国的社会保障无论是保障覆盖面，还是保障力度都比较滞后，对收入差距的调节作用也非常有限。因此，相对于发达国家而言，中国社会保障对收入差距的调节空间还有很大的发挥余地。作者认为，当前中国应该从以下五个方面完善社会保障对收入差距的调节。

第一，将更多的社会成员纳入社会保障体系的覆盖范围之内，扩大社会保障的覆盖面。尤其是需要将更多的农民、农民工，以及城市的非正规就业、灵活就业人员纳入社会保障网络体系之内。第二，改变过去社会保障方面差别待遇，建立城乡统一的社会保障网络，平衡不同的收入阶层和社会群体在社会保障方面享受的差别待遇，努力破除城乡二元社会保障体系，使得全体居民获得尽量相同的保障力度。第三，建立健全最低生活保障制度，维持最底层低收入群体的最基本的生存和生活需要。第四，改革和完善现行的社会保险缴费制度。目前中国的社会保险采取缴费的方式进行，其不同于其他社会保障方式的地方在于国家和居民任职的工作单位缴纳一部分，个人需要配套缴纳另一部分金额，由三部分共同组成。那些有正规就业单位的居民就很容易在需要时享受到这一部分保障资金（由于有国家和就业单位配套缴纳，保障金额远超居民自己初始缴纳金额）；而那些无正规就业单位和灵活就业人员由于无固定工作单位，就无法享受这一部分保障资金，对他们而言很不公平，这导致了这一群体缴费意愿下降，一方面降低了国家社会保障资金的储备；另一方面增大了这一群体发生疾病、年老时的风险。因此，可以探索将社会保险缴费制度改为社会保险缴税制度，缴费改为缴税之后，就从自愿变为强制，所有非正规就业单位和灵活就业单位也须为就业人员缴纳社会保险税；另外，也可以借鉴个人所得税，社会保险税也采取超额累进税制，以体现"能者多交"公平原则。第五，建立针对一些特殊社会群体的社会救助、社会福利和社会优抚等保障制度，以保障这些特殊群体的基本生活需要。

4. 通过提供均等化的公共服务来进行调节

公共服务均等化是指政府在不同阶段依据不同的标准为全体居民提供大致相同的公共服务和公共物品，其能够实现效率与公平的统一，有助于实现对不同群体和不同区域的公平分配，是政府实现再分配的重要手段之一。当前，中国政府为不同群体、不同地区、农村和城市，提供的公共医疗、基础教育等公共服务差异较大，非均等化问题十分突出，不仅没有缩小收入差距，反而进一步扩大了收入差距，出现了逆向调节的现象。因此，未来中国政府应该将公共服务均等化作为再分配的重要手段，作为调节不同群体之间、不同地区之间和城乡之间收入差距的重要途径，可以从以下三个方面进行。

第一，加大农村等落后地区和贫困群体的基础教育的投入力度。教育是改变收入差距的重要方式，政府应该加大对中西部农村地区、少数民族地区等落后地区的财政教育经费的投入，加大对这些地区师资的培训力度，加强实验设备、图书资料、校舍等教育基础设施的购置和修建。加强对城市贫困家庭学生的教育资助，保障进城务工的农民工等流动人口子女接受平等义务教育的权利。第二，构建覆盖城乡的公共医疗卫生服务体系。加大对农村等落后地区卫生所、诊所等医疗基础设施的财政投入力度，加强对这些地区的医生等医疗服务人员的培训，强化这些地区药品、医疗器械的供应力度。第三，构建公共就业服务体系，加强公共就业扶持力度。"授人以鱼，不如授人以渔。"改变困难群体的收入状况，就需要强化他们的再就业能力。因此，政府在支持贫穷家庭、困难群体自谋职业、自主就业的同时，应该加强对他们的就业引导和就业促进工作，加强对他们的职业技能的教育培训和就业援助。

8.2.2 调节城乡之间收入差距的对策建议

如前面所述，城乡之间的收入差距一直是影响中国整体收入差距的最主要因素，对中国整体基尼系数的贡献度达到 50%，因此，要想形成中国适度的收入分配差距，必须形成适度的城乡收入差距。考虑到当前中国过大的城乡收入差距，应该采取以下对策措施来改善城乡之间的收入差距。

8.2.2.1 破除分割城乡的户籍制度，加速城镇化进程，促进劳动力的自由迁徙流动

二元经济结构是导致中国城乡收入差距最主要的原因，而户籍制度是造成中国城乡分割的重要制度根源，其限制了农村剩余劳动力向城市的自由迁徙流动和城乡统一劳动力市场的形成。要促进劳动力在城乡之间有序、合理的自由流动，实现劳动力资源在城乡之间优化配置，建立统一的劳动力市场体系，就必须改变传统的户籍管理制度。

第一，建立城乡统一的居住登记制度，破除传统户籍制度对城乡造成的二元分割和对劳动力自由流动、人口自由迁徙的束缚和限制，剥离附加在户口上的劳动就业、子女教育、技能培训、医疗保障等诸多不合理的差别待遇。

第二，建立城乡平等的就业制度和统一规范的人力资源市场，使得农村居民也可以得到公平竞争的机会、均等的就业机会和自主择业的便利权，消除城乡之间的"二元"用工制度，增加农村剩余劳动力转移到非农产业的力度，增强劳动力市场机制对劳动力资源在城乡之间的调节配置功能。

第三，鼓励有条件的地方加速城镇化进程，放宽大城市的准入门槛，鼓励有能力、有意愿和有条件的农民迁移到城市居住。如前面研究发现，城镇化可以缓解中国的城乡收入差距，根据中国国家统计局的数据，2017 年中国的城镇化率仅为 58.52% 左右，尚有很大的上升空间。因此，在考虑地区经济发展水平和城市承载能力的条件下，可以适度加速城镇化进程。但是，在城镇化过程中需要加强"产（业）城（镇）融合"和"人的城镇化"，即把城镇化的重点放在城乡之间产业的承接和转移上，以及变农民为市民，提高农民在城市的生活能力上，变城镇化过程为产业发展的过程和农民分享城镇化成果的过程。

8.2.2.2 通过教育和人力资本来改善农村劳动力的质量，提高农民增加收入的内生能力

要想改善农民的收入状况，缩小城乡收入差距，从长期来看，最根本的还是人的因素（提高农民的增收能力）和农村经济的发展。

第一，改善农村劳动力素质，增强农民的增收能力。培养会经营、懂技术、有文化的新型农民，国家应该加大对农村基础教育和各类教育培训的资金投入和扶持力度，提高农民的受教育水平。一方面，增加义务教育和各类职业教育等学历教育的财政资金投入数量，进一步支持城市资本进入农村办学以提高农村的办学能力，提高农民及其子女的受教育水平；另一方面，应该加大政府对各类培训的扶持力度，开展多形式、多渠道、多层次的培训班，完善农村培训服务体系，加强农民的法制知识、市场知识、经营知识和科技知识的教育培训，提高农民的整体素质和致富能力，强化农民增收的内源性动力。第二，提高农业产业化和规模化经营程度，调整和优化农业产业结构，推动农村经济更好的发展，带动农民持续增收。围绕拳头农产品和农村的主导产业做文章，实行现代产业化经营，提高农产品加工程度和附加值，延长产业链；大力扶持农村的龙头加工企业，扶持其扩大经营规模，降低经营成本，提高经营效益，以带动相关农业种植业的发展。第三，加大政府对农村的灌溉渠道、塘坝水库蓄水设施和运输道路等基础设施的资金投入，以及保

证化肥、农药、农用机械设备等基本生产资料的供应，改善农业生产的基本
条件，改变很多地方农业生产仍然靠天吃饭的局面。第四，增加政府对农业
的补贴力度，提高对农产品的收购价格，加大对农村的政策倾斜。继续加大
国家财政对农村的转移支付力度和对农产品的收购补贴，继续强化"少取、
放活、多予"的惠农政策，实现"城市反哺农村"和"工业反哺农业"，彻
底激活农村经济，带动农民致富增收，切实提高农民收入，也完全契合当前
国家在收入分配方面的"提低"政策，通过"提低"来缩小城乡之间过大的
收入差距。第五，将农村土地经营权长期化，加速农村土地承包经营权流转，
增加农民的财产性收入。农村土地承包经营权流转一方面可以增加将土地经
营权转让的农民的收入水平；另一方面也可以使得农村土地得到规模化使用，
提高农村土地的使用效率和增值。另外，政府还应该提高农村土地的征收补
偿标准，做好失地农民的安置和就业。

8.2.2.3　进行农村金融制度创新，提高金融对农村和农业的支持力度

农村经济和农村社会的发展离不开资金的投入和支持，除了政府对农村
和农业的资金投入与支持之外，更离不开金融行业对其提供的资金和服务支
持。当前，中国农村资本缺乏，不仅无法为农村和农业的发展提供足够的资
金支持，由于农村缺少合适的投资机会，资本的逐利性导致部分资金逆向流
向城市，更使得农村资金雪上加霜。而理论界多数研究认为农村资本和金融
服务的缺失是中国城乡收入差距产生的重要原因。例如，章奇、刘明兴和陶
然[1]（2004），尹希果、陈刚和程世骑[2]（2017）的研究发现，由于政府对农
村金融的管制致使农村正规的金融机构发展受限而无法为农村经济发展提供
适当的资金和金融服务，而由政府管制产生的扭曲致使农村缺乏资金支持是
城乡收入差距产生的最主要原因；温涛、冉光和等[3]（2015）研究发现，中
国金融的城乡"二元结构"之特征抑制了农民收入增加和农村经济的发展，
直接拉大了中国城乡之间的收入差距。因此，要扭转农业和农村资金短缺，
必须进行农村金融制度创新，提高金融对农村和农业支持力度。

首先，适度放松政府对农村金融的管制，降低农村金融准入门槛，有条

---

①　章奇，刘明兴，陶然. 中国金融中介增长与城乡收入差距 [J]. 中国金融学，2004 (1).
②　尹希果，陈刚，程世骑. 中国金融发展与城乡收入差距关系的再检验——基于面板单位根和
VAR 模型的估计 [J]. 当代经济科学，2017 (1).
③　温涛，冉光和，熊德. 中国金融发展与农民收入增长 [J]. 经济研究，2015 (9).

件的合理整合农村民间借贷资本，盘活农村存量资本，释放农村金融扭曲所抑制的金融活力，规范农村盛行的民间借贷和影子银行，降低农村融资借贷风险，一方面可以增加资金缺乏农民的融资渠道；另一方面也可以为农村民间剩余资金寻找去处。其次，构建完善的农村金融生态系统，适应农村经济特点，吸收外部资本注入农业，大力发展中小金融机构，培育农村新生金融市场主体，创新农村金融组织，如农村信用合作社、农村租赁公司、农村信托公司、农村借款担保公司、农村证券经纪公司等农村合作金融组织。最后，加大政府对农村和农业的金融政策以及在货币政策方面的扶持力度。例如，中国人民银行对农村商业银行的涉农项目和涉农资金实行额外降准和定向降准，农业发展银行等政策性银行更多地为农村项目发展提供优惠贷款支持，为农业产业化提供资金和金融服务支持。

8.2.3 调节地区之间收入差距的对策建议

改革开放之后，由于中国实行非均衡的增长战略，东部沿海地区由于更多地享受到国家优惠政策的照顾及其自身良好的区位优势，经济率先发展起来，逐渐拉大和中西部地区之间的收入差距，如第2章所分析，东中西部之间的地区收入差距是当前中国整体收入差距的重要表现之一。因此，要想形成适度的收入差距，必须对中国的地区收入差距进行调节。中国区域之间的收入差距本质上是区域经济发展水平差异的反映，因此，要解决地区之间的收入差距，最根本的还是要解决地区之间发展的不平衡，促进区域经济的协调发展，缩小地区之间经济发展水平差距。

8.2.3.1 引导产业在东中西部之间梯度转移

经过多年的高速增长，东部沿海地区的产业大规模集聚而产生了对劳动、土地等生产要素需求的持续增加，生产要素的供给日趋不足，导致要素价格大幅上升，劳动密集型产业逐渐丧失竞争力，亟须将这些产业转移出去；中西部地区自然资源和人力资源禀赋比较充裕，而产业、人才、资本和技术相对比较缺乏，另外，中西部地区经过多年的发展，投资和营商环境改善明显，已经具备承接东部产业转移的条件。因此，可以在东中西部之间建立合理的产业转移和承接机制，将东部地区部分产业逐次向中西部地区转移，可以通过这种梯度产业转移将东部发达地区的一些产业、人才、资本和技术转移到中西部地区，助推中西部地区产业发展和经济增长，通过产业发展和经济增长带动就业和收入增长，从而缩小中西部地区和东部地区之间的收入差距，为构建适度的地区收入差距奠定产业基础。在引导产业在东中西部之间梯度转移的过程中，应该加强资源整合，注意处理好区域之间的相互协调，实现错位互补，使得东中西部之间形成合理的梯度配置机制。尤其是中西部地区应该提升产业承接能力，依托重大项目，承接关联产业的整体转移，发挥大企业的引领功能，引导吸收产业链的协同转移。

8.2.3.2　调整国家区域发展战略，增加中央政府对中西部地区的政策倾斜和转移支付力度

改革开放前期，国家实行的是向东部沿海地区倾斜的政策，经过多年的发展，东部地区经济发展水平比较高，长三角、珠三角很多地方的人均GDP已经跨越中等收入的水平，达到了高收入国家和地区的水平，而中西部地区，尤其是西部不少地区的人均GDP尚处于中等偏下收入水平，为了缩小区域发展差距，国家应该逐渐调整区域发展战略，增加对中西部地区的政策倾斜和优惠的政策支持。近年来，国家为鼓励中西部地区的发展，推出了西部大开发、振兴东北老工业基地和中部崛起等区域发展战略，但是目前整体成效尚不显著。因此，在未来相当长的一段时间内，国家应该继续在政策、财力、物力和人力上对中西部地区进行倾斜，加大对中西部地区对外开放和招商引资等方面的政策优惠，例如，在条件许可的情况下，在中西部地区布局更多的保税区、出口加工区、自贸区等开放平台，在税收优惠等方面予以更多倾斜，吸引更多的外商投资企业到中西部地区投资设厂，以充分利用当地丰富的自然资源和相对低廉的人力资本，以对外开放促经济发展。国家也要继续加大对中西部地区的基础设施和财政转移支付力度，改善其基础设施和配套能力。另外，建立东中西部之间良好的互助机制，东部发达地区在资金、技术、人才等方面加强对中西部欠发达地区的帮扶力度，中西部欠发达地区可以利用东部发达地区资金和技术加强对资源的开发和利用，以此为龙头，带动相关产业和整个经济的发展，破除"资源诅咒"的困境，实现可持续发展。

8.2.3.3　加大对中西部地区的教育和人力资本投入，中西部地区也应改善就业和创业环境，吸引劳动力回流

教育和人力资本投资是影响人们之间收入差距的重要因素，要缩小中西

部地区与东部地区之间的收入差距，应该加大对中西部落后地区的教育和人力资本投入力度，提高中西部地区劳动力的劳动技能和综合文化素质。一方面，加强中西部地区普及九年义务教育，尽快将义务教育由初中阶段延长到高中阶段，由九年义务教育变成十二年义务教育；另一方面，还要在中西部地区积极发展各种中等职业教育和高职高专教育，培养劳动者的职业技能；除了发展各种学历教育之外，还要加强在职劳动力的非全职的再教育，举办各类培训班，以及就业技能培训，提升他们在劳动力市场的参与能力和竞争能力，缩小他们和东部地区劳动者的工资收入差距。

改革开放以来，由于东部沿海地区经济发展快，人们观念开放，体制机制灵活，经济外向度高、机会多、收入高，吸引了大量的中西部地区劳动力和优秀人才到东部地区就业和创业，出现了所谓的"孔雀东南飞"现象，导致中西部地区出现了长期大量人口净流出的现象。由于中西部地区大量适龄劳动力和优秀人才的流出，严重制约了自身的经济发展。因此，中西部地区也应该积极改善自身的工资待遇和创业环境，吸引在东部地区就业和创业的中西部劳动者积极"回流"到家乡就业和创业，既可以带回资金和技术，也可以将他们在东部发达地区学习的先进观念和先进经验带回家乡，引领家乡创业致富，积极追赶东部发达地区，缩小与他们之间的收入差距。

8.2.4 调节行业之间收入差距的对策建议

如前面所述，不同行业间的巨大收入差距是当前中国整体收入差距的又一具体体现。现今，中国行业间收入差距的一个突出表现是电力、电信、石油等垄断行业凭借行业的垄断地位，获取过高的收入水平，拉大了与其他行业之间的收入差距，尤其是与农林牧副渔业、餐饮服务业等传统行业之间的收入差距拉得过大，这些行业获取的高收入，不是因为效率高、成本低，也不是因为实现了创新，因而既不公平，也不合理。根据经济学基本原理，这些垄断企业，无论是在生产上，还是在分配上，都存在内在"缺陷"：一方面，垄断意味着低效率，与竞争性厂商相比，垄断厂商的价格过高，使得消费者的福利受损，垄断厂商的成本过高，导致社会资源被浪费；另一方面，垄断厂商凭借其垄断地位限制其他厂商进入同一行业，排斥竞争，从而通过垄断市场获得巨额的垄断利润，因此，在这些行业就业的劳动者收入远高于其他行业劳动者的收入水平，拉大了行业间的收入差距，也是不公平的。因此，要促进中国收入的合理、适度分配，必须保持行业之间适度的收入差距，政府应该加强对垄断行业的干预。

8.2.4.1　放松对垄断行业的管制，适度引入竞争

当前，中国行业的形成都有特殊的成因，大部分垄断行业都是在计划经济向市场经济转轨的过程中，由于改革不彻底而产生的。在社会主义初级阶段，中国实施的是"坚持公有制为主体、多种所有制经济共同发展的基本经济制度"①，为了坚持公有制的主体地位，体现国有经济的控制力，国家对涉及国民经济命脉和国计民生的一些支柱性行业和主导产业实行国有垄断经营；另外一些自然垄断行业②，从经济学的角度来看，只有实现垄断经营才能实现规模经济，降低成本，提高效率，这意味着在整个社会主义初级阶段，在一些涉及国民经济命脉的行业和自然垄断的行业存在的垄断具有必然性且不可避免。在这样的背景和制度安排下，完全破除垄断是行不通的，也是不现实的。但这并不意味我们对这些垄断行业及其垄断行为就听之任之，可以通过放松政府管制，取消赋予垄断企业部分特权，降低准入门槛，准许非国有经济和民间资本进入，适度引入竞争，一方面，可以提高整个行业的竞争性，从而可以提高资源的配置效率；另一方面，新进入的企业可以部分地分享这些垄断企业的垄断利润，从而可以缓解这些垄断行业和其他行业之间的收入差距。

8.2.4.2　完善相关法律制度，加强对垄断行业的监管

如前面所述，在相当长的一段时间内，垄断行业都将存在，但是由于垄断既缺乏效率，又缺乏公平，政府有必要对其进行干预，政府常见的干预方式，除了放松管制，适度引入竞争之外，也可以通过完善相关法律制度，加

---

①　根据《中华人民共和国宪法》第六条的规定："中华人民共和国的社会主义经济制度的基础是生产资料的社会主义公有制，即全民所有和劳动群众集体所有制。社会主义公有制消灭了人剥削人的制度，实行各尽所能、按劳分配的原则。国家在社会主义初级阶段，坚持公有制为主体、多种所有制经济共同发展的基本经济制度，坚持按劳分配为主体、多种分配方式并存的分配制度。"

②　自然垄断的行业通常指：企业生产所需要的规模经济需要巨大的资本设备投入和很庞大的产量才能够得到实现，以至于整个行业的产量只要有一家企业来生产就能达到这样的生产规模，而且只要发挥该企业在这一规模上的生产能力就可以满足整个市场对该产品的需求。在这类行业中，总会有一家企业凭借自身的优势或政府的扶持或其他优势，最先达到这一生产规模，从而垄断了整个行业的生产和销售，形成自然垄断。

强对垄断行业的监管。为了保证公平，改善行业之间的收入分配差距，我们认为，可以对垄断企业进行以下方式的监管：第一，政府可以为垄断企业制定一个"公平价格"，在该价格上，垄断企业的平均成本和平均收益刚好相等，结果垄断利润将不复存在，垄断企业只能获得行业平均利润率，与没有政府干预条件下的垄断价格相比，这个"公平价格"不仅可以改善收入的分配，而且也可以提高生产效率。第二，进一步完善《反垄断法》和《反不正当竞争法》等相关法律制度及其实施力度，明确界定和约束企业的垄断行为，加强铁路、航空、邮政、电力等自然垄断行业的专门立法，通过完善的法律制度来约束这些企业的市场垄断行为以及不规范的分配行为。第三，由政府相关部门加强对垄断行业的收入、成本监督以及财务的审计监管。由于当前中国的大部分垄断企业都是国有的，存在很突出的委托代理问题，加强成本和收益的监管，不仅可以防止国有资本流失，而且可以预防软预算约束，减少甚至取消对垄断企业的不合理补贴（目前部分垄断国企可以从政府拿到大量补贴）。第四，制定垄断行业合理的工资分配机制，加强对垄断国企高管的约束和监督。由于大部分垄断企业都是由国家出资，对于垄断企业获取的大量垄断利润应该提高其上缴国家的比例，这样就可以限制其收入和福利增长过快拉大了和其他行业的差距。由于垄断企业主要不是靠竞争获利，其高管薪酬不能完全按市场方式来确定，应该对其高管薪酬进行合理限制，并和员工的收入保持一定的比例，还要对其高管的职务消费进行规范和限制。

8.2.4.3 建立行业间劳动力市场公平机制，提升要素在行业之间的流动性

要缩小行业间收入差距，就需要建立行业间劳动力市场的公平竞争机制，以促进劳动力在行业间的流动性。具体而言，可以通过以下方式。第一，清除垄断国企在劳动用工方面设置的各种壁垒，废除各种限制劳动力在行业间自由流动的不合理政策和歧视待遇。建立行业间劳动力市场的公平竞争机制，让大家享有同等的公平就业机会，促进劳动力在行业间自由劳动，把扭曲了劳动力就业和价格机制扭转回来。第二，缩小行业间人力资本投资和教育的差异。农林牧副渔业、零售酒店餐饮等服务业和建筑业等行业长期以来一直处于低收入行业的行列，这些低收入行业从业人员总体来看，平均受教育水平和接受的人力资本投资都比较低，这可能是导致其收入长期得不到提高的重要原因。因此，应该加强对这些低收入行业从业人员的劳动技能、文化知

识和综合素质的培训，缩小他们和其他行业从业人员之间的人力资本投入差异，从而通过"提低"来缩小他们和高收入行业人员之间的收入差距。

8.2.5　调节不同群体之间收入差距的对策建议

如第 2 章所述，中国收入差距的又一个重要表现是，无论是在城市内部、农村内部，还是在同一行业内部甚至是同一企业内部，不同的群体之间表现出了比较大的收入差距。例如，北京大学中国社会科学调查中心[1]（2015）的研究发现，中国最底层 25% 的家庭仅占有全国约 1% 的财产，而最富有的 1% 家庭却占有 1/3 左右的财产；2005 年，国家卫生计生委[2]（2015）研究报告表明收入最低的 20% 城市家庭收入仅是最高的 20% 城市家庭收入的 1/19，而农村内部不同群体之间的收入差距更大。李任玉等[3]（2014）发现当前中国家庭的子女和他们的父母之间的收入水平呈现了很强的正向关系，表明中国不同阶层和不同收入群体由于在教育、劳动力市场等的机会不均等导致他们之间的收入差异出现了固化，出现了代际间的传递现象。因此，要促进中国收入差距的适度分配，必须对不同群体和阶层的收入差距进行调节。

8.2.5.1　促进不同群体之间的机会均等化

公平竞争必然要求机会均等，要求所有的竞争主体必须面临均等的竞争机会和同一起跑线，否则允许部分竞争主体抢跑，那就是机会不均等，机会不均等表明竞争是不公平的。当然，机会均等和不均等的竞争都有可能产生收入差距，一般而言，在机会不均等的基础上产生的收入差距则显得更加不公平。在现实生活中，一个机会比较均等的社会通常其收入分配也比较公平，差距较合理；反之，机会的不均等则常常会扩大其收入的不平等程度，实际上，在很多情况下，收入的差距和不平等主要是由机会不均等造成的。因此，消除机会不均等也就成为改善不同群体之间收入分配的一条主要途径。

但是，在现实生活中，由于个人天生能力和禀赋的差异、家庭出身背景的不同和社会待遇的差别（例如在劳动力市场对女性的歧视待遇、对农民工的歧视）都会导致个人之间的收入差距，都属于机会不均等导致的收入差

---

① 北京大学中国社会科学调查中心，《中国民生发展报告》，2015.

② 国家卫生和计划生育委员会，《中国家庭发展报告》，2015.

③ 李任玉等. 富爸爸、穷爸爸和子代收入差距［J］. 经济学（季刊），2014（10）.

距。但这三种机会不均等导致的收入差距还是有本质差别的，通常我们承认由于个人天生能力和禀赋的差异而导致的收入差距，认为其具有合理性；但是我们反对后两种机会不均等导致的收入差距，即仅依靠家庭和社会关系，以及不公平的歧视待遇而产生的收入差距，认为其是不公平、不合理的，而后两种机会不均等恰恰是当前中国不同群体之间收入差距产生的主要根源。为了促进机会的均等，改善收入分配，改变基于家庭出身背景不同而出现收入回报差异的不公平现象，作者认为可以从以下三个方面努力。

第一，争取在受教育机会方面有更大的平等程度。在不同的群体，要尽力普及中小学义务教育的基础，要尽力创造条件，如建立各种奖贷学金制度等，使得那些家庭困难的学生也能够上大学，不会因为付不起学费而丧失上大学的机会，尽量改变低收入群体在子女受教育方面的机会不均等。第二，争取在就业机会方面有更大的平等程度。这就意味着，在劳动力市场上，人们不会因为家庭出身、社会关系以及性别而受到不同的对待，受到歧视，所有的人应该享受到平等的就业机会，一视同仁，尽量改变低收入群体在劳动力市场中的机会不均等。第三，争取在信息共享方面有更大的平等程度。信息的不均等和信息的不对称往往是导致机会不均等和收入差距的根源。在现实生活中，低收入群体的信息更为匮乏，是信息弱势的一方。因此，向不同的群体和阶层，尤其是向贫困地区、贫穷人口、低收入群体、低收入阶层提供尽量广泛的就业和教育等方面的信息资源，也是缩小不同群体之间收入差距的重要渠道。

8.2.5.2 通过"调高、扩中、提低"的方式来培养中等收入阶层

根据国际通行的经验，理论和实务界多认为，在多种收入分配格局中，"中间大，两头小"的橄榄型分配格局，即以中等收入阶层为主体的收入分配格局（结构）是最合理的，其既有利于拉动消费、扩大内需，也有利于抑制收入差距的恶化，保持合理的收入差距，维持社会稳定。因此，党的十八届三中全会提出要"扩大中等收入者比重，努力缩小城乡、区域、行业收入分配差距，逐步形成橄榄型分配格局"。具体而言，可以从以下四个方面入手。

第一，通过对个人所得税、财产税等综合税制的调整，加强对个人所得税的征管，以及规范垄断收入和各种不合理的收入等措施来"调高"，按税负公平原则，让高收入者承担更多的税负。第二，采取各种措施努力扩展中

等收入阶层的比重。提高各类专业人员、知识分子、企事业单位人员的工资水平，使他们成为中等收入阶层；大力扶持小微企业的发展，使得小微企业主成为中等收入阶层；大力支持各类大学毕业生的就业创业，使得更多的大学毕业生成为中等收入阶层；做强做大民营企业，使得在民营企业中就业的专业人员、管理人员成为中等收入阶层；通过政府加强对新生代农民工的培训教育，提高其就业技能，让更多的业有所长的新生代农民工跻身于中等收入阶层。第三，继续实施精准扶贫，增加政府转移支付以及加强失业者再就业培训等各类措施，来大力"提低"。第四，发展和完善金融市场，通过金融助推中国中等收入群体的扩大。劳动者除了工资等要素收入之外，投资理财收入也成为许多家庭的重要收入来源。国家应该进一步稳定和完善金融市场秩序，守住不发生系统性金融风险的底线。总体而言，当前大部分家庭缺乏稳定的投资渠道，因此，政府要保持金融市场的健康稳定发展，扩展居民投资理财渠道，提高居民的经营性收入和财产性收入在总收入中的比重；大力提升金融对城市小微企业、医疗产业、教育转型的支持力度，助力城市中等收入阶层的形成；发挥普惠金融在支持农业和农村经济发展中的作用，助力农村中等收入阶层的形成。

第9章 研究结论与研究展望

本书首先梳理、剖析收入分配差距适度性相关文献，在此基础上归纳、总结出收入差距适度性内涵与判断标准；其次使用翔实的数据对改革开放以来中国收入分配差距的演变进行多角度、全方位的透视，并与欧美日等代表性国家的收入分配差距的适度性做法作出对比分析，基于"五大发展理念"的视角构建了中国收入差距的适度性评价指标体系，运用基于因子分析的Topsis方法对20世纪90年代中期以来的中国收入差距的适度性进行综合评价，考虑到收入差距的适度性具有很强的主观价值判断的规范性特征，本书又使用问卷调查数据对居民的主观心理承受力进行了综合分析评价；再其次从经济结构的变动、教育和人力资本投资的差异、收入分配制度的变迁、对外开放和对外贸易等多角度全方位探讨中国收入差距的形成机理，并对中国收入差距的适度性进行监测预警；最后提出促进中国形成适度收入分配差距的政策建议。通过这些内容的研究，得出以下研究结论。

9.1 研究结论

结论一：从不同视角和数据来源分析的结论来看，自改革开放以来中国持续扩大的收入差距变动趋势大概在21世纪前10年的后半期出现了转向，中国整体基尼系数以及城乡之间的收入差距等都出现了一定程度的下降。

在经济发展过程中，收入分配差距的扩大并非中国特有的现象，收入分配差距的扩大总是与经济发展的一定阶段相联系。在1978年改革开放之后的前30年，中国的收入分配差距确实在持续增加，但是通过考察美国、英国和法国等发达国家以及其他一些代表性的国家收入差距的演变轨迹，也可发现在其经济增长过程中，收入差距的扩大几乎是一个必经的阶段。中国持续扩大的收入差距大概在 2005～2010 年出现缩小的趋势（不同数据来源分析的具体年份会略有差异），尽管中国整体收入差距已经发生了转向，但与世界上许多国家相比，中国的收入分配差距水平仍然是比较高的，且未来进一步变化的趋势尚有待观察。

结论二：何为适度的收入差距，实践上尚无定论，其总是受一国经济发展阶段、社会发展理念、政治经济制度、文化传统和价值观念等多种因素的综合影响。为了缓和初次分配的收入差距，各国政府都会通过再分配措施对本国的收入分配进行适度的干预和调节。

通过对全球代表性国家的收入分配的考察和分析，可以发现同为市场经济国家，拉丁美洲国家和其他地区的国家相比，收入差距普遍都很高；同为发达的资本主义市场经济国家，盎格鲁—撒克逊英美文化国家（如英国、美国和加拿大等）收入差距也很高，但北欧的斯堪的纳维亚国家（如瑞典、芬兰、挪威等）和德语语系的欧洲国家（如奥地利、德国、瑞士等）收入差距都很低。基于效率原则，依赖市场机制的初次分配差距都比较大，因此，西方发达市场经济国家都会通过转移支付、税收、社会保障等措施来对国民收入进行再分配，以矫正市场机制导致的过大收入差距，实现社会公平。

结论三：收入差距的适度性是指在一定时期内社会成员之间通过经济活动而形成的可支配收入在数量上的差距在社会发展和社会稳定之间所取得的一种协调状态。其包括"量"和"质"两个方面的含义：从量上看，收入差距要处于一个"合适"的区间范围之内；从质上看，收入差距要是"合理"的，不能超出社会成员的主观心理承受力，不能危害社会公平和稳定。

何为适度的收入差距，理论上也存在分歧，国际上普遍把基尼系数是否超过 0.4 作为判断收入分配差距是否适度的"警戒线"，该方法没有考虑一国在实际发展过程中的国情特点和发展阶段差异，引发了诸多分歧与争论。作者认为，基尼系数只是客观地测度了居民之间收入的相对离散程度和不均等程度，不能够对收入差距是否适度作出明确的判断。另外，收入差距的适度性是一个带有鲜明价值判断色彩的规范性概念，其内涵具有较浓的主观价值判断特征。因此，在分析收入差距的适度性时，应该将收入差距和社会公众的主观心理承受力结合起来进行综合评价。因此，本书将收入差距是否有利于激励经济增长和效率的提升、收入差距是否与"五大发展理念"相协调、收入差距是否超出了人们的主观心理承受力范围，作为判断当前中国收入差距适度性的标准和原则。

结论四："五大发展理念"深刻阐释了当前中国经济社会发展中的效率与公平命题，在当前阶段，适度的收入差距应该契合"五大发展理念"。

尤其是"五大发展理念"中的共享发展和协调发展与适度的收入差距具有内在的逻辑一致性。"五大发展理念"对收入分配具有引领作用。保持适度的收入差距有利于创新发展，保持适度的收入差距是体现协调发展的要求，适度的收入差距契合共享发展的内涵，适度的收入差距有助于落实绿色发展理念，适度的收入差距有利于开放发展的推进。

结论五：尽管当前中国收入差距仍然较大，但基于"五大发展理念"的指标体系综合评价发现，中国的收入差距整体上仍然处于较为适度的水平，但是中国不同省份收入差距状况差异较大，表现出较强的地区不均衡性。

整体而言，东部地区省份的收入差距适度性表现最优，中部地区省份表现次之，西部地区大部分省份的收入差距适度性表现最差。这表明中国收入差距的适度性和经济发展水平呈现出一定的相关性，经济发展水平较高的地区，收入差距也表现出了更好的适度性。

结论六：从整体上来看，当前中国的收入差距仍处于居民的主观心理承受力的安全范围之内，即中国的收入差距仍然是适度的。

通过问卷调查数据分析发现，被调查对象对收入差距存在的合理性评价不高，由于腐败、行业垄断、机会不均等、分配制度的不甚合理等多种不公平因素引发了被调查居民对收入分配差距的不满，但当前居民所表现的出不满意感和不公平感仍然处于主观承受力范围之内。调查还发现，提高公众向上的社会流动意识，保持社会流动渠道的畅通，能够有效弥合收入差距扩大带给人们的无力感、挫败感，从而提升社会公众对收入差距的接受程度和心理承受力。

结论七：通过收入差距形成的来源分解，发现了居民之间工资收入差距的缩小，以及居民接受政府转移支付收入的公平化，是促使中国整体收入差距在21世纪前10年的后半期出现转向的主要原因。

通过对中国收入差距的适度性形成机理的探究，发现由于生产率的变化导致的经济结构的变动、教育和人力资本的差异、收入分配制度和政策的变迁、对外开放和对外贸易的影响等是促使中国收入差距演变的内在根源。

结论八：通过收入差距适度性的预警来看，自20世纪90年代中期以来中国收入分配差距整体上处于中警区，收入分配差距与经济社会发展的协调出现了一定程度的偏离，但整体风险仍然可控。

　　运用基尼系数、泰尔指数单指标以及基于"五大发展理念"的综合指数预警发现,2002~2008 年是中国收入差距最大、警情程度最严重的一个阶段;大概在 2008 年之后,中国的收入差距出现了一定程度的下降,警情程度出现轻微变轻的趋势,收入差距的适度性得到了一定程度的改善,但整体形式仍然不容乐观。使用灰色 GM(1,1)模型进行拟合预测,发现 2016 年、2017 年中国的收入差距还将处于"中警区",并且这种状况在未来若干年仍然有可能持续下去,因此,政府应该加强对收入再分配的调控力度。

9.2　后续研究展望

　　对于后续研究,笔者认为以下两个方面是值得未来努力的方向。

　　第一,合理引入心理领域的量化研究。对收入差距适度性的判断具有很强的规范性特征,主观性较强,每个人的立场不同,对同一收入差距是否适度就会持有不同的看法。这些都导致了选取合适的描述收入差距的指标、收入差距适度性的指标以及计量模型的构建都有较大的难度和随意性,会影响最终研究结论的精确性。因此,为了突破收入差距适度性判断的规范性特征难题,提高研究的理论说服力,未来的研究可以借助实验经济学、行为经济学和心理学理论的指导来设计收入差距适度性的指标,注重心理领域的量化研究,这也是今后努力改进的方向。

　　第二,结合收入流动性来进行研究。由于人们对收入差距适度性的判断除了受到当前收入差距大小影响之外,还会在很大程度上受到周围人群以及自己未来收入变动的影响,较快的收入流动性很容易改变人们当前的收入状况,从而会影响人们对当前收入差距适度性的判断。根据社会学的研究成果,一个社会的冲突和矛盾可以通过增加向上的流动性进行改善,因此,一个具备良好、顺畅向上流动性的社会,人们更易于通过自身的努力来实现从较低收入阶层向较高收入阶层的流动,人们对收入差距的主观心理承受力自然就会增强,也就更易于接受当前较大的收入差距。因此,结合动态的收入流动性来研究中国收入差距的适度性也是未来值得努力的方向。

附录：《中国收入差距的适度性与预警机制研究》调查问卷

尊敬的被调查对象：

您好！

我们正在进行国家社会科学基金项目——《中国收入差距的适度性及预警机制研究》的研究，所以需要深入了解您对目前中国收入差距的看法、评价及心理感受。本次问卷调查之目的仅为学术研究之用，没有其他任何商业用途，调查的研究结论或为政府制定合理的收入分配政策提供参考意见。且本问卷调查采取不记名方式，填答完毕的问卷也不会对外公开，我们可以担保您隐私的绝对安全！

所有问题的答案没有正确与错误之分，我们只是希望了解您的真实想法和宝贵意见。所以烦请您根据自己的实际情况如实作答，希望得到您的支持。

衷心感谢您的支持与合作！

《中国收入差距的适度性及预警机制研究》课题组
2015 年 3 月

请将您认可的答案选项填在题后的"（ ）"，并在 _____ 中请用简短文字填写您的意见，选择题如无说明，均为单选，谢谢！

一、有关被调查对象基本信息部分问卷

1. 您的性别是？（ ）

A. 男 　　　　　B. 女

2. 您是城镇居民还是农村居民？（ ）

A. 城镇居民 　　　B. 农村居民

3. 您现在的居住地是在_____省_____市（县）

4. 您的年龄为（   ）岁？

A. 20 以下   B. 20 ~ 30   C. 30 ~ 40   D. 40 ~ 50

E. 50 ~ 60   F. 60 以上

5. 您的文化程度是多高？（   ）

A. 小学及以下   B. 初中

C. 高中（包括职高、中专和技校等） D. 大专及高职

E. 大学本科   F. 硕士研究生及以上

6. 您的月收入为（   ）元？

A. 1000 以下   B. 1000 ~ 3000

C. 3000 ~ 5000   D. 5000 ~ 10000

E. 10000 以上

7. 您的收入来源主要有？（可多选）（   ）

A. 工资、奖金等收入

B. 经营性收入（如开公司、做生意和投资等）

C. 利息、股息、房租等财产性收入

D. 捐赠、馈赠性收入

E. 其他收入

8. 您的家庭人口数量为？（   ）

A. 1 人   B. 2 人   C. 3 人   D. 4 人及以上

9. 您目前从事的行业是？（   ）

A. 农、林、牧、渔业   B. 采矿业

C. 制造业   D. 批发和零售业

E. 建筑业   F. 交通运输、仓储和邮政业

G. 电力、热力、燃气及水生产和供应业 H. 金融业

I. 信息传输、软件和信息技术服务业 J. 住宿和餐饮业

K. 科学研究和技术服务业   L. 房地产业

M. 水利、环境和公共设施管理业   N. 租赁和商务服务业

O. 公共管理、社会保障和社会组织   P. 教育

Q. 卫生和社会工作   R. 文化、体育和娱乐业

S. 居民服务、修理和其他服务业   T. 国际组织

10. 您任职单位的性质是？（   ）

A. 国家机关　　　　B. 事业单位　　　　C. 大中型国有企业单位

D. 民营企业单位　　E. 三资企业　　　　F. 以上都不是，是：＿＿＿＿＿＿

二、有关被调查对象对社会收入差距的看法、评价及心理感受部分问卷

1. 您对自己现在的收入状况感觉怎么样？（　　　）

A. 很满意　　　　　B. 比较满意　　　　C. 一般，无所谓

D. 不满意　　　　　E. 很不满意

2. 如果第 1 题您选择"D. 不满意"或"E. 很不满意"，那么您对当前收入不满意的原因是？（　　　），如果第 1 题您选择了其他选项，则本题不选。

A. 收入相对较低

B. 收入不稳定

C. 收入不能够满足个人及家庭的生活需要

D. 收入不能够满足个人及家庭的发展需要

E. 收入的增加赶不上消费支出的增加

F. 收入增长机会少

G. 收入与自己的工作能力不相符

3. 您对您目前的收入与消费的关系的看法是？（　　　）

A. 以满足日常正常消费，存有富余　　B. 可以满足日常正常消费

C. 勉强可以维持日常正常消费　　　　D. 不能够支撑日常正常消费

4. 您觉得自己的生活质量在社会上属于哪个阶层？（　　　）

A. 上层　　　　　　B. 中上层　　　　　C. 中层　　　　　　D. 中下层

E. 社会最底层

5. 您认为当前社会收入差距状况如何？（　　　）

A. 太大　　　　　　B. 较大　　　　　　C. 适中　　　　　　D. 较小

E. 太小

6. 您认为收入差距的最主要表现在哪些方面？（　　　）

A. 行业差距

B. 地区差距

C. 公共服务差距（教育、医疗、住房及社会保障等）

D. 城乡差距

E. 不合理、不合法收入差距（腐败、偷逃税）

7. 对于目前社会的收入差距，您的接受程度如何？（　　　）

A. 可以接受   B. 基本可以接受

C. 不太能接受   D. 完全不能接受

8. 您对您现在获得收入的合理性评价是?（   ）

A. 很合理   B. 比较合理   C. 一般，无所谓   D. 比较不合理

E. 很不合理

9. 您对自己将来的收入水平的态度是?（   ）

A. 非常乐观   B. 比较乐观   C. 一般   D. 不太乐观

E. 很不乐观

10. 您认为哪些人应该获得高收入?（可多选）（   ）

A. 高学历的人   B. 有知识、有文化的人

C. 当官的人   D. 有资产的人或有钱人

E. 有社会关系的人   F. 脑子聪明的人

G. 有技术专长的人   H. 有家庭背景的人

I. 敢干的人   J. 吃苦耐劳的人

11. 您认为目前社会上哪些人实际获得了高收入?（可多选)（   ）

A. 高学历的人   B. 有知识、有文化的人

C. 当官的人   D. 有资产的人或有钱人

E. 有社会关系的人   F. 脑子聪明的人

G. 有技术专长的人   H. 有家庭背景的人

I. 敢干的人   J. 吃苦耐劳的人

12. 您认为造成目前社会上收入差距的主要原因是什么?（可多选）（   ）

A. 分配制度不合理   B. 社会保障制度不完善

C. 税收制度不完善   D. 法规不健全

E. 机会不均   F. 职业差别

G. 就业性质   H. 政治面貌

I. 行业差别   J. 地区差别

K. 单位所有制差别   L. 个人能力的差别

M. 个人努力程度   N. 文化程度差别

O. 性别差异   P. 其他：_____

13. 在与社会上其他人的对比时，您对自己的收入感觉如何?（   ）

A. 很满意   B. 比较满意   C. 一般，无所谓   D. 比较不满意

E. 很不满意

14. 您认为在收入分配上存在差距是否合理?(　　)

A. 很合理,社会应该有一定的收入差距,这样可以提高社会的效率

B. 虽然不合理,但是也避免不了的

C. 很不合理,社会主义不该有这么大的收入差距

D. 不合理,因为不公平,不利于社会稳定

E. 其他:_____

15. 面对目前社会收入差距不断扩大的现实,您倾向于选择?(　　)

A. 通过自己的努力来改善当前的收入状况

B. 无所谓,得过且过

C. 比较气愤

D. 采取极端手段发泄不满

E. 其他:_____

16. 您认为应该如何缩小当前中国的收入差距?(　　)

A. 消除社会腐败和垄断

B. 实现所有人收入分配的机会均等

C. 转变收入分配改革的思路,将分配制度改革进行到底

D. 实施税制改革,对高收入者课以重税

17. 经济学家经常使用基尼系数来衡量一个国家的收入差距,你知道当前中国的基尼系数是多少吗?(　　)

A. 0.5 以上　　　B. 0.4~0.5　　　C. 0.3~0.4　　　D. 0.2~0.3

E. 不清楚

18. 你认为中国未来的收入差距的变化趋势是?(　　)

A. 变大　　　B. 缩小　　　C. 不变　　　D. 不清楚

19. 您认为目前缩小中国收入差距最大阻力是什么?(　　)

A. 不合理的分配制度　　　B. 中国人多地广、资源稀缺

C. 各地区发展不平衡　　　D. 垄断与腐败

E. 人与人的差异　　　F. 利益集团的阻碍

G. 其他:_____

20. 对于目前存在的部分中国人"仇富"心态,您有何看法?(可多选)(　　)

A. 可以理解,因为目前中国大部分富人是通过不正当手段谋取财富

B. 这是收入差距过大的必然结果

C. 这是正常心态,对比自己富裕的人天生就排斥

D. 这是心态失衡的一种表现

E. 这种看法不正常,因为只有部分人先富起来,才能帮助大家共富

F. 其他:_____

21. 您是否赞同放宽户籍制度,实现社会劳动力的自由流动?(　　)

A. 赞同　　　　　B. 不赞同　　　　　C. 无所谓

22. 您对政府为了改善收入分配而提供的公共服务是否满意(劳动就业、社会保障、城乡基础措施等)(在空格内画"√")

项　　目	非常不满意	不太满意	比较满意	非常满意
公共服务资源的充足程度				
公共服务资源分布的平衡程度				
获取公共服务的便利程度				
公共服务的公平程度				

23. 请给出您对收入差距的其他看法:_____

_____

24. 对改善收入差距,请给出您宝贵的建议:_____

_____

填表时间:　　年　月　日

再次衷心感谢您对本次调查的支持,祝您及家人身体安康,工作顺利!

参考文献

[1] 张原，薛青梅，胡冰．我国收入分配差距的适度性研究——以陕西省为例 [J]．北京交通大学学报：社会科学版，2017 (4)：85 - 92.

[2] 任红艳．中国城镇居民收入差距适度性研究 [M]．北京：中国农业科学技术出版社，2010.

[3] 焦艳，孔群喜，汪丽娟．长三角行业收入差距及其适度性测度研究 [J]．山东财政学院学报，2013 (3)：62 - 71.

[4] 孙敬水，董立锋．居民收入差距适度性测度研究 [J]．经济学家，2012 (3)：27 - 36.

[5] 孙敬水，汪庆芝．城乡收入差距适度性测度研究——以浙江省为例 [J]．农业技术经济，2012 (8)：72 - 80.

[6] 王全意．重庆直辖以来城乡居民收入差距变化趋势预测——基于灰色模型 GM (1，1) 的实证分析．重庆理工大学学报：社会科学版，2011 (1)：45 - 50.

[7] 王全意，田谨铭．贸易开放、R&D 投入对地区间收入流动性的影响研究——基于 2003 - 2015 年中国省级面板的实证分析 [J]．重庆理工大学学报：社会科学版，2018 (5)：46 - 57.

[8] 王全意．重庆市三峡库区产业结构演进与城镇化互动：理论机制与实证分析 [J]．重庆理工大学学报：社会科学版，2016 (6)：21 - 30.

[9] 王少国，王镇．中国城乡收入差距适度水平的经济效率分析 [J]．南开经济研究，2009 (6)：138 - 148.

[10] 陈鑫．中国行业工资差距适度性研究 [D]．南京：南京财经大学，2016.

[11] 叶晓佳，孙敬水．分配公平、经济效率与社会稳定的协调性测度研究 [J]．经济学家，2015 (2)：5 - 15.

［12］罗楚亮，曹思未．地区差距与中国居民收入差距（2002 – 2013）［J］．产业经济评论，2018（5）：35 – 53.

［13］李实，岳希明，史泰丽和佐藤宏主编．中国收入分配格局的最新变化［M］．北京：中国财政经济出版社，2018.

［14］孙敬水，叶晓佳．分配公平、经济效率与社会稳定的协调性研究：一个文献述评［J］．财贸研究，2013（2）：60 – 68.

［15］王波，梁纪尧．我国居民收入分配差距监测及预警分析［J］．工业技术经济，2008（3）：126 – 130.

［16］孙敬水，顾晶晶．行业收入差距监测预警研究：以浙江省为例［J］．财经论丛，2010（9）：6 – 11

［17］陆铭，田士超．收入差距的负面影响及预警体系构建［J］．学习与探索，2007（2）：9 – 13.

［18］"收入分配研究"课题组．基于模糊综合评价法的收入差距扩大风险预警［J］．企业经济，2010（9）：137 – 141.

［19］赖德胜，李长安，孟大虎，等．2017 中国劳动力市场发展报告［M］．北京：北京师范大学出版社，2018.

［20］北京师范大学中国收入分配研究院．中国居民收入分配年度报告（2016）［M］．北京：社会科学文献出版社，2016.

［21］托马斯·皮凯蒂．21 世纪资本论［M］．北京：中信出版社，2014.

［22］黄茜．劳动力市场运行的监测预警机制研究［J］．湖北社会科学，2012（9）：54 – 57.

［23］杨灿明，曹润林．建立健全我国居民收入监测系统初探［J］．地方财政研究，2012（8）：21 – 28.

［24］王亚红．我国城乡居民收入差距监测预警研究［J］．安徽农业科学，2011，39（1）：615 – 617.

［25］廖雅珍，李支援，许民慧．我国城镇居民收入差距的预警分析［J］．广东石油化工学院学报，2012（2）：54 – 86.

［26］李江南，陈彤．新疆城乡居民收入差距预测与预警机制的设立［J］．新疆农业科学，2014，51（2）：356 – 362.

［27］董立锋．中国地区收入差距适度性测度与预警研究［D］．杭州：浙江工商大学，2012.

［28］王培暄，刘芳．江苏省居民收入差距的预警系统及控制机制［J］.

苏州大学学报. 哲学社会科学版, 2017 (2): 112 – 119.

[29] 欧阳煌. 居民收入与国民经济协调增长预警机制研究 [J]. 财政研究, 2014 (12): 48 – 52.

[30] 詹新宇, 崔培培. 中国省际经济增长质量的测度与评价——基于"五大发展理念"的实证分析 [J]. 财政研究, 2016 (8): 40 – 53.

[31] 张亚斌, 赵景峰. 中国经济社会发展质量及对全面建成小康社会的影响——基于五大发展新理念的理论与实证 [J]. 财贸研究, 2017 (3): 1 – 10.

[32] 王栋晗, 贾鹿, 张珊. 基于因子分析的企业竞合关系评价体系研究 [J]. 科研管理, 2016, 37 (S1): 563 – 570.

[33] 谢林垚. 五大发展理念研究述要 [J]. 北京交通大学学报: 社会科学版, 2018 (10): 129 – 136.

[34] 张乾元, 谢文娟. 论新发展理念的内在逻辑 [J]. 中州学刊, 2017 (1): 1 – 8.

[35] 崔治忠. 五大发展理念的辩证统一性 [J]. 求索, 2017 (2): 95 – 100.

[36] 程恩富. 论新常态下的五大发展理念 [J]. 南京财经大学学报, 2016 (1): 1 – 7, 108.

[37] 任瑞姣. 以协调发展理念构建合理有序的收入分配格局 [J]. 实事求是, 2017 (4): 44 – 48.

[38] 刘伟. 中国特色社会主义收入分配问题的政治经济学探索 [J]. 北京大学学报: 哲学社会科学版, 2018 (3): 27 – 39.

[39] 王维平, 张娜娜. "共享"发展理念下的社会分配 [J]. 西南民族大学学报: 人文社会科学版, 2016 (6): 192 – 197.

[40] 何剑, 刘琳. 基于熵权 TOPSIS 法的西北五省经济开放度比较分析 [J]. 开发研究, 2013 (3): 12 – 15.

[41] 罗国旺, 刘衍民, 黄建文, 等. 基于 Topsis 改进的因子分析模型在面板数据中的应用研究——以中国经济为例 [J]. 数学的实践与认识, 2015 (8): 77 – 83.

[42] 董秋霞, 高长春. 基于熵值法和 TOPSIS 法的创意产业集群网络式创新能力评价研究 [J]. 软科学, 2012 (4): 12 – 16.

[43] 张立新, 王梅, 杨敏达. 基于熵权 TOPSIS 的市域文化产业竞争力

评价研究 [J]. 无锡商业职业技术学院学报, 2018 (4): 10–15, 34.

[44] 王锡朝, 崔爱平, 金浩. 因子分析法在县域经济发展水平评价中的应用 [J]. 2011 (6): 90–92, 96.

[45] 寥龙辉, 李晓东. 基于因子分析和 TOPSIS 组合的中国建筑产业竞争优势评价研究 [J]. 工程管理学报, 2012 (10): 7–10.

[46] 孙敬水, 黄媛媛. 行业收入差距适度性测度研究——以浙江为例 [J]. 中国工业经济, 2012 (2): 149–158.

[47] 田新民, 王少国, 杨永恒. 城乡收入差距变动及其对经济效率的影响 [J]. 经济研究, 2009 (7).

[48] 王小鲁, 樊刚. 中国地区差距的变动趋势和影响因素 [J]. 经济研究, 2004 (1).

[49] 国家计委宏观经济研究院课题组. 中国城镇居民收入差距的影响及适度性分析 [J]. 管理世界, 2001 (5): 44–57.

[50] 邓聚龙. 灰色控制系统 [M]. 武汉: 华中理工大学出版社, 1993.

[51] 邓聚龙. 灰预测与灰决策 [M]. 武汉: 华中科技大学出版社, 2002.

[52] 陈宗胜, 周云波. 再论改革与发展中的收入分配——中国发生两极分化了吗 [M]. 北京: 经济科学出版社, 2002.

[53] 梁军. 城乡差距: 影响中国整体收入差距的最大因素 [J]. 社会观察, 2005 (6): 2–3.

[54] 李强. 当前我国社会分层结构变化的新趋势 [J]. 中国社会科学文摘, 2005 (2): 55.

[55] 重庆市统计局. 重庆统计年鉴 [M]. 北京: 中国统计出版社, 1997–2007.

[56] 章晓英, 袁小平. 重庆市城乡居民贫富差距现状及成因分析 [J]. 乡镇经济, 2008 (5): 86–88, 123.

[57] 陈永清. 中国城乡居民收入差距演变的路径及原因分析 [J]. 经济评论, 2006 (4).

[58] 李强. 应用社会学 [M]. 北京: 中国人民大学出版社, 2002.

[59] 屈小娥. 城乡差距及其效应分析 [J]. 统计与决策, 2005 (3).

[60] 郭玮. 城乡差距的表现、原因与政策调整 [J]. 农业经济问题, 2003 (5).

[61] 钟礼国，胡仪元. 我国城乡居民收入差距的现状及原因 [J]. 理论导刊，2004（11）.

[62] 付学坤. 农村工业化进程中传统农业的转型及其规律研究 [J]. 理论探讨，2005（3）.

[63] 蔡昉，杨涛. 城乡收入差距的政治经济学 [J]. 中国社会科学，2000（4）.

[64] 王德文，何宇鹏. 城乡差距的本质、多面性与政策含义 [J]. 中国农村观察，2005（3）.

[65] 杨小凯，张永生. 新兴古典经济学和超边际分析 [M]. 北京：中国人民大学出版社，2000.

[66] 农业部产业政策法规司课题组. 统筹城乡和统筹经济社会协调发展研究 [J]. 农业经济问题，2004（1）.

[67] 郭兴方. 城乡收入差距的新估计—— 一种动态解释 [J]. 上海经济研究，2004（12）.

[68] 林毅夫. 发展战略与经济改革 [M]. 北京：北京大学出版社，2004.

[69] 赵人伟，李实，卡尔·李思勤. 中国居民收入分配再研究——经济改革和发展中的收入分配 [M]. 北京：中国财政经济出版社，1999.

[70] 万树. "三农"问题的现状、原因与对策透析 [J]. 农村经济，2004（1）.

[71] 傅道忠. 城乡差距及其二元财政成因探析 [J]. 财贸研究，2004（2）.

[72] 王兴力，刘颖. 城乡居民收入差距为何如此巨大 [J]. 党政干部学刊，2002（5）.

[73] 郭江平. 城乡一体化：解决"三农"问题的根本出路 [J]. 理论探索，2004（1）.

[74] 熊循庆，张敏. 论我国现阶段的贫富差距问题 [J]. 重庆社会主义学院学报，2005（2）.

[75] 李中华. 透视现阶段贫富差距的拉大 [J]. 求索，2005（3）.

[76] 赵艳芹，张雅光. 城乡居民收入差距扩大的原因与对策 [J]. 经济论坛，2002（14）.

[77] 罗瑛. 对缩小贫富差距中市场与政府合力作用的探讨 [J]. 宁波大学学报：人文科学版，2005（5）.

［78］李长江. 城乡差距的现状、根源及解决对策［J］. 理论探索, 2004 (3).

［79］吴建华. 建立农民增收的长效机制［J］. 发展研究, 2005 (7).

［80］陈宗胜. 倒 U 曲线的"阶梯形"变异［J］. 经济研究, 1994 (5).

［81］郭熙保. 从发展经济学观点看待库兹涅茨假说——兼论中国收入不平等扩大的原因［J］. 管理世界, 2002 (3).

［82］李实. 中国居民收入分配再研究［J］. 经济研究, 1999 (4).

［83］李实. 中国经济转型与收入分配变动［J］. 经济研究, 1998 (4).

［84］汝信, 陆学艺, 李培林. 2003 年: 中国社会形势分析与预测［M］. 北京: 社会科学文献出版社, 2003.

［85］王检贵. 倒 U 现象是不是一条经济法则?——对罗宾逊经典结论的质疑［J］. 经济研究, 2000 (7).

［86］王绍光, 胡鞍钢. 中国: 不平衡发展的政治经济学［M］. 北京: 中国计划出版社, 1999.

［87］谢宇等. 中国民生发展报告 2014［M］. 北京: 北京大学出版社, 2014.

［88］胡棋智, 王朝明. 收入流动性与居民经济地位动态演化的实证研究［J］. 数量经济技术经济研究, 2009 (3): 66 - 80.

［89］王洪亮, 刘志彪, 孙文华等. 中国居民获取收入的机会是否公平: 基于收入流动性的微观计量［J］. 世界经济, 2012 (1): 114 - 143.

［90］严斌剑, 周应恒, 于晓华. 中国农村人均家庭收入流动性研究: 1986—2010 年［J］. 经济学 (季刊), 2014 (3): 939 - 968.

［91］王洪亮. 中国区域居民收入流动性的实证分析——对区域收入位次变动强弱的研究［J］. 管理世界, 2009 (3): 36 - 44.

［92］艾小青. 收入流动性的度量: 一种新的方法及其应用［J］. 统计研究, 2016 (4): 71 - 77.

［93］Alvaredo F, Chancel L, Piketty T, Saez E, and Zucman G, (2017). "Global Inequality Dynamics: New Findings from WID. world." National Bureau of Economic Research Working Paper, 23119.

［94］Appleton S, Song S and Xia Q. (2014). "Understanding Urban Wage Inequality in China 1988 - 2008: Evidence from Quantile Analysis." World Development, 62: 1 - 13.

［95］Clarke G., 1993, "More Evidence on Income Distribution and

Growth", Journal of Development Economics, 47 (2): 403 – 427.

［96］ Chan K S, Zhou X and Pan Z. (2014). "The Growth and Inequality Nexus: The Case of China". International Review of Economics and Finance, 34: 230 – 234.

［97］ Chen Z, and Ge Y. (2011). "Foreign Direct Investment and Wage Inequality: Evidence from China. " World Development, 39 (8): 1322 – 1332.

［98］ Cheng Y, and Li S. (2006). "Income Inequality and Efficiency: A Decomposition Approach and Applications to China". Economic Letters, 91: 8 – 14.

［99］ Cheong T S, and Wu Y. (2014). "The Impacts of Structural Transformation and Industrial Upgrading on Regional Inequality in China". China Economic Review, 31: 339 – 350.

［100］ Chi, W. (2012). "Capital Income and Income Inequality: Evidence from Urban China. " Journal of Comparative Economics, 40 (2012): 228 – 239.

［101］ Chi, W, Li, B, and Yu, Q. (2011). "Decomposition of the Increase in Earnings Inequality in Urban China: A Distributional Approach". China Economic Review, 22: 299 – 312.

［102］ Deininger & L. Squire. (1998). "New Ways of Looking at Old Tissues: Inequality and Growth", Journal of Development Economics, 57: 259 – 287.

［103］ Démurger, S, Fournier, M, and Li, S. (2006). "Urban Income Inequality in China Revisited (1988 – 2002)". Economics Letters, 93: 354 – 359.

［104］ Fei and C Ranis. , （1964）. "Development of the Labor Surplus Economy: Theory and Policy", Homewood.

［105］ Fields G S, 1984, "Employment, Income Distribution and Economic growth in Seven mall Open Economics". Economic Journal, Vol. 94, No. 373, March.

［106］ Fan S, Kanbur R, and Zhang X. (2011). "China's Regional Disparities: Experience and Policy. " Review of Development Finance, 2011 (1): 47 – 56.

［107］ Fleisher B, Li H, and Zhao M Q. (2010). "Human Capital, Economic Growth, and Regional Inequality in China". Journal of Development Economics, 92: 215 – 231.

［108］Ge Xue, and Mao. （2017）. "Anti-corruption, Hidden Income and Public Earning Premiums：Empirical Evidence from CHIP", working paper.

［109］Gibson J, and Li C. （2015）. "The Erroneous Use of China's Population and per Capita Data：A Structured Review and Critical Test." University of Waikato Department of Economics, Working Paper.

［110］Goh C, Luo X, and Zhu N. （2009）. "China Economic Review Income Growth , Inequality and Poverty Reduction：A Case Study of Eight Provinces in China." China Economic Review, 20：485 – 496.

［111］Ingvild Almas. （2012）. "International Income Inequality：Measuring PPP Biasby Estimating Engel Curves for Food". American Economic Review, 102 （1）：1093 – 1117.

［112］Jappelli Tullio, and Luigi Pistaferri. 2010. "Does Consumption Inequality Track Income Inequality in Italy?" Review of Economic Dynamics, 13 （1）：133 – 153.

［113］Kanbur R and Zhang X. （2005）. "Fifty Years of Regional Inequality in China：A Journey Through Central Planning, Reform, and Openness". Review of Development Economics, 9 （1）：87 – 106.

［114］Kanbur, R and Zhuang J. （2013）. "Urbanization and Inequality in Asia". Asian Development Review, 30 （1）：131 – 147.

［115］Kaplan Greg, and Giovanni L. Violante. （2010）. "How Much Consumption Insurance Beyond Self-Insurance?" American Economic Journal：Macroeconomics, 2 （4）：53 – 87.

［116］Khan A R and Riskin, Carl （2005）. "China's Household Income and Its Distribution, 1995 and 2002." The China Quarterly, 182, June.

［117］Knight J. （2014）. "Inequality in China：An Overview." World Bank Resrach Observer, 29 （1）：1 – 19.

［118］Knight J, Li S, and Wan H. （2016）. "The Increasing Inequality of Wealth in China, 2002 – 2013". Department of Economics Discussion Paper Series （Ref：816 ）, University of Oxford.

［119］Krugman P. "The right, the rich, and the facts". The American Prospect, 1992, 3 （11）：19 – 31.

［120］Lee J. （2013）. "A Provincial Perspective on Income Inequality in

Urban China and the Role of Property and Business Income. " China Economic Review, 26: 140 – 150.

[121] Li C, and Gibson J. (2013). "Rising Regional Inequality in China: Fact or Artifact?" World Development, 47: 16 – 29.

[122] Li T, Lai J T, Wang Y and Zhao D. (2016). "Long-Run Relationship between Inequality and Growth in Post-Reform China: New Evidence from Dynamic Panel Model. " International Review of Economics and Finance, 41: 238 – 252.

[123] Mendoza, O M. V. (2016). "China Economic Review Preferential Policies and Income Inequality: Evidence from Special Economic Zones and Open Cities in China. " China Economic Review, 40: 228 – 240.

[124] Meng X, Gregory R and Wang Y. (2005). "Poverty, Inequality, and Growth in Urban China ," Journal of Comparative Economics, 33: 710 – 729.

[125] Meng X, Shen K, and Xue S. (2013). "Economic Reform, Education Expansion, and Earnings Inequality for Urban Males in China, 1988 – 2009. " Journal of Comparative Economics, 41: 227 – 44.

[126] Paul S. (2004). "Income Sources Effects on Inequality. " Journal of Development Economics, 73 (1): 435 – 451.

[127] Paul S, Chen Z and Lu M. (2012). "Household Income Structure and Rising Inequality in Urban China. " Working Paper, August 2012: 1 – 42.

[128] Shi, Xinzheng, (2002). "Empirical Research on Urban-Rural Income Differentials: The Case of China, Unpublished Manuscript", CCER, Beijing University.

[129] Shorrocks, Anthony F. "The measurement of mobility". Econometrica: Journal of the Econometric Society, 1978, 46 (5): 1013 – 1024.

[130] Todaro M P, (1965). "A Model of Labor Migration and Urban Unemployment in Less-Development Countries", the American Economic Review, 5.

[131] Tsui, Kai Yuen, (1991). "China's Regional Inequality: 1952 – 1995", Journal of Comparative Economics, 15: 1 – 21.

[132] Wan G, Lu M, and Chen Z. (2006). "The Inequality-Growth Nexus in the Short and Long Run: Empirical Evidence from China. " Journal of Comparative Economics, 34: 654 – 667.

[133] Wang Z, Smyth R, and Ng Y. (2009). "A New Ordered Family of Lorenz Curves with an Application to Measuring Income Inequality and Poverty in Rural China". China Economic Review, 20: 218 – 235.

[134] Wong, R. Bin. (2011). "Social Spending in Contemporary China: Historical Priorities and Contemporary Possibilities," In History, Historian, and Development Policy, edited by C. A. Bayly et al. , 117 – 21. Manchester: Manchester University Press.

[135] Xie Y, Zhang X, Xu Q and Zhang C. (2015). "Short-term trends in China's income inequality and poverty: evidence from a longitudinal household survey", China Economic Journal 8 (3): 1 – 17.

[136] Zhang C, Xu Q, Zhou X, Zhang X, and Xie Y. (2014) "Are poverty rates underestimated in China? New evidence from four recent surveys". China Economic Review, 31: 410 – 425.

[137] Zhang C. (2015). "Income Inequality and Access to Housing: Evidence from China " China Economic Review 36: 261 – 271.

[138] Zhang X. (2006). "Fiscal Decentralization and Political Centralization in China: Implications for Growth and Inequality. " Journal of Comparative Economics, 34: 713 – 726.

[139] Zhang X, Yang J, and Wang S. (2011). "China has reached the Lewis turning point. " China Economic Review, 22 (4): 542 – 554.